H-II-129-a

Robert Hafner

Statistik
für Sozial- und Wirtschaftswissenschaftler
Band 1

Lehrbuch

Zweite, verbesserte Auflage

Springers Kurzlehrbücher
der Wirtschaftswissenschaften

SpringerWienNewYork

Univ.-Prof. Dipl.-Ing. Dr. Robert Hafner
Institut für Angewandte Statistik
Johannes-Kepler-Universität Linz
Linz, Österreich

Das Werk ist urheberrechtlich geschützt.
Die dadurch begründeten Rechte, insbesondere die der Übersetzung, des Nachdruckes, der Entnahme von Abbildungen, der Funksendung, der Wiedergabe auf photomechanischem oder ähnlichem Wege und der Speicherung in Datenverarbeitungsanlagen, bleiben, auch bei nur auszugsweiser Verwertung, vorbehalten.
© 1992 und 2000 Springer-Verlag/Wien
Printed in Austria

Reproduktionsfertige Vorlage vom Autor
Druck: Novographic Druck G.m.b.H., A-1230 Wien
Graphisches Konzept: Ecke Bonk
Gedruckt auf säurefreiem, chlorfrei gebleichtem Papier – TCF
SPIN 10761137

Mit 58 Abbildungen

Die Deutsche Bibliothek – CIP-Einheitsaufnahme
Ein Titeldatensatz für diese Publikation ist bei Der Deutschen Bibliothek erhältlich.

ISSN 0937-6836
ISBN 3-211-83455-9 Springer-Verlag Wien New York
ISBN 3-211-82369-7 1. Aufl. Springer-Verlag Wien New York

Vorwort

Dieses Buch ist aus Vorlesungen entstanden, die der Autor in den letzten fünfzehn Jahren vor Studierenden der Sozial- und Wirtschaftswissenschaften gehalten hat. Die Erfahrungen dieser Lehr- und Lernjahre waren für die Reflexion über die Zielsetzung des Buches, die Stoffauswahl und den Stil der Präsentation bestimmend.

Das Ziel, soll es erreichbar sein, muß bescheiden gesetzt werden: Der angehende Sozial- und Betriebswirt soll kein Statistiker werden, er soll aber soweit kommen, daß er mit einem Statistiker vernünftig zusammenarbeiten kann, er soll die Fachsprache des Statistikers und die in dieser Fachsprache formulierten Ergebnisse verstehen, und zwar präzise und kritisch, nicht nur ahnungsweise und gutgläubig. Er soll lernen, welcher Art statistische Fragen und Antworten sind, anders gesagt: was man billig fragen und antworten kann, und womit man sich zufrieden geben muß.

Das angestrebte Ziel bestimmt die Stoffauswahl. Möglichst viele multivariate statistische Verfahren aufzunehmen, wäre gänzlich sinnlos. Der Studierende könnte sie nur wie ein Papagei, ohne jedes Verständnis, auswendig lernen, denn auf die theoretischen Grundlagen einzugehen, wäre aus vielen Gründen unmöglich. Wesentlich vernünftiger ist es, sich auf einfache statistische Fragestellungen zu beschränken und an ihnen die Begriffe der mathematischen Statistik sauber, verständlich und mit mathematischen Hilfsmitteln, die auch dem Anfänger zur Verfügung stehen, zu entwickeln. Verständnis, nicht Rezeptwissen ist im Grundsatz immer die Devise, wenn auch manchmal aus dem Zwang des Sachverhaltes von diesem Grundsatz abgewichen wird.

Auch der Stil der Darstellung wurde von der Zielsetzung bestimmt. Am Anfang steht zur Motivation immer ein einfaches unmittelbar verständliches Beispiel. Davon ausgehend werden die Begriffe und Methoden entwickelt. Besonderes Anliegen war dem Autor dabei immer die klare, unmißverständliche sprachliche Formulierung. Gerade in dieser Hinsicht ist sehr viel Erfahrung in das Buch eingeflossen. Es ist keine leichte Aufgabe, mathematisch wenig vorbelasteten Anfängern Statistik zu erklären. Hoffentlich ist es einigermaßen gelungen!

An dieser Stelle scheint mir noch ein Wort über statistische Programmpakete angebracht. Gelegentlich wird ja die Meinung vertreten, für Sozial- und Wirtschaftswissenschafter, ja überhaupt für Anwender der Statistik genüge es, mit der Handhabung eines der gängigen Statistikpakete (etwa SPSS oder SAS) vertraut zu sein. Diese Auffassung kann man akzeptieren, wenn Handhabung *verständige Handhabung* bedeuten soll. Zur verständigen Handhabung eines Programmpakets, und nur darum kann es gehen, gehört Verstehen der Grundlagen und ein Wissen um die am PC einzugebenden Steuerbefehle. Letzteres ist vergleichsweise einfach zu erwerben, ersetzt aber in keiner Weise das Verständnis der Grundlagen, ohne das die Arbeit am Computer zum sinnlosen Knöpfchenspiel verkommt. Die von Version zu Version sich ständig ändernden Steuerbefehle eines Programmpaketes zu besprechen, kann daher weder Inhalt eines Buches noch einer Vorlesung über Sozial- und Wirtschaftsstatistik sein — dafür gibt es Manuals. Auch vergesse man nicht, daß der Sozial- und Betriebswirt später im Beruf in aller Regel aufwendigere statistische Untersuchungen nicht selbst ausführen, sondern an Statistiker oder Informatiker delegieren wird. Diesen soll er, wie schon eingangs betont, ein kompetenter Gesprächspartner sein. Ein solcher ist er aber nur, wenn er versteht, was die Fachleute tun, und nicht, wenn er die Steuerbefehle des von ihnen benützten Programmsystems auswendig gelernt hat.

Abschließend danke ich meinen bewährten Mitarbeitern Frau R. Janout, Frau Mag. H. Wagner, Herrn Mag. M. Schöfecker und Herrn Mag. H. Waldl. Vor allem Frau Janout verdient für ihre unermüdliche Sorgfalt und Geduld besondere Anerkennung.

Linz, im Februar 1992 R. Hafner

Vorwort zur 2. Auflage

Da sich das Buch in der Lehr- und Lernpraxis sowohl hinsichtlich der Stoffauswahl als auch in der Präsentation bewährt hat, wurden in der zweiten Auflage nur geringfügige Veränderungen vorgenommen: Fehler wurden berichtigt, einige Formulierungen verbessert, die Bilder mit modernen Hilfsmitteln neu gezeichnet und der Tabellenanhang neu gestaltet.

Für die sorgfältige Durchführung dieser Arbeiten danke ich meinen bewährten Mitarbeitern Frau R. Janout und Herrn Dr. H. Waldl besonders herzlich.

Linz, im April 2000 R. Hafner

Inhaltsverzeichnis

Teil I: Deskriptive Statistik

1 Einführung

1.1	Was ist Statistik?...................................	3
1.2	Datenquellen.......................................	4
1.3	Wie geht man bei statistischen Untersuchungen vor?..............	4
1.4	Grundgesamtheit — Erhebungseinheit — Merkmal	5

2 Eindimensionale Häufigkeitsverteilungen

2.1	Diskrete Merkmale.................................	9
2.2	Stetige Merkmale...................................	12

3 Zweidimensionale Häufigkeitsverteilungen

3.1	Diskrete Merkmale.................................	17
3.2	Stetige Merkmale...................................	22

4 Maßzahlen für eindimensionale Verteilungen

4.1	Metrische Merkmale	26
	Lageparameter	26
	Streuungsparameter................................	30
	Der Variationskoeffizient.............................	33
	Momente einer Verteilung	34
	Symmetrie und Schiefe einer Verteilung......................	35
	Die Wölbung einer Verteilung.........................	35
4.2	Ordinale Merkmale	36
4.3	Nominale Merkmale................................	38

5 Maßzahlen für mehrdimensionale Verteilungen

5.1	2-dimensionale metrische Merkmale........................	42
	Der Korrelationskoeffizient.............................	43
5.2	k-dimensionale metrische Merkmale	45

5.3 Ordinale Merkmale 46
   Der Korrelationskoeffizient von Spearman 46
   Der Korrelationskoeffizient von Kendall 47
5.4 Nominale Merkmale... 49

6 Die Lorenzkurve... 51

Teil II: Wahrscheinlichkeitsrechnung

7 Grundbegriffe der Wahrscheinlichkeitsrechnung

7.1 Experimente mit zufälligem Ausgang 60
7.2 Zufällige Merkmale 64
7.3 Ereignisse 65
7.4 Rechnen mit Ereignissen.. 68
7.5 Wahrscheinlichkeitsverteilungen 69
7.6 Folgerungen aus den Grundaxiomen 72

8 Diskrete Wahrscheinlichkeitsverteilungen

8.1 Dichte und Verteilungsfunktion 76
   Eigenschaften der Dichte 78
   Simulation einer Verteilung mit gegebener Dichte................ 78
   Simulation auf dem Computer 79
   Die Verteilungsfunktion 81
8.2 Die Alternativverteilung.. 83
8.3 Die Gleichverteilung.. 85
8.4 Die hypergeometrische Verteilung 86
8.5 Die Binomial-Verteilung.. 89
8.6 Die Poisson-Verteilung 92
8.7 Approximationsregeln... 95

9 Stetige Wahrscheinlichkeitsverteilungen

9.1 Dichte und Verteilungsfunktion 97
   Eigenschaften der Verteilungsfunktion 98
   Eigenschaften der Dichte 99
9.2 Die stetige Gleichverteilung 100

9.3 Die Normalverteilung 103
    Die Hauptnormalverteilung 105
    Normalapproximation von Binomial- und Poisson-Verteilung 107
9.4 Die Chi-Quadrat-Verteilung 108
9.5 Die Student-Verteilung 110
9.6 Die F-Verteilung 112

10 Parameter von Wahrscheinlichkeitsverteilungen

10.1 Der Erwartungswert 114
10.2 Fraktile von Wahrscheinlichkeitsverteilungen 119
10.3 Lage- und Streuungsparameter 121

Teil III: Mathematische Statistik

11 Relative Häufigkeiten

11.1 Schätzen relativer Häufigkeiten 127
     Punktschätzung 128
     Bereichschätzung 128
11.2 Testen von Hypothesen über relative Häufigkeiten 136
11.3 Vergleich zweier relativer Häufigkeiten 140

12 Die Parameter der Normalverteilung

12.1 Der Mittelwert 143
12.2 Die Varianz 148
12.3 Vergleich zweier Normalverteilungen 152
     Vergleich der Mittelwerte 152
     Vergleich der Varianzen 156

13 Verteilungsunabhängige Verfahren

13.1 Schätzen und Testen von Fraktilen 159
13.2 Statistische Toleranzintervalle 163

14 Der Chi-Quadrat-Test

14.1 Der Chi-Quadrat-Anpassungstest..............................164
14.2 Der Chi-Quadrat-Homogenitätstest............................168

15 Regressionsrechnung 171

Tabellen

Tabelle 1: Dichte der hypergeometrischen Verteilung 185
Tabelle 2: Dichte der Binomial-Verteilung...........................186
Tabelle 3: Verteilungsfunktion der Binomial-Verteilung................187
Tabelle 4: Dichte der Poisson-Verteilung 188
Tabelle 5: Verteilungsfunktion der Poisson-Verteilung 189
Tabelle 6: Verteilungsfunktion der Standard-Normalverteilung..........190
Tabelle 7: Fraktile der Student-Verteilung............................191
Tabelle 8: Fraktile der Chi-Quadrat-Verteilung........................192
Tabelle 9: Fraktile der F-Verteilung..................................193
Nomogramm zur Bestimmung von Vertrauensschranken
für den Anteil p in der Grundgesamtheit.............................194

Literatur..195

Sachverzeichnis..197

Teil I
Deskriptive Statistik

> Ich traue einer Statistik nie —
> es sei denn, ich habe sie selbst gefälscht.
>
> *W. Churchill*

1 Einführung

1.1 Was ist Statistik ?

Das Wort **Statistik** wurde im 17. Jahrhundert geprägt und bezeichnete ursprünglich die verbale und numerische Beschreibung eines Staates oder — nach einer Definition aus dem 18. Jahrhundert — die Beschreibung der Staatsmerkwürdigkeiten eines Landes und Volkes.

Heute versteht man unter Statistik alle Methoden zur Gewinnung, Zusammenfassung, Darstellung und Analyse von Massendaten, ebenso wie die Entwicklung von Strategien für vernünftiges Schließen und Entscheiden auf der Grundlage dieser Daten.

Will man Eigenschaften einer gegebenen Gruppe von Personen oder Dingen untersuchen — z.B. Alter, Gewicht und Blutdruck aller Bürger eines Landes oder die Qualität der in einer Fabrik im Verlaufe eines Monats produzierten elektronischen Bauelemente —, dann ist es oft unmöglich oder zumindest unpraktisch alle Einheiten der Gruppe, der sogenannten **Grundgesamtheit**, zu studieren. Man begnügt sich mit der Untersuchung eines Teils dieser Grundgesamtheit, einer **Stichprobe**.

Ist die Stichprobe **repräsentativ**, dann können aus ihr brauchbare Schlüsse auf die Gesamtheit gezogen werden. Derjenige Teil der Statistik, der sich mit den Bedingungen und Methoden des Schließens von Stichproben auf die Gesamtheit befaßt, heißt **schließende** oder **mathematische Statistik**. Da solche Schlüsse nie absolut sicher sind, formuliert man sie in der Sprache der **Wahrscheinlichkeitstheorie**, die die Grundlage für die mathematische Statistik bildet.

Begnügt man sich mit der Untersuchung einer gegebenen Gruppe von Objekten, ohne aus den gewonnenen Daten Schlüsse auf eine umfassendere Grundgesamtheit zu ziehen, dann betreibt man **deskriptive** oder **beschreibende Statistik**. Ihre Aussagen sind zwar sicher, eine Übertragung der an einer Gruppe gewonnenen Ergebnisse auf eine umfassendere ist aber nicht möglich bzw. nicht mehr Gegenstand der deskriptiven Statistik.

1.2 Datenquellen

Wenn man soziologische, volks- oder betriebswirtschaftliche Daten benötigt, wird man nur selten eigene Erhebungen durchführen können. In den meisten Fällen wird man auf Veröffentlichungen verschiedener lokaler, regionaler, nationaler und internationaler Organisationen zurückgreifen müssen. Als wichtigste Beispiele für solche Datenquellen seien genannt:

- **Amtliche Statistik:**

    Statistische Zentral- oder Bundesämter,
    Statistische Landes- und Stadtämter,
    Ministerien, Arbeitsämter etc. mit ihren Ressortstatistiken.

- **Nichtamtliche Statistik:**

    Institute für empirische Sozialforschung,
    Arbeitgeber- und Arbeitnehmerorganisationen,
    Kammern und Verbände,
    Markt- und Meinungsforschungsinstitute.

- **Internationale Organisationen:**

    UN ... United Nations,
    EU ... Europäische Gemeinschaft,
    FAO ... Food and Agriculture Organisation,
    OECD ... Organisation for Economic Cooperation and Development,
    IAEO ... International Atomic Energy Organisation.

Das Statistische Jahrbuch der Bundesrepublik Deutschland gibt in seinem Anhang *„Internationale Übersichten"* einen guten Überblick über diese Datenquellen.

1.3 Wie geht man bei statistischen Untersuchungen vor ?

Geordnet nach der zeitlichen Reihenfolge ihrer Durchführung kann man folgende Schritte unterscheiden:

1. Planung

Hierher gehören vor allem:
    die präzise Formulierung des Untersuchungszieles,
    die Planung der Datengewinnung,
    die Klärung organisatorischer Fragen.

2. Datengewinnung

Je nachdem ob die Daten durch eigene Erhebung oder durch Rückgriff auf vorhandene Datenquellen beschafft werden, spricht man von **primärstatistischen** oder **sekundärstatistischen** Untersuchungen.

3. Datenaufbereitung

Darunter versteht man die Verdichtung der in den Daten — dem **Urmaterial** — enthaltenen Information in Tabellen und Schaubildern.

4. Analyse

Hierher gehört die weitergehende Informationsverdichtung durch Berechnung von **statistischen Kennzahlen** (Mittelwerte, Streuungsgrößen, Korrelationsgrößen etc.) und vor allem die Anwendung von Methoden der **mathematischen Statistik**, wie sie im Teil III dieses Buches beschrieben sind.

5. Interpretation

Abschließend werden die Ergebnisse in bezug auf das Untersuchungsziel interpretiert und verbal formuliert. In der Regel ergeben sich auch wichtige Hinweise für die Verbesserung zukünftiger Untersuchungen.

1.4 Grundgesamtheit — Erhebungseinheit — Merkmal

Statistische Untersuchungen haben nicht Einzelobjekte oder Einzelpersonen zum Gegenstand, sondern beziehen sich immer auf Gesamtheiten von in dem einen oder anderen Sinn ähnlichen Objekten, Personen, Betrieben usw. Der Statistiker spricht von einer **Grundgesamtheit**, sie ist sein Untersuchungsobjekt, und über sie sollen Aussagen gemacht werden.

Es ist wichtig, die jeweilige Grundgesamtheit möglichst genau in **räumlicher, zeitlicher** und **sachlicher** Hinsicht abzugrenzen. Ungenaue Beschreibung der Grundgesamtheiten führt sehr oft, namentlich wenn Stichproben gezogen werden müssen, zu unbrauchbaren Ergebnissen.

Die in der Grundgesamtheit zusammengefaßten gleichartigen Elemente nennt man **Einheiten** oder **Erhebungseinheiten**, ihre Anzahl bildet den **Umfang** der Grundgesamtheit.

In Abhängigkeit vom jeweiligen Untersuchungsziel interessieren verschiedene Eigenschaften der Einheiten der betrachteten Grundgesamtheit. Man spricht von statistischen **Merkmalen** oder **Variablen**. Jedes Merkmal nimmt verschiedene Werte oder **Ausprägungen** an. Die Gesamtheit aller in Frage kommenden Ausprägungen eines Merkmals bildet seinen **Wertebereich**.

Beispiel 1.4.1: Im Rahmen einer Produktivitätsstudie in einer Fabrik für Herrenkonfektion soll die Fertigung von Herrenhosen durchleuchtet werden. Als zu untersuchende Grundgesamtheit werden die an einem genau festgelegten Tag gefertigten Herrenhosen gewählt. Folgende Merkmale sollen erhoben werden:
- die zum Nähen einer Hose benötigte Zeit t, gemessen in Minuten,
- die Anzahl z der Nähfehler je Hose,
- der Grad der Versäuberung v, abgestuft in: sehr gut $\hat{=}$ 1, gut $\hat{=}$ 2, befriedigend $\hat{=}$ 3, genügend $\hat{=}$ 4, ungenügend $\hat{=}$ 5,
- das Material m: Wolle, Baumwolle, Leinen, Kunstfaser, Mischfaser.

Die möglichen Ausprägungen der einzelnen Merkmale sind:
- t ... nimmt (wenigstens grundsätzlich) beliebige Werte ≥ 0 an,
- z ... die Ausprägungen sind ganze Zahlen ≥ 0,
- v ... nimmt die Werte 1,2,3,4,5 an,
- m ... besitzt die Ausprägungen: *Wolle, Baumwolle, Leinen, Kunstfaser, Mischfaser.*

Da im Falle der Nähzeit t und der Fehlerzahl z keine zwingende obere Grenze für die möglichen Ausprägungen gegeben ist, nimmt man in solchen Fällen stets einen nach oben unbeschränkten Wertebereich an.

Arten von Merkmalen

Die bei statistischen Untersuchungen auftretenden Merkmale können nach verschiedenen Gesichtspunkten eingeteilt werden. Diese Einteilungen sind wichtig, weil sich an ihnen die Wahl der zur Auswertung angemessenen statistischen Methode orientiert.

1. Einteilungsprinzip: metrisch — ordinal — nominal

- *Ein Merkmal heißt* **metrisch** *oder* **quantitativ***, falls es in Vielfachen einer Einheit gemessen wird.*

Beispiele: Länge, Gewicht, Zeit, Einkommen, SO_2-Gehalt der Luft, Fehlerzahlen.

- *Man nennt ein Merkmal x* **ordinal***, falls je zwei Ausprägungen x_1 und x_2 zueinander in einer Ordnungsbeziehung wie „größer — kleiner" oder „besser — schlechter" stehen.*

Beispiele: Schulnoten, allgemeine Gütewertungen, Temperatur, Intelligenzquotient.

Metrische Merkmale sind stets auch ordinal, das ist offenbar, die Umkehrung trifft nicht zu. Die Note 2 ist in keinem Sinn zweimal soviel wie die Note 1. Auch die Temperatur, gemessen in Celsius-Graden, mißt nicht Vielfache einer Einheit, sondern ist eine mehr oder weniger willkürlich festgelegte Skala.

- *Ein Merkmal heißt* **nominal***, falls seine verschiedenen Ausprägungen nicht geordnet, sondern lediglich durch ihren Namen unterschieden sind.*

Beispiele: Familienstand, Beruf, Religionsbekenntnis, Material eines Produktes.

1.4 Grundgesamtheit – Erhebungseinheit — Merkmal

Die Ausprägungen nominaler Merkmale werden häufig mit Zahlen verschlüsselt, z.B.:

Wolle $\hat{=}$ 1, Baumwolle $\hat{=}$ 2, Leinen $\hat{=}$ 3, Kunstfaser $\hat{=}$ 4, Mischfaser $\hat{=}$ 5.

Auf der Suche nach möglichst knappen Abkürzungen denkt man eben naheliegenderweise an Zahlen, da es davon beliebig viele gibt. Man darf dabei aber nicht in den Fehler verfallen, zu glauben, man hätte jetzt ein ordinales oder gar ein metrisches Merkmal vor sich. Die Berechnung etwa des Mittelwertes verschiedener Ausprägungen $x_1, \ldots, x_n$ wäre völlig sinnlos.

Ob ein Merkmal metrisch, ordinal oder nominal ist, hängt wesentlich von der Meßmethode und diese wiederum vom Grad der wissenschaftlichen Durchdringung eines Problems ab. Die Farben des Regenbogens kann man mit dem Auge „messen" und entsprechend mit Rot, Gelb, Grün, Blau, Violett bezeichnen. Dann hat man ein nominales Merkmal mit 5 Ausprägungen. Mißt man dagegen die Wellenlänge des Lichtes, was natürlich erst in einem fortgeschrittenen Stadium der Theorie des Lichtes und der Praxis optischen Messens möglich ist, dann wird die Farbe zum metrischen Merkmal.

Es ist häufig eine Aufgabe von grundlegender Bedeutung, qualitative Merkmale durch Entwicklung geeigneter Meßmethoden quantitativ faßbar zu machen. Man denke etwa an die Luftverschmutzung und das damit in sehr komplizierter Weise zusammenhängende Baumsterben oder an die Leistungen des menschlichen Gehirns und die zu ihrer Messung entwickelten Testverfahren. Letztere liefern charakteristischerweise ordinale und nicht metrische Daten.

2. Einteilungsprinzip: stetig — diskret

- *Ein Merkmal heißt* **stetig**, *falls es als Ausprägungen (wenigstens im Prinzip) beliebige Werte aus einem Intervall $[a, b]$ annehmen kann.*

Beispiele: Zeit, Länge, Gewicht, Temperatur.

- *Man nennt ein Merkmal* **diskret**, *falls es als Ausprägungen (bei geeigneter Skalierung bzw. Verschlüsselung) nur ganzzahlige Werte annehmen kann.*

Beispiele: Fehlerzahlen, Schulnoten, Familienstand, Beruf.

Bei der praktischen Messung werden auch stetige Merkmale immer nur mit einer dem Meßverfahren bzw. dem Meßgerät eigenen Genauigkeit und damit letztlich als ganzzahlige Vielfache eines kleinsten Meßintervalls angegeben. Man spricht von der **Diskretisierung** des stetigen Merkmals. Ja, die Physiker lehren uns, daß selbst Größen wie Länge, Masse und sogar Zeit nur in ganzzahligen Vielfachen letzter kleinster Elementareinheiten auftreten. Man könnte also den Begriff des stetigen Merkmals überhaupt aufgeben, er erweist sich indessen aus verschiedenen Gründen als praktisch und nützlich.

3. Einteilungsprinzip: eindimensional — mehrdimensional

- *Ein Merkmal heißt* **eindimensional**, *falls seine Ausprägungen durch eine einzige Zahlenangabe charakterisiert werden können.*

Beispiele: Länge, Gewicht, Zeit, Fehlerzahl, Schulnote in Religion, Familienstand, Beruf.

- Ein Merkmal heißt **k-dimensional**, falls zur eindeutigen Charakterisierung seiner Ausprägungen k Zahlenangaben notwendig sind.

Beispiele: Geschwindigkeit eines Teilchens ($k = 3$), Beschleunigung eines Teilchens ($k = 3$). In sozial- und wirtschaftswissenschaftlichen Zusammenhängen meistens die Kombination von k eindimensionalen Merkmalen, wie etwa: $\mathbf{x} = (x_1, x_2, x_3, x_4) =$ = (Alter, Beruf, Familienstand, Einkommen).

Man schreibt: $\mathbf{x} = (x_1, \ldots, x_k)$ und nennt $x_1, x_2, \ldots$ die **Koordinaten** des k-dimensionalen Merkmals $\mathbf{x}$.

Zur Übung klassifizieren wir die in Beispiel 1.4.1 genannten Variablen $t \ldots$ Nähzeit, $z \ldots$ Fehlerzahl, $v \ldots$ Versäuberungsgrad, $m \ldots$ Material.

- $t \ldots$ metrisch, stetig,   1-dimensional,
- $z \ldots$ metrisch, diskret, 1-dimensional,
- $v \ldots$ ordinal,   diskret, 1-dimensional,
- $m \ldots$ nominal, diskret, 1-dimensional.

Kombinationen der obigen Merkmale ergeben mehrdimensionale Variablen, deren einzelne Koordinaten ganz unterschiedlicher Art im Sinn unserer Einteilungsprinzipien sein können.

Von den sechs Kombinationen zwischen *metrisch, ordinal, nominal* einerseits und *stetig, diskret* andererseits sind zwar alle möglich, praktisch sind jedoch nominale Variable immer diskret mit endlich vielen möglichen Ausprägungen. Ordinale Daten sind meistens diskret und metrische Merkmale, mit Ausnahme von Anzahlangaben wie Fehlerzahlen etc., stetig.

2 Eindimensionale Häufigkeitsverteilungen

Das wichtigste Hilfsmittel, um die in den **Urdaten** enthaltene wesentliche Information zu extrahieren, zu verdichten und übersichtlich darzustellen, sind Häufigkeitsverteilungen in tabellarischer und in graphischer Form.

Die Methoden zur Gewinnung und Darstellung dieser Häufigkeitsverteilungen unterscheiden sich in einigen wichtigen Details, je nachdem, ob es sich um Verteilungen ein- oder mehrdimensionaler, stetiger oder diskreter Merkmale handelt. Wir behandeln in diesem Kapitel den eindimensionalen Fall und zeigen die Vorgangsweise bei diskreten und bei stetigen Merkmalen an einfachen, aber typischen Beispielen.

2.1 Diskrete Merkmale

Wir betrachten als Grundgesamtheit $\mathcal{M}$ eine Lieferung von $N = 50$ verzinkten Stahlblechen. Die einzelnen Stahlbleche bilden die Erhebungseinheiten, das interessante Merkmal ist die Anzahl x der Oberflächenfehler je Einheit.

Um die **Häufigkeitsverteilung** der Ausprägungen des Merkmals x zu gewinnen, sind folgende Schritte auszuführen:

1. Schritt: Von jeder Einheit wird die Ausprägung von x, also die Anzahl der Oberflächenfehler, festgestellt und in einer **Urliste** festgehalten. Die Urliste enthält die **Urdaten**. Sie bilden die Grundlage aller weiteren statistischen Auswertungen.

2. Schritt: Mittels einer **Strichliste** wird festgestellt, wieviele Einheiten h_i die Ausprägung $x = i$ für $i = 0, 1, 2, \ldots$ besitzen. Wir führen die folgende Schreib- und Sprechweise ein:

$h_i = h(x = i)$ heißt **absolute Häufigkeit** der Ausprägung $x = i$,

$p_i = p(x = i) = h_i/N$ heißt **relative Häufigkeit** der Ausprägung $x = i$,

$P_i = P_\%(x = i) = 100 p_i$ gibt die **relative Häufigkeit in Prozent** an.

Man erhält eine Tabelle ähnlich Tabelle 2.1.1. Die beiden letzten Spalten werden im Abschnitt „Die Summenhäufigkeitsfunktion" besprochen.

x	Strichliste	$h(x=i)$	$P_\%(x=i)$	$h(x\leq i)$	$P_\%(x\leq i)$
0	///	3	6	3	6
1	//// //	7	14	10	20
2	//// //// //	12	24	22	44
3	//// //// //// /	16	32	38	76
4	//// ///	8	16	46	92
5	///	3	6	49	98
6	/	1	2	50	100
Summe		$N=50$	100 %		

Tabelle 2.1.1: Auswertung der Urliste

Für die absoluten und die relativen Häufigkeiten ergeben sich folgende Summenkontrollen:

$$h_0 + h_1 + \ldots = \sum_{i\geq 0} h_i = N,$$
$$p_0 + p_1 + \ldots = \sum_{i\geq 0} p_i = 1,$$
$$P_0 + P_1 + \ldots = \sum_{i\geq 0} P_i = 100\,\%.$$

3. Schritt: Graphische Darstellung im **Stab-** oder im **Kreisdiagramm.** Im Stabdiagramm werden die Häufigkeiten h_i bzw. P_i über $x=i$ in einem rechtwinkeligen Koordinatensystem aufgetragen.

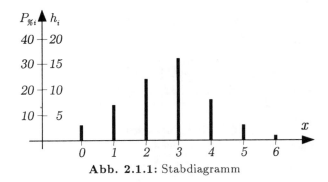

Abb. 2.1.1: Stabdiagramm

Ein einziges Bild ist offensichtlich zur Darstellung der absoluten und der relativen Häufigkeiten geeignet.

Im Kreisdiagramm wird der Kreis derart in Sektoren zerlegt, daß der i-te Sektor P_i-Prozent der Fläche des Gesamtkreises besitzt.

2.1 Diskrete Merkmale

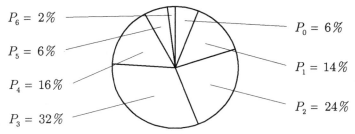

Abb. 2.1.2: Kreisdiagramm

Beide Darstellungen zeigen in einfacher und unmittelbar verständlicher Form die Häufigkeitsverteilung des Merkmals x innerhalb der Grundgesamtheit $\mathcal{M}$.

Die Summenhäufigkeitsfunktion

Neben dem Stab- und dem Kreisdiagramm ist bei metrischen und ordinalen Merkmalen die Summenhäufigkeitsfunktion von Interesse. Man trägt über $x = i$ die absolute oder die relative Häufigkeit aller Einheiten mit einer Merkmalsausprägung $x \leq i$ auf. Es gilt in offensichtlicher Bezeichnung:

$h(x \leq i) = \sum_{j=0}^{i} h_j$ ... absolute Häufigkeit von $x \leq i$,
$p(x \leq i) = h(x \leq i)/N = \sum_{j=0}^{i} p_j$ ... relative Häufigkeit von $x \leq i$,
$P_\%(x \leq i) = p(x \leq i) \cdot 100 = \sum_{j=0}^{i} P_j$ ... relative Häufigkeit von $x \leq i$ in Prozent.

Tabelle 2.1.1 enthält die Kolonne der absoluten Summenhäufigkeiten $h(x \leq i)$ und der relativen Summenhäufigkeiten $P_\%(x \leq i)$ für unser Beispiel, und Abb. 2.1.3 zeigt die zugehörige Graphik.

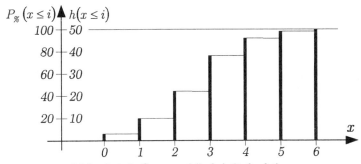

Abb. 2.1.3: Summenhäufigkeitsfunktion

Offensichtlich erhält man eine monoton wachsende Treppenfunktion, und auch hier ist ein Bild zur Darstellung sowohl der absoluten als auch der relativen Summenhäufigkeiten geeignet.

2.2 Stetige Merkmale

Bei stetigen Merkmalen ebenso wie bei diskreten Merkmalen mit sehr vielen verschiedenen Ausprägungen ist es nicht zielführend, für jede Ausprägung von x die absolute oder die relative Häufigkeit anzugeben. Man erhielte auf diese Weise keine nennenswerte Verdichtung der in den Urdaten enthaltenen Information. Diese Informationsverdichtung erreicht man erst, wenn man den Wertebereich des Merkmals in Teilintervalle zerlegt und die Häufigkeiten dieser Teilintervalle tabellarisch oder graphisch darstellt. Der Grad der Informationsverdichtung hängt dabei in offensichtlicher Weise von der Feinheit der gewählten Intervalleinteilung ab.

Wir demonstrieren die Einzelheiten an einem Beispiel und wählen als Grundgesamtheit $\mathcal{M}$ eine Gruppe von $N = 60$ Studentinnen an der Universität Linz im Studienjahr 1989/90. Das zu untersuchende Merkmal sei die Körpergröße x, gemessen in Zentimeter auf Millimeter genau.
Folgende Schritte sind auszuführen:

1. Schritt: Messung der Ausprägungen von x für alle Einheiten aus $\mathcal{M}$ und Erstellung einer Urliste.

Name	Körpergröße in cm	Name	Körpergröße in cm	Name	Körpergröße in cm
Abel E.	165,3	Dunst I.	165,4	Krdl N.	173,1
Adam R.	145,2	Ecker S.	159,1	Lang S.	163,0
Aginger W.	169,8	Eder T.	150,6	Madl K.	177,6
Asanger A.	167,8	Elsl I.	172,4	Ofner A.	186,0
Atzmüller H.	159,6	Engl K.	184,5	Reisch N.	192,9
Balber H.	167,3	Ertl I.	171,9	Sauer N.	170,8
Bauer T.	161,5	Exl S.	163,4	Schmoll A.	164,3
Berger J.	159,0	Eyth T.	168,6	Schober B.	158,7
Binder W.	153,5	Falk S.	158,1	Seyr C.	157,3
Bobou L.	175,4	Faul C.	169,4	Sommer D.	159,5
Bohn K.	170,8	Feigl H.	160,4	Tuscher E.	163,7
Borofka B.	166,3	Fink O.	170,1	Wallner F.	165,8
Briksi E.	170,2	Früchtl E.	170,8	Wania G.	162,5
Cakmak I.	164,1	Gampe N.	152,4	Widmann H.	177,5
Ctvrtnik M.	162,1	Golser W.	172,5	Wimmer I.	182,3
Danner P.	175,9	Grurl E.	183,2	Wolf J.	165,9
Denkmair S.	171,9	Hackl N.	164,1	Wutzl K.	157,1
Doda T.	161,9	Harb N.	168,6	Yucel M.	165,8
Dörr A.	163,2	Igel M.	155,0	Zulon S.	179,6
Driesner T.	162,6	Kirdy A.	178,5	Zyprian S.	194,7

Tabelle 2.2.1: Urliste

2.2 Stetige Merkmale

2. Schritt: Wir bestimmen:

- das **Variationsintervall** $= [x_{\min}, x_{\max}]$, also das Intervall zwischen dem größten und dem kleinsten Wert der Urliste,

- die **Variationsbreite** $= x_{\max} - x_{\min}$, d.h. die Länge des Variationsintervalls,

- die **Klassenzahl** $k \approx \sqrt{N}$ auf ganze Zahl gerundet für die Zerlegung des Variationsintervalls in k gleich große Teilintervalle $I_1, \ldots, I_k$ gemäß der Abbildung 2.2.1.

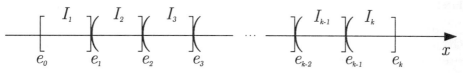

Abb. 2.2.1: Zerlegung des Variationsintervalls

Man wählt dabei $e_0 \leq x_{\min}$ und $e_k \geq x_{\max}$ so, daß einerseits e_0 und e_k den Werten $x_{\min}$ und $x_{\max}$ möglichst nahe kommen, aber für die Intervallenden $e_0, e_1, e_2, \ldots, e_k$ runde Zahlen entstehen. $k \approx \sqrt{N}$ ist dabei nur eine Richtgröße für die Wahl der Klassenzahl, keinesfalls eine strikte Vorschrift.

In unserem Beispiel ist:

$[x_{\min}, x_{\max}]$ $= [145{,}2;\ 194{,}7]$ ... das Variationsintervall,

$x_{\max} - x_{\min}$ $= 49{,}5$ ... die Variationsbreite,

$\sqrt{60}$ ≈ 8 ... die Richtgröße für die Klassenzahl k.

Wir wählen: $k = 10$, $e_0 = 145$ und $e_{10} = 195$. Die einzelnen Teilintervalle sind damit 5 cm lang, und man hat übersichtliche Verhältnisse.

3. Schritt: Bestimmung der absoluten und der relativen Häufigkeiten der Intervalle $I_j = (e_{j-1}, e_j]$ für $j = 1, \ldots, k$:

$h(e_{j-1} < x \leq e_j)$ $= h_j$ ... die absolute Häufigkeit von I_j,

$p(e_{j-1} < x \leq e_j)$ $= p_j = h_j/N$ ... die relative Häufigkeit von I_j,

$P_\%(e_{j-1} < x \leq e_j)$ $= P_j = 100 p_j$ ... die relative Häufigkeit in %.

Außerdem Bestimmung der Summenhäufigkeiten:

$h(x \leq e_j)$ $= \sum_{i=1}^{j} h_i$ ... die absolute Summenhäufigkeit,

$p(x \leq e_j)$ $= \sum_{i=1}^{j} p_i$ ... die relative Summenhäufigkeit,

$P_\%(x \leq e_j)$ $= \sum_{i=1}^{j} P_i$ ... die relative Summenhäufigkeit in %.

Alle diese Größen werden in einer Tabelle übersichtlich zusammengestellt. In unserem Beispiel ergibt sich das in Abb. 2.2.2 gezeigte Histogramm.

Teilintervall	Strichliste	$h(e_{j-1}<x\leq e_j)$	$h(x\leq e_j)$	$P_\%(e_{j-1}<x\leq e_j)$	$P_\%(x\leq e_j)$
$145<x\leq 150$	/	1	1	1,67	1,67
$150<x\leq 155$	////	4	5	6,67	8,33
$155<x\leq 160$	ℳℳ ///	8	13	13,33	21,67
$160<x\leq 165$	ℳℳ ℳℳ ///	13	26	21,67	43,33
$165<x\leq 170$	ℳℳ ℳℳ //	12	38	20,00	63,33
$170<x\leq 175$	ℳℳ ℳℳ	10	48	16,67	80,00
$175<x\leq 180$	ℳℳ /	6	54	10,00	90,00
$180<x\leq 185$	///	3	57	5,00	95,00
$185<x\leq 190$	/	1	58	1,67	96,67
$190<x\leq 195$	//	2	60	3,33	100,00

Tabelle 2.2.2: Auswertung der Urliste

4. Schritt: Graphische Darstellung der Häufigkeiten der Intervalle I_j.

Man trägt über den Intervallen I_j Rechtecke mit einer zu h_j und damit auch zu p_j und P_j proportionalen Fläche auf. Da die Intervalle gleich lang gewählt wurden, ist auch die Höhe dieser Rechtecke proportional zu h_j, p_j, P_j.

Wurden allerdings die Längen der Intervalle I_j aus irgendwelchen Gründen ungleich gewählt, dann hat man immer die Flächen und nicht die Höhen der Rechtecke proportional zu h_j, p_j, P_j zu wählen. Das entstehende Häufigkeitsschaubild nennt man **Histogramm**.

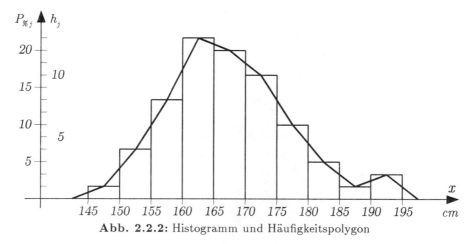

Abb. 2.2.2: Histogramm und Häufigkeitspolygon

Bemerkungen:
- Wählt man k zu klein oder zu groß, dann verliert das Histogramm an Aussagekraft.

2.2 Stetige Merkmale

- Durch die Klasseneinteilung des Variationsintervalls geht zwar Information verloren, bei richtiger Wahl der Klasseneinteilung bleibt aber die für die Interpretation der Daten wesentliche Information erhalten.

- Das Histogramm ist eine Treppenfunktion. Man erhält ein geglättetes und damit vielleicht ansprechenderes Häufigkeitsschaubild, wenn man die oberen Mittelpunkte der über I_j errichteten Rechtecke miteinander verbindet. Man spricht vom **Häufigkeitspolygon**. Es ist in Abb. 2.2.2 eingezeichnet. Man erkennt sofort, daß die Gesamtflächen unter der Histogrammtreppe und unter dem Häufigkeitspolygon gleich sind.

5. Schritt: Man zeichnet ein Schaubild für die Summenhäufigkeiten, die ja bereits im 3. Schritt berechnet und tabelliert wurden. Dazu trägt man über den Intervallenden e_j die absoluten oder relativen Summenhäufigkeiten $h(x \leq\ \leq e_j)$ bzw. $P_\%(x \leq e_j)$ auf und verbindet diese Punkte. Es entsteht ein nach rechts ansteigendes Polygon, wie es Abb. 2.2.3 für unser Beispiel zeigt, die **Summenhäufigkeitskurve**.

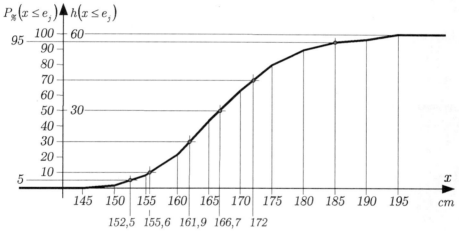

Abb. 2.2.3: Summenhäufigkeitskurve

Man liest von der Summenhäufigkeitskurve ab:

- 90 % aller Studentinnen der Grundgesamtheit sind kleiner als 180 cm.
- 90 % aller Studentinnen der Grundgesamtheit sind größer als 155,6 cm.
- 90 % aller Studentinnen der Grundgesamtheit haben eine Körpergröße zwischen 152,5 cm und 185 cm.
- 50 % aller Studentinnen sind größer (bzw. kleiner) als 166,7 cm.

Diese Aussagen sind offenbar nicht ganz exakt, weil die genaue Verteilung der Meßwerte innerhalb der Intervalle I_j unberücksichtigt bleibt, sie sind aber für praktische Zwecke in aller Regel hinreichend genau.

p-Fraktil — P-Perzentil

Wir wollen diese wichtigen Begriffe gleich an dieser Stelle kennenlernen. Sind z.B. 90 % aller Studentinnen ≤ 180 cm wie in unserem Beispiel, dann nennt man 180 cm das 90 %-Perzentil oder 0,9-Fraktil der Verteilung und schreibt:

$$x_{90\%} = x_{0,9} = 180\,\text{cm}.$$

Drückt man also die Häufigkeit in Prozent aus, dann spricht man von **Perzentilen**, drückt man sie in Bruchteilen von 1 aus, dann spricht man von **Fraktilen**.

Allgemein definiert man:
- Ist $p(x \leq a) = p$ und daher auch $P_\%(x \leq a) = 100p\%$, dann nennt man den Wert a das **p-Fraktil** bzw. das $100p\%$-**Perzentil** der betrachteten Verteilung.
  In Zeichen:

$$a = x_p = x_{100p\%}.$$

Allgemein schreibt man:

$x_{P\%} \ldots$ für das $P\%$-Perzentil,

$x_p \ldots$ für das p-Fraktil.

Aus Abb. 2.2.3 lesen wir für unser Beispiel ab:

$$x_{30\%} = x_{0,3} = 161{,}9\,\text{cm},$$
$$x_{70\%} = x_{0,7} = 172\,\text{cm}.$$

Gewisse Perzentile tragen einen besonderen Namen:

$x_{25\%} = x_{0,25}$ ... heißt **erstes Quartil** der Verteilung,
$x_{50\%} = x_{0,5} = \tilde{x}$ ... heißt **Median** der Verteilung,
$x_{75\%} = x_{0,75}$ ... heißt **drittes Quartil** der Verteilung,
$x_{75\%} - x_{25\%}$ ... heißt **Quartilabstand** der Verteilung.

Der Quartilabstand gibt Information über die Streuung der Verteilung von x. Ist er groß, streuen die Beobachtungen stark, ist er klein, liegen sie eng um den Median konzentriert, denn natürlich gilt:

$$x_{25\%} \leq x_{50\%} \leq x_{75\%},$$

wie ja $P_1 < P_2$ stets $x_{P_1\%} \leq x_{P_2\%}$ zur Folge hat.

Zur Übung bestimme man die oben definierten Größen aus Abb. 2.2.3. Auch leite man sich die einfache Interpolationsformel ab, mit deren Hilfe man das $P\%$-Perzentil $x_{P\%}$ aus den tabellierten Stützstellen $P_\%(x \leq e_j)$ der Summenhäufigkeitskurve berechnen kann und vergleiche die aus Abb. 2.2.3 abgelesenen mit den errechneten Werten.

3 Zweidimensionale Häufigkeitsverteilungen

3.1 Diskrete Merkmale

Wir gehen aus von einer Grundgesamtheit $\mathcal{M}$ und stellen uns die Aufgabe, die Häufigkeitsverteilung des 2-dimensionalen Merkmals (x,y), wo x und y beide diskret sind, zu untersuchen und anschaulich darzustellen.

Als Beispiel wählen wir für $\mathcal{M}$ ein Kollektiv von $N = 50$ Student(inn)en und für x bzw. y ihre Noten in Rechnen und Deutsch in der 4. Klasse Volksschule. Wir beschreiben die einzelnen Schritte des praktischen Vorgehens.

1. Schritt: Erstellung der Urliste. Es ergab sich:

Name	x	y	Name	x	y	Name	x	y
Abel E.	2	1	Dunst I.	2	1	Grurl E.	2	3
Adam R.	3	2	Ecker S.	1	2	Hackl N.	2	1
Aginger W.	1	2	Eder T.	2	2	Harb N.	2	2
Asanger A.	3	4	Elsl I.	3	3	Igel M.	3	3
Atzmüller H.	4	3	Engl K.	4	3	Kirdy A.	4	4
Balber H.	5	3	Ertl I.	4	2	Lang S.	3	1
Bauer T.	1	2	Exl S.	2	1	Madl K.	2	3
Berger J.	3	4	Eyth T.	2	4	Ofner A.	2	2
Binder W.	4	5	Falk S.	1	1	Reisch N.	1	1
Bobou L.	3	3	Faul C.	3	3	Sauer N.	1	2
Bohn K.	2	2	Feigl H.	4	3	Schmoll A.	1	3
Borofka B.	1	3	Fink O.	4	5	Schober B.	3	2
Briksi E.	2	3	Früchtl E.	5	5	Seyr C.	3	1
Cakmak I.	3	3	Gampe N.	1	1	Sommer D.	3	2
Ctvrtnik M.	4	3	Golser W.	1	2	Tuscher E.	3	3
Danner P.	2	2	Graus A.	2	4	Wolf J.	5	4
Dörr A.	4	4				Zyprian S.	1	1

Tabelle 3.1.1: Urliste: x = Rechennote, y = Deutschnote

2. Schritt: Wir legen eine Tabelle in Matrixform für die absoluten und eine zweite für die relativen Häufigkeiten an. Mit den Abkürzungen

$$h_{ij} = h(x=i, y=j) \qquad \ldots \text{absolute Häufigkeit,}$$
$$p_{ij} = p(x=i, y=j) = h_{ij}/N \qquad \ldots \text{relative Häufigkeit,}$$
$$P_{ij} = P(x=i, y=j) = p_{ij} \cdot 100\,\% \qquad \ldots \text{relative Häufigkeit in Prozent}$$

ergibt sich die Tabelle 3.1.2:

		h_{ij}					Zeilensummen
x	y	1	2	3	4	5	h_{i+}
1		4	5	2	0	0	11
2		4	5	3	2	0	14
3		2	3	6	2	0	13
4		0	1	4	2	2	9
5		0	0	1	1	1	3
Spaltensummen h_{+j}		10	14	16	7	3	$h_{++} = 50$

Tabelle 3.1.2: Absolute Häufigkeiten h_{ij}, h_{i+}, h_{+j}

Die Zeilensummen $h_{i+} = \sum_{j=1}^{5} h_{ij}$ geben offenbar die absoluten Häufigkeiten für die Ausprägungen von x an, während die Spaltensummen $h_{+j} = \sum_{i=1}^{5} h_{ij}$ die absoluten Häufigkeiten der Ausprägungen von y sind. Sie erscheinen am Rand unserer Tabelle, und man nennt sie folglich **absolute Randhäufigkeiten**. Zur Kontrolle muß gelten:

$$h_{++} = \sum_{i=1}^{5} h_{i+} = \sum_{j=1}^{5} h_{+j} = N = 50.$$

Die Tabelle 3.1.3 der relativen Häufigkeiten P_{ij} erhält man daraus mit vergleichsweise geringem Arbeitsaufwand:

		P_{ij}					
x	y	1	2	3	4	5	P_{i+}
1		8	10	4	0	0	22
2		8	10	6	4	0	28
3		4	6	12	4	0	26
4		0	2	8	4	4	18
5		0	0	2	2	2	6
P_{+j}		20	28	32	14	6	$P_{++} = 100$

Tabelle 3.1.3: Relative Häufigkeiten P_{ij}, P_{i+}, P_{+j}

P_{i+} und P_{+j} heißen hier **relative Randhäufigkeiten**, sie geben die relativen Häufigkeiten für $x = i$ bzw. $y = j$ in Prozent an. $P_{++} = 100$ ist selbstverständlich.

Aus der Betrachtung dieser beiden Tabellen läßt sich bereits eine ganze Menge über die Verteilung der beiden Noten (x, y) ablesen. Man erkennt z.B., daß Notenpaarungen (x, y) tendenziell immer seltener werden, je größer $|x - y|$ ist. Die Paarungen mit den größten Häufigkeiten liegen auf der Hauptdiagonalen

3.1 Diskrete Merkmale

der Häufigkeitstabelle oder in deren nächster Nähe. Weiters zeigt ein Vergleich der beiden Randverteilungen, daß Deutsch- und Rechennoten nicht wesentlich verschieden verteilt sind (in unserem Kollektiv!).

3. Schritt: Weitere interessante Informationen über die Verteilung des zweidimensionalen Merkmals (x, y) liefern die **bedingten Verteilungen**.

Als Beispiel nehmen wir alle Student(inn)en mit Rechennote $x = 1$, es sind dies $h_{1+} = 11$ Personen, und fragen nach der Verteilung der Deutschnoten y in diesem Teilkollektiv. Man gewinnt die **bedingten relativen Häufigkeiten** für y bei festem x nach den Formeln:

$$p(y = j | x = i) = h(x = i, y = j)/h(x = i) = h_{ij}/h_{i+} ,$$
$$P_\%(y = j | x = i) = p(y = j | x = i) \cdot 100\,\%.$$

Man liest: $p(y = j | x = i)$ ist die relative Häufigkeit von $y = j$ unter der Bedingung $x = i$.

Entsprechend sind die bedingten relativen Häufigkeiten von x bei festem y gegeben durch:

$$p(x = i | y = j) = h(x = i, y = j)/h(y = j) = h_{ij}/h_{+j},$$
$$P_\%(x = i | y = j) = p(x = i | y = j) \cdot 100\,\%.$$

Wir schreiben auch kurz $p(x|y)$, $P(x|y)$ bzw. $p(y|x)$, $P(y|x)$ für die bedingten Häufigkeiten. Man erhält zwei Tabellen, von denen die erste zeilenweise und die zweite spaltenweise zu lesen ist.

$P_\%(y = j | x = i)$

x \ y	1	2	3	4	5
1	36,4	45,4	18,2	0	0
2	28,6	35,7	21,4	14,3	0
3	15,4	23,1	46,2	15,3	0
4	0	11,1	44,5	22,2	22,2
5	0	0	33,3	33,3	33,4

Tabelle 3.1.4: $P_\%(y|x)$

$P_\%(x = i | y = j)$

x \ y	1	2	3	4	5
1	40,0	35,7	12,5	0	0
2	40,0	35,7	18,8	28,6	0
3	20,0	21,4	37,5	28,6	0
4	0	7,2	25,0	28,6	66,7
5	0	0	6,2	14,2	33,3

Tabelle 3.1.5: $P_\%(x|y)$

An Tabelle 3.1.4 ist sehr schön zu sehen, wie etwa die Verteilungen der Deutschnote y sich mit schlechter werdender Rechennote x immer mehr zu den schlechten Noten verschieben. Analog ist es in der rechten Tabelle bei den bedingten Verteilungen der Rechennoten x bei festgehaltenen Deutschnoten y.

4. Schritt: Graphische Darstellung

Es ist nicht leicht, für die Häufigkeiten h_{ij}, p_{ij}, P_{ij} eine wirklich aussagekräftige graphische Darstellung zu geben, da man dazu eine ebene Skizze eines räumlichen Gebildes geben muß. Moderne Graphik-Programme bieten hier eine große Hilfe.

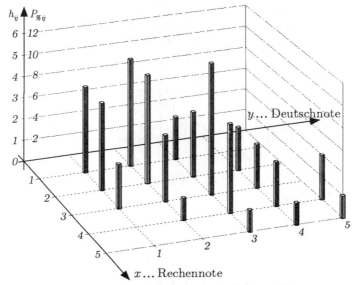

Abb. 3.1.1: Stabdiagramm für h_{ij} und P_{ij}

Abbildung 3.1.1 zeigt das Stabdiagramm der Häufigkeiten h_{ij} und P_{ij} im Schrägriß. Sieht man sich etwas ein, dann erkennt man die Verteilung recht gut.

Als nächstes geben wir die Stabdiagramme für die beiden Randverteilungen P_{i+} und P_{+j} (Abb. 3.1.2).

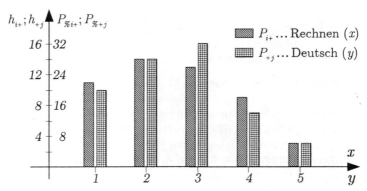

Abb. 3.1.2: Randverteilungen P_{i+} von x und P_{+j} von y.

3.1 Diskrete Merkmale

Man schöpfe bei solchen Darstellungen alle zur Verfügung stehenden graphischen Möglichkeiten aus.

Schließlich stellt Abb. 3.1.3 die bedingten Häufigkeiten graphisch dar.

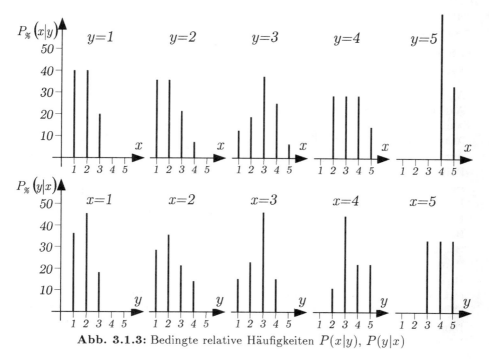

Abb. 3.1.3: Bedingte relative Häufigkeiten $P(x|y)$, $P(y|x)$

Dabei tragen wir zu Vergleichszwecken alle 5 Verteilungen $P(y|x = 1), \ldots, P(y|x = 5)$ in naheliegender Weise in ein Diagramm ein. In ein zweites Diagramm kommen die Verteilungen $P(x|y = 1), \ldots, P(x|y = 5)$.

Eine genaue Legende, die jeden Zweifel bei der Interpretation des Bildes beseitigt, sollte immer angefügt sein! Falls es zur Verdeutlichung irgendwelcher Sachverhalte zweckmäßig ist, kann man auch noch für die eine oder andere Verteilung Summenhäufigkeitskurven zeichnen.

Grundsätzlich sollte man aber nicht übertreiben. Allzuviel Information ist keine Information, das wird im Zeitalter der Spielerei mit Hochleistungsdruckern, Plottern, Kopierern etc. nur allzuleicht übersehen. Man mache es sich zur Devise: **kurz** und **klar** sei die Darstellung. Schließlich dient jede Untersuchung einem Zweck, der mit Daten belegt werden soll. Kommt nichts heraus, dann gestehe man es offen und verschleiere es nicht mit endlosen Tabellen und Graphiken, denn im Umkehrschluß wird der Kenner stets annehmen, daß dort, wo endlose Tabellen und Graphiken produziert wurden, am Ende nichts heraus kam.

3.2 Stetige Merkmale

Gegeben sei diesmal eine Grundgesamtheit $\mathcal{M}$ und ein zweidimensionales Merkmal (x, y), wo x und y beide stetig sind. Als Beispiel nehmen wir wieder ein Kollektiv von $N = 50$ Studentinnen und untersuchen die Häufigkeitsverteilung der Körpergröße x, gemessen in cm, und des Gewichtes y, gemessen in kg. Wie in den bisher besprochenen Fällen listen wir die einzelnen Schritte auf.

1. Schritt: Erstellung der Urliste. Es ergab sich Tabelle 3.2.1.

Name	x/cm y/kg	Name	x/cm y/kg	Name	x/cm y/kg
Abel E.	165 50	Dunst I.	164 60	Grurl E.	155 50
Adam R.	152 45	Ecker S.	173 75	Hackl N.	158 52
Aginger W.	162 62	Eder T.	177 72	Harb N.	164 60
Asanger A.	170 75	Elsl I.	168 70	Igel M.	172 70
Atzmüller H.	172 70	Engl K.	157 54	Kirdy A.	170 65
Balber H.	178 70	Ertl I.	163 59	Lang S.	175 68
Bauer T.	169 60	Exl S.	149 52	Madl K.	172 70
Berger J.	181 72	Eyth T.	148 45	Ofner A.	169 70
Binder W.	160 55	Falk S.	157 50	Reisch N.	176 72
Bobou L.	164 70	Faul C.	164 62	Sauer N.	179 70
Bohn K.	173 65	Feigl H.	166 61	Schmoll A.	182 74
Borofka B.	155 60	Fink O.	176 72	Schober B.	155 50
Briksi E.	147 47	Früchtl E.	185 75	Seyr C.	184 78
Cakmak I.	152 50	Gampe N.	190 82	Sommer D.	192 82
Ctvrtnik M.	155 50	Golser W.	167 60	Tuscher E.	149 50
Danner P.	164 62	Graus A.	149 52	Wolf J.	172 64
Dörr A.	159 55			Zyprian S.	196 50

Tabelle 3.2.1: Urliste: x = Körpergröße, y = Gewicht

Man wird bei stetigen Daten eine Veranschaulichung der Meßwerte in einem (x, y)-Koordinatensystem anschließen. Das entstehende Schaubild heißt **Streudiagramm**, denn es zeigt, wie die Meßwerte in der (x, y)-Ebene verstreut liegen (Abb. 3.2.1).

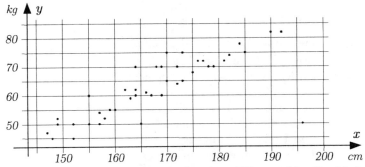

Abb. 3.2.1: Streudiagramm für $(x, y) =$ (Körpergröße, Gewicht)

3.2 Stetige Merkmale

Häufig genügt diese Veranschaulichung der Daten, und die weitere Informationsverdichtung beschränkt sich auf die Berechnung von Mittelwerten, Varianzen, Korrelationen etc., kurz auf die Bestimmung von Kennzahlen, wie sie an späterer Stelle besprochen werden. Will man indessen eine tabellarische Darstellung der Daten in verdichteter Form, dann geht man weiter zum

2. Schritt: Bestimmung der Variationsintervalle für x und y und der Richtzahl k für die Klasseneinteilung:

$$[x_{\min}, x_{\max}] = [147, 196], \qquad x_{\max} - x_{\min} = 49,$$
$$[y_{\min}, y_{\max}] = [45, 82], \qquad y_{\max} - y_{\min} = 37,$$
$$\sqrt{50} \approx 7 = k.$$

Es ist keineswegs notwendig, das x-Variationsintervall in genauso viele Teilintervalle zu zerlegen wie das y-Variationsintervall. Man ist aus naheliegenden Gründen an runden und übersichtlichen Werten für die Intervallenden interessiert, um dem Leser eine einprägsame Darstellung zu liefern. Wir wählen daher die in Tabelle 3.2.2 angegebene Einteilung und bestimmen die absoluten Häufigkeiten h_{ij} ebenso wie die absoluten Randhäufigkeiten h_{i+}, h_{+j}.

h_{ij}

	$45 \leq y \leq 55$	$55 < y \leq 65$	$65 < y \leq 75$	$75 < y \leq 85$	h_{i+}
$140 \leq x \leq 150$	5	0	0	0	5
$150 < x \leq 160$	10	1	0	0	11
$160 < x \leq 170$	1	10	4	0	15
$170 < x \leq 180$	0	2	10	0	12
$180 < x \leq 190$	0	0	3	2	5
$190 < x \leq 200$	1	0	0	1	2
h_{+j}	17	13	17	3	50=N

Tabelle 3.2.2: Absolute Häufigkeiten h_{ij}, h_{i+}, h_{+j}

Die Tabelle 3.2.3 enthält die relativen Häufigkeiten $P_{ij} = 100 \cdot p_{ij}\% = 100 \cdot h_{ij}/N\,\%$ und die relativen Randhäufigkeiten P_{i+}, P_{+j} in Prozent.

P_{ij}

	$45 \leq y \leq 55$	$55 < y \leq 65$	$65 < y \leq 75$	$75 < y \leq 85$	P_{i+}
$140 \leq x \leq 150$	10	0	0	0	10
$150 < x \leq 160$	20	2	0	0	22
$160 < x \leq 170$	2	20	8	0	30
$170 < x \leq 180$	0	4	20	0	24
$180 < x \leq 190$	0	0	6	4	10
$190 < x \leq 200$	2	0	0	2	4
P_{+j}	34	26	34	6	100

Tabelle 3.2.3: Relative Häufigkeiten in Prozent P_{ij}, P_{i+}, P_{+j}

Durch Zerlegung der einzelnen Variationsbereiche in Intervalle hat man die Variablen x und y diskretisiert. x nimmt sechs und y vier verschiedene Ausprägungen an. Die Tabellen haben daher auch exakt die gleiche Gestalt wie bei der Häufigkeitsdarstellung eines 2-dimensionalen diskreten Merkmals. Abbildung 3.2.2 zeigt das zu den Tabellen 3.2.2 und 3.2.3 gehörige Histogramm.

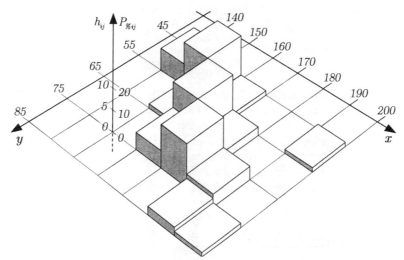

Abb. 3.2.2: Histogramm für h_{ij} bzw. P_{ij}

3. Schritt: Ebenso wie bei den diskreten Merkmalen sind gelegentlich die bedingten Häufigkeitsverteilungen von Interesse. Wir betrachten zunächst nur die Zeilen der beiden vorigen Tabellen und definieren:

$p(f_{j-1} < y \leq f_j | e_{i-1} < x \leq e_i) =$
$\quad = h(e_{i-1} < x \leq e_i, f_{j-1} < y \leq f_j)/h(e_{i-1} < x \leq e_i) = h_{ij}/h_{i+}$ ...
... die bedingte relative Häufigkeit von y für x in $(e_{i-1}, e_i]$,

$P_\%(f_{j-1} < y \leq f_j | e_{i-1} < x \leq e_i) = p(f_{j-1} < y \leq f_j | e_{i-1} < x \leq e_i) \cdot 100\,\%$ ...
... dieselbe Häufigkeit in Prozent.

Analog definieren wir:

$p(e_{i-1} < x \leq e_i | f_{j-1} < y \leq f_j) = h_{ij}/h_{+j}$ ... die bedingte relative Häufigkeit von x für y in $(f_{j-1}, f_j]$,

$P_\%(e_{i-1} < x \leq e_i | f_{j-1} < y \leq f_j) = p(e_{i-1} < x \leq e_i | f_{j-1} < y \leq f_j) \cdot 100\,\%$ ...
... dieselbe Häufigkeit in Prozent.

Will man nur kurz andeuten, um welche dieser bedingten Häufigkeiten es sich handelt, dann schreibt man:

$$p(y|x), P(y|x) \quad \text{bzw.} \quad p(x|y), P(x|y)$$

und spricht von den bedingten Häufigkeitsverteilungen von y bei festem x bzw. von x bei festem y. Es ergeben sich die Tabellen 3.2.4 und 3.2.5.

3.2 Stetige Merkmale

	$P_\%(y\|x)$: $45 \leq y \leq 55$	$55 < y \leq 65$	$65 < y \leq 75$	$75 < y \leq 85$	$\sum$
$140 \leq x \leq 150$	100	0	0	0	100
$150 < x \leq 160$	91	9	0	0	100
$160 < x \leq 170$	7	67	26	0	100
$170 < x \leq 180$	0	17	83	0	100
$180 < x \leq 190$	0	0	60	40	100
$190 < x \leq 200$	50	0	0	50	100

Tabelle 3.2.4: Bedingte relative Häufigkeit $P_\%(y|x)$

	$P_\%(x\|y)$: $45 \leq y \leq 55$	$55 < y \leq 65$	$65 < y \leq 75$	$75 < y \leq 85$
$140 \leq x \leq 150$	29	0	0	0
$150 < x \leq 160$	59	8	0	0
$160 < x \leq 170$	6	77	24	0
$170 < x \leq 180$	0	15	58	0
$180 < x \leq 190$	0	0	18	67
$190 < x \leq 200$	6	0	0	33
$\sum$	100	100	100	100

Tabelle 3.2.5: Bedingte relative Häufigkeit $P_\%(x|y)$

Abbildung 3.2.3 zeigt die Histogramme der Verteilungen $P_\%(y|x)$ und $P_\%(x|y)$.

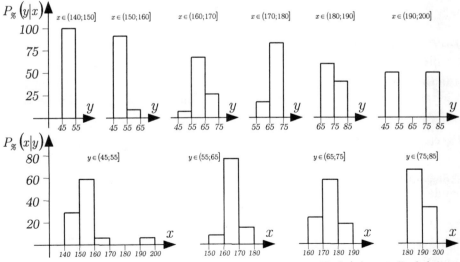

Abb. 3.2.3: Histogramme der bedingten Verteilungen $P_\%(y|x)$ und $P_\%(x|y)$

4 Maßzahlen für eindimensionale Verteilungen

4.1 Metrische Merkmale

Eines der Hauptziele der Statistik ist es, die in den Urdaten enthaltene Information möglichst weit zu verdichten, im Idealfall durch eine oder zwei Zahlenangaben zusammenzufassen. Voll kann das natürlich nie gelingen, aber es läßt sich doch überraschend viel durch geschickt gewählte Kennzahlen aussagen.

Nehmen wir etwa die Verteilung der Körpergröße x eines Studentenkollektivs. Das Histogramm ist eine weitgehende Informationsverdichtung bei geringem Informationsverlust, aber es eignet sich zum Beispiel gar nicht für die sprachliche Mitteilung. Dafür eignen sich schon eher Aussagen wie:

A. Die mittlere Körpergröße der Studenten des Kollektivs beträgt 175 cm.
B. 50 % der Studenten sind kleiner als 170 cm.
C. 90 % der Studenten haben eine Körpergröße zwischen 160 cm und 180 cm.
D. Die Standardabweichung der Körpergrößen beträgt 5 cm.

Die Aussagen A, B, C sprechen für sich, die Aussage D bedarf näherer Erläuterung. Es ist aber bereits an dieser Stelle klar, daß die Aussagen A und B etwas über die Lage, die Aussagen C und D hingegen etwas über die Streuung der Verteilung aussagen. In der Tat gibt man zur kurzen Charakterisierung einer Verteilung in der Regel eine Kennzahl für ihre **Lage** und eine für ihre **Streuung** an. Seltener berechnet man noch einen **Formparameter** zur Beschreibung der Gestalt der Verteilung.

Lageparameter

Man benützt bei metrischen Merkmalen vor allem das **Mittel**, seltener den **Median** und noch seltener das **(1 − p)-p-Fraktilmittel** der Verteilung zur Charakterisierung ihrer Lage. Diese Größen sind folgendermaßen definiert:

$(x_1, \ldots, x_N)$ seien die Meßwerte der Urliste in beliebiger Reihenfolge,

$(x_{(1)}, \ldots, x_{(N)})$ seien dieselben Meßwerte, aber nach steigender Größe geordnet, man spricht von der **Ordnungsreihe** der Meßwerte.

Beispiel: $(x_1, \ldots, x_5)\ \ = (1{,}9;\ 2{,}1;\ 1{,}3;\ 1{,}9;\ 2{,}7) \ldots$ Urliste
$(x_{(1)}, \ldots, x_{(5)}) = (1{,}3;\ 1{,}9;\ 1{,}9;\ 2{,}1;\ 2{,}7) \ldots$ Ordnungsreihe

4.1 Metrische Merkmale

Man nennt:

- $\bar{x} = (x_1 + \ldots + x_N)/N$ ... das **Mittel**,

- $\tilde{x} = \begin{cases} x_{(\frac{N+1}{2})} & \ldots N \text{ ungerade} \\ (x_{(\frac{N}{2})} + x_{(\frac{N}{2}+1)})/2 & \ldots N \text{ gerade} \end{cases}$ ... den **Median**,

- $(x_{1-p} + x_p)/2$ ... das **(1 − p)-p-Fraktilmittel**.

Beispiel 4.1.1: Wir nehmen als Beispiel die 50 Körpergrößen der Urliste in Tabelle 3.2.1 und stellen zunächst Urliste und Ordnungsreihe zusammen (Tabelle 4.1.1).

Urliste:

i	x_i	i	x_i	i	x_i	i	x_i
1	165	13	147	25	148	37	172
2	152	14	152	26	157	38	170
3	162	15	155	27	164	39	175
4	170	16	164	28	166	40	172
5	172	17	159	29	176	41	169
6	178	18	164	30	185	42	176
7	169	19	173	31	190	43	179
8	181	20	177	32	167	44	182
9	160	21	168	33	149	45	155
10	164	22	157	34	155	46	184
11	173	23	163	35	158	47	192
12	155	24	149	36	164	48	149
						49	172
						50	196

Ordnungsreihe:

i	$x_{(i)}$	i	$x_{(i)}$	i	$x_{(i)}$	i	$x_{(i)}$
1	147	13	157	25	166	37	173
2	148	14	158	26	167	38	175
3	149	15	159	27	168	39	176
4	149	16	160	28	169	40	176
5	149	17	162	29	169	41	177
6	152	18	163	30	170	42	178
7	152	19	164	31	170	43	179
8	155	20	164	32	172	44	181
9	155	21	164	33	172	45	182
10	155	22	164	34	172	46	184
11	155	23	164	35	172	47	185
12	157	24	165	36	173	48	190
						49	192
						50	196

Tabelle 4.1.1: Urliste und Ordnungsreihe

Es ergibt sich:

$\bar{x} = (x_1 + \ldots + x_{50})/50 = 167{,}0\,\text{cm} \ldots$ Mittel,

$\tilde{x} = (x_{(25)} + x_{(26)})/2 \quad = 166{,}5\,\text{cm} \ldots$ Median,

$(x_{90\%} + x_{10\%})/2 = (x_{(45)} + x_{(5)})/2 = (182 + 149)/2 = 165{,}5\,\text{cm} \ldots$
... (90 % − 10 %)-Perzentilmittel.

Man erkennt, daß die einzelnen Lagekennzahlen sehr eng beisammen liegen.

Über die Lagekennzahlen sollte man folgendes wissen

1. Maßeinheit von Lageparametern

Die Lagekennzahlen werden in der gleichen Einheit (z.B. cm, kg, ...) angegeben wie die Meßwerte.

2. Wechsel der Maßeinheit

Wechselt man die Maßeinheit bei den Urwerten, etwa von Zentimeter auf Millimeter, dann sind alle Meßwerte mit einem festen Faktor zu multiplizieren, im konkreten Fall mit 10. Das gleiche trifft dann auf alle Lageparameter zu:

aus $\bar{x} = 167$ cm wird: $\bar{y} = 1670$ mm,

aus $\tilde{x} = 166{,}5$ cm wird: $\tilde{y} = 1665$ mm,

aus $(x_{90\%} + x_{10\%})/2 = 165{,}5$ cm wird: $(y_{90\%} + y_{10\%})/2 = 1655$ mm.

3. Wechsel des Bezugspunktes

Wechselt man den Nullpunkt der Messung, gibt man also z.B. nur die Körpergröße über 100 cm an, was aus Gründen der Ökonomie des Schreibens nahe liegt, dann hat man auch von $\bar{x}$, $\tilde{x}$ und $(x_{1-p} + x_p)/2$ den Wert 100 abzuziehen.

Abstrakt, aber dafür vielleicht weniger verständlich kann man die in 2 und 3 ausgeführten Sachverhalte so zusammenfassen:

Wählt man den Punkt x_0 als neuen Koordinatenursprung und a als neue Maßeinheit, dann wird aus dem Meßwert x_i der neue Meßwert:

$$y_i = (x_i - x_0)/a.$$

Es gilt dann:

$$\bar{y} = (\bar{x} - x_0)/a,$$
$$\tilde{y} = (\tilde{x} - x_0)/a,$$
$$(y_{90\%} + y_{10\%})/2 = [(x_{90\%} + x_{10\%})/2 - x_0]/a.$$

4. Minimaleigenschaften des Mittels

Der Mittelwert $\bar{x}$ ist jener Wert z, für den $S^2(z) = \sum_{j=1}^{N}(x_j - z)^2$, die Summe der quadratischen Abweichungen von z, am kleinsten wird. Das folgt sofort aus:

$$S^2(z) = \sum_{j=1}^{N}(x_j - z)^2 = \sum_{j=1}^{N}((x_j - \bar{x}) + (\bar{x} - z))^2 =$$

$$= \sum_{j=1}^{N}((x_j - \bar{x})^2 + 2(x_j - \bar{x})(\bar{x} - z) + (\bar{x} - z)^2) =$$

$$= \sum_{j=1}^{N}(x_j - \bar{x})^2 + 2(\bar{x} - z)\underbrace{\sum_{j=1}^{N}(x_j - \bar{x})}_{=0} + N \cdot (\bar{x} - z)^2 =$$

$$= S^2(\bar{x}) + N \cdot (\bar{x} - z)^2 \geq S^2(\bar{x})$$

4.1 Metrische Merkmale

5. Berechnung von x̄ aus gruppierten Daten

Hat man die Urwerte für ein Histogramm bereits in Gruppen zusammengefaßt, dann kann man $\bar{x}$ auch aus dieser Tabelle näherungsweise berechnen. Aus Tabelle 4.1.1 folgt (vgl. Tabelle 3.2.2):

	h_i
$140 \leq x \leq 150$	5
$150 < x \leq 160$	11
$160 < x \leq 170$	15
$170 < x \leq 180$	12
$180 < x \leq 190$	5
$190 < x \leq 200$	2
	50

Tabelle 4.1.2: Berechnung von $\bar{x}$ aus gruppierten Daten

Man erhält:

$\bar{x} \approx (145 \cdot 5 + 155 \cdot 11 + 165 \cdot 15 + 175 \cdot 12 + 185 \cdot 5 + 195 \cdot 2)/50 = 166{,}4\,\text{cm}$

d.h., man summiert die Produkte aus Klassenmitte und absoluter Häufigkeit der Klasse und teilt durch N:

$$\bar{x} \approx [\sum_{i=1}^{k} \frac{e_{i-1} + e_i}{2} \cdot h_i]/N.$$

6. Empfindlichkeit gegen grobe Ausreißer

Der Mittelwert $\bar{x}$ ist relativ empfindlich gegen grobe Ausreißer in den Daten. Wird etwa beim Abtippen einer größeren Datenmasse ein- oder mehrmals ein Dezimalpunktfehler gemacht, z.B. bei Zyprian S. statt 196,0 nur 19,6 oder gar 1960,0 getippt, dann beeinflußt das $\bar{x}$ ziemlich stark, im konkreten wird aus $\bar{x} = 167\,\text{cm}$ nun $\bar{x} = 163{,}5\,\text{cm}$ bzw. $\bar{x} = 202\,\text{cm}$, insbesondere also im letzteren Fall ein bemerkenswertes Ergebnis für die mittlere Körpergröße eines Kollektivs junger Damen! Dieser Umstand ist ernst, zumal man bei automatisierter Datenverarbeitung solche Fälle oft nur schwer entdeckt.

Die beiden anderen Lageparameter erweisen sich als ungleich unempfindlicher (der Fachausdruck heißt: **robust**) gegenüber derartigen Verfälschungen der Daten. Im gegenwärtigen Fall ändern sich $\tilde{x}$ und $(x_{90\%} + x_{10\%})/2$ überhaupt nicht.

Man sieht übrigens leicht, daß man beim Median $\tilde{x}$ fast 50 % der Daten grob verfälschen kann, ohne $\tilde{x}$ stark zu beeinflussen, während man bei $(x_{90\%} + x_{10\%})/2$ fast 10 % stark verfälschen kann. Eine sogenannte **Kontaminationsrate** von 5 % beim Abtippen ist in etwa die Regel — nur Hochleistungssekretärinnen leisten mehr!

7. Minimaleigenschaft des Medians

Der Median $\tilde{x}$ kann ebenfalls durch eine Minimaleigenschaft charakterisiert werden. Er ist jener Wert z, für den die Summe:

$$D(z) = \sum_{j=1}^{N} |x_j - z|$$

zum Minimum wird. Der einfache Nachweis sei dem Leser als Übung überlassen.

8. Zusammenfassung mehrerer Meßreihen

Hat man mehrere Meßreihen mit den Umfängen $N_1, \ldots, N_k$ und wurden für jede dieser Meßreihen die Mittelwerte berechnet zu $\bar{x}_1, \ldots, \bar{x}_k$, dann ist das Gesamtmittel aller Daten nicht etwa $(\bar{x}_1 + \ldots + \bar{x}_k)/k$, sondern offenbar:

$$\bar{x} = (N_1\bar{x}_1 + \ldots + N_k\bar{x}_k)/(N_1 + \ldots + N_k)$$

Median und Fraktilmittel der Gesamtmeßreihe lassen sich aus den entsprechenden Größen für die Einzelmeßreihen indessen nicht bestimmen.

Streuungsparameter

Die wichtigsten Maßzahlen für die Streuung eines metrischen Merkmals sind: die **Standardabweichung** (bzw. deren Quadrat, die **Varianz**), **Fraktilabstände** und die **Spannweite**. Sie sind folgendermaßen erklärt:

- $S = \sqrt{\frac{1}{N} \cdot \sum_{j=1}^{N}(x_j - \bar{x})^2}$ ... die **Standardabweichung**,
- S^2 ... die **Varianz**,
- $(x_{1-p} - x_p)$ ... die **(1 − p)-p-Fraktil-Distanz**,
- $R = (x_{\max} - x_{\min})$ ... die **Spannweite**.

Betrachtet man die in Abb. 4.1.1 dargestellten Verteilungen 1 und 2, dann ist aus den obigen Definitionen unmittelbar klar: Bei Verteilung 1 sind S, S^2, $(x_{1-p} - x_p)$ und R kleiner als bei Verteilung 2.

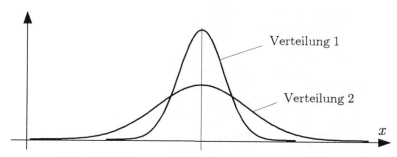

Abb. 4.1.1: Streuungsvergleich zweier Verteilungen

4.1 Metrische Merkmale

Am einfachsten sind R und der Fraktilabstand $(x_{1-p} - x_p)$ zu interpretieren. Daß S^2 die mittlere quadratische Abweichung vom Mittel $\bar{x}$ ist, sagt zunächst noch nicht viel.

Klarer wird die Bedeutung von S bzw. S^2 durch den Umstand, daß bei Häufigkeitsverteilungen, die der sogenannten Normalverteilung nahe kommen (siehe Abschnitt 9.3) — das tun viele Verteilungen, wie anders hieße sie sonst Normalverteilung —, folgende grobe Richtsätze gelten:

im Intervall $\bar{x} \pm S$ liegen ca. 70 % der Meßwerte,

im Intervall $\bar{x} \pm 2S$ liegen ca. 95 % der Meßwerte,

im Intervall $\bar{x} \pm 3S$ liegen ca. 99 % der Meßwerte.

Wir stellen einige wichtige Tatsachen zusammen:

1. Praktische Berechnung von S^2

Es gilt:

$$S^2 = \tfrac{1}{N} \sum_{j=1}^{N} x_j^2 - \bar{x}^2,$$

eine Formel, die sich zur praktischen Berechnung von S^2 besser eignet.

2. Maßeinheiten

S, R und $(x_{1-p} - x_p)$ werden in den gleichen Einheiten angegeben wie die Meßwerte selbst (also z.B. in cm, S^2 wird dann natürlich in cm² angegeben).

3. Wechsel der Maßeinheit

Geht man etwa von Zentimeter auf die Einheit Millimeter über, so sind alle Meßwerte x_j mit 10 zu multiplizieren, das trifft dann offenbar auch auf S, R und die Fraktildistanz $(x_{1-p} - x_p)$ zu. S^2 ist ersichtlich mit 100 zu multiplizieren.

4. Änderung des Bezugspunktes

Mißt man wieder alle Körpergrößen über 100 cm, führt man also $x_0 = 100$ cm als neuen Bezugspunkt ein, dann hat man von allen Meßwerten 100 abzuziehen. Das gleiche gilt für $\bar{x}$ und x_p sowie x_{1-p}, so daß S, R und $(x_{1-p} - x_p)$ unverändert bleiben. Bei einer Änderung des Bezugspunktes ändern sich also die Streuungsparameter S, S^2, R und $(x_{1-p} - x_p)$ nicht.

Die in 3 und 4 an Beispielen ausgeführten Tatsachen können wieder kurz folgendermaßen formuliert werden:

Führt man x_0 als neuen Bezugspunkt und a als neue Maßeinheit ein, dann berechnen sich zunächst die neuen Meßwerte y_j aus den alten x_j gemäß:

$$y_j = (x_j - x_0)/a$$

und damit die neuen Streuungsgrößen S_y, S_y^2, $(y_{1-p} - y_p)$, R_y aus den alten S_x, S_x^2, $(x_{1-p} - x_p)$, R_x gemäß:

$$S_y = \frac{1}{a} S_x, \quad S_y^2 = \frac{1}{a^2} S_x^2, \quad (y_{1-p} - y_p) = \frac{1}{a}(x_{1-p} - x_p), \quad R_y = \frac{1}{a} R_x.$$

5. Standardisierung

Führt man insbesondere $x_0 = \bar{x}$ als neuen Bezugspunkt und $a = S_x$ als neue Maßeinheit ein, dann transformieren sich zunächst die Daten gemäß:

$$y_i = (x_i - \bar{x})/S_x.$$

Daraus ergibt sich aber:

$$\bar{y} = (\bar{x} - \bar{x})/S_x = 0,$$
$$S_y = \frac{1}{S_x} \cdot S_x = 1,$$

d.h., mit $\bar{x}$ als Bezugspunkt und S_x als Maßeinheit haben die Meßwerte y_j Mittelwert 0 und Standardabweichung 1. Man nennt die Einführung von $\bar{x}$ als Bezugspunkt und von S_x als Maßeinheit die **Standardisierung** der Daten und die Daten y_j selbst die **standardisierten Werte** von x_j.

6. Empfindlichkeit gegen grobe Datenverfälschungen

S, S^2 und R sind sehr empfindlich gegen grobe Datenverfälschungen, $(x_{1-p} - x_p)$ hingegen schluckt fast 100·p% grob verzerrte Werte, ohne Wirkung zu zeigen.

In unserem Beispiel von 50 Körpergrößen und der Urliste in Tabelle 4.1.1 ergeben sich:

S^2 $= 141{,}26\,\text{cm}^2$,
S $= 11{,}89\,\text{cm}$,
$x_{90\%} - x_{10\%}$ $= 33\,\text{cm}$,
R $= 49\,\text{cm}$.

Wird der Meßwert 196,0 zu 1960,0 verfälscht, dann erhält man:

S^2 $= 63175\,\text{cm}^2$,
S $= 251{,}35\,\text{cm}$,
$x_{90\%} - x_{10\%}$ $= 33\,\text{cm}$,
R $= 1813\,\text{cm}$.

Man erkennt, daß durch diesen Fehler S, S^2 und R zu Hausnummern werden, während die Fraktildistanz $(x_{90\%} - x_{10\%})$ völlig unverändert bleibt.

7. Zusammenfassung mehrerer Meßreihen

Faßt man k Meßreihen zu einem Datenblock zusammen, dann kann man die Standardabweichung des Gesamtkollektivs aus den Standardabweichungen und Mittelwerten der Teilkollektive berechnen. Seien

$N_1, \ldots, N_k$ ... die Umfänge der k Teilmeßreihen,
$\bar{x}_1, \ldots, \bar{x}_k$ ... die Mittel der k Teilmeßreihen,
$S_1^2, \ldots, S_k^2$ ... die Varianzen der k Teilmeßreihen.

Dann gilt für die Varianz des Gesamtkollektivs:

$$S^2 = \frac{1}{N} \sum_{j=1}^{k} N_j S_j^2 + \frac{1}{N} \sum_{j=1}^{k} N_j (\bar{x}_j - \bar{\bar{x}})^2$$

mit $N = N_1 + \ldots + N_k$ und $\bar{\bar{x}} = \frac{1}{N}(N_1 \bar{x}_1 + \ldots + N_k \bar{x}_k)$ ... Gesamtmittel.

Wir wollen diese Formel kurz herleiten. Die Messungen des j-ten Teilkollektivs seien mit $(x_{ij} : i = 1, \ldots, N_j)$ bezeichnet. Dann ist:

$$S_j^2 = \frac{1}{N_j} \sum_i x_{ij}^2 - \bar{x}_j^2 \quad \text{für} \quad j = 1, \ldots, k$$

und

$$S^2 = \frac{1}{N} \sum_{i,j} x_{ij}^2 - \bar{\bar{x}}^2.$$

Setzt man jetzt $\sum_i x_{ij}^2 = N_j S_j^2 + N_j \bar{x}_j^2$ in die Formel für S^2 ein, dann ergibt sich:

$$S^2 = \frac{1}{N} \sum_j N_j S_j^2 + [\frac{1}{N} \sum_j N_j \bar{x}_j^2 - \bar{\bar{x}}^2].$$

Der Ausdruck in der eckigen Klammer ist aber genau $\frac{1}{N} \sum_j N_j (\bar{x}_j - \bar{\bar{x}})^2$, womit die Formel für S^2 auch schon abgeleitet ist.

Wichtig ist dabei, daß die Gesamtvarianz nicht einfach das Mittel der Teilvarianzen ist. Spannweite und Fraktilabstände des Gesamtkollektivs lassen sich, wie man auch leicht einsieht, nicht aus den entsprechenden Größen der Teilkollektive bestimmen.

Der Variationskoeffizient

Man hat es häufig mit metrischen Merkmalen x zu tun, die

a. nur positive Werte annehmen,
b. deren Standardabweichung klein ist im Vergleich zum Mittelwert (man schreibt: $S \ll \bar{x}$).

Abbildung 4.1.2 zeigt diese Situation.

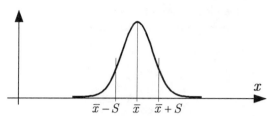

Abb. 4.1.2: Verteilung eines positiven Meßmerkmals mit $S \ll \bar{x}$.

In solchen Fällen ist der sogenannte **Variationskoeffizient** $v = S/\bar{x}$ bzw. $V = 100v\%$ ein anschauliches und daher beliebtes Maß für die Variabilität der Meßwerte. Beträgt etwa bei den Körpergrößen eines Studentenkollektivs $\bar{x} = 165$ cm und $S = 8$ cm, dann ist $v = 8/165 \approx 0{,}05$ und $V = 5\%$, d.h., die Standardabweichung ist 5 % der mittleren Körpergröße, und 99 % des Kollektivs haben Körpergrößen, die nicht mehr als 15 % von $\bar{x}$ nach oben oder unten abweichen.

Bemerkt sei noch, daß der Variationskoeffizient offenbar eine dimensionslose Größe ist, die sich nicht ändert, wenn man den für die Messungen benützten Maßstab wechselt.

Momente einer Verteilung

Seien $x_1, \ldots, x_N$ die aus einer Grundgesamtheit $\mathcal{M}$ gewonnenen Meßwerte. Man nennt dann die Größen

$$m_k(a) = \frac{1}{N} \sum_{j=1}^{N} (x_j - a)^k \quad \text{für} \quad k = 1, 2, 3, \ldots$$

die **Momente der Ordnung k in bezug auf den Punkt a**. Ist $a = 0$, dann spricht man von den **gewöhnlichen Momenten**, ist $a = \bar{x}$, das Mittel, von den **zentralen Momenten** der Verteilung.
Offenbar ist:

$$m_1(0) = \bar{x} \quad \text{und} \quad m_2(\bar{x}) = S^2,$$

d.h., Mittel und Varianz sind spezielle Momente einer Verteilung. Die Momente spielen vor allem in der mathematischen Statistik eine wichtige Rolle.

In der deskriptiven Statistik benützt man von den Momenten praktisch nur Mittel und Varianz und gelegentlich zur näheren Charakterisierung der **Gestalt** einer Verteilung die zentralen Momente dritter und vierter Ordnung. Als Beispiele dafür besprechen wir das Schiefemaß und den Wölbungskoeffizienten einer Verteilung.

Symmetrie und Schiefe einer Verteilung

Wir betrachten die in Abb. 4.1.3 gezeigten Verteilungen.

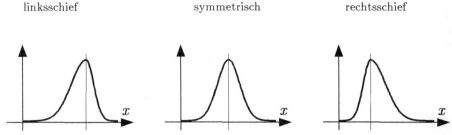

Abb. 4.1.3: Zur Symmetrie und Schiefe einer Verteilung

Die **Schiefe** einer Verteilung läßt sich leicht durch den Ausdruck

$$\alpha = m_3(\bar{x})/S^3 \ldots \quad \text{das \textbf{Schiefemaß} der Verteilung}$$

quantifizieren. Es ist:

$\alpha \; = \; 0 \quad \ldots$ für um $\bar{x}$ symmetrische Verteilungen,
$ > \; 0 \quad \ldots$ für rechtsschiefe Verteilungen,
$ < \; 0 \quad \ldots$ für linksschiefe Verteilungen.

Das Schiefemaß α ist dimensionslos und bleibt ungeändert bei einem Wechsel von Maßeinheit und Koordinatenursprung (warum?).

Die Wölbung einer Verteilung

Bei symmetrischen Verteilungen ist es manchmal erwünscht, die Verteilungsform noch genauer zu charakterisieren. Abbildung 4.1.4 zeigt drei deutlich verschiedene Verteilungstypen.

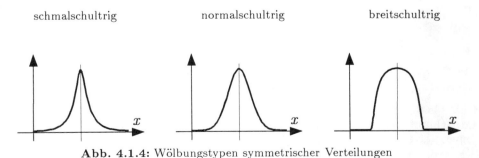

Abb. 4.1.4: Wölbungstypen symmetrischer Verteilungen

Die Bezeichnungen sind aus dem Leben gegriffen und sprechen für sich. Natürlich möchte man auch ein objektives quantitatives Maß für die Wölbung einer Verteilung. Dafür eignet sich der sogenannte **Wölbungskoeffizient**:

$$\gamma = m_4(\bar{x})/S^4 - 3$$

Es ist:

$\gamma \quad = \quad 0 \ldots$ für die sogenannte Normalverteilung,
$ \quad > \quad 0 \ldots$ für schmalschultrig Verteilungen,
$ \quad < \quad 0 \ldots$ für breitschultrige Verteilungen.

Es widerspricht vielleicht dem natürlichen Gerechtigkeitssinn, daß für breitschultrige Verteilungen $\gamma < 0$ und für schmalschultrige $\gamma > 0$ ausfällt. Hier läßt sich Trost spenden durch den Hinweis, daß schmalschultrige Verteilungen immer auch stark- und breitschultrige stets dünnschwänzig sind.

4.2 Ordinale Merkmale

Bei Verteilungen ordinaler Merkmale verlieren manche Kennzahlen ihren Sinn, ja sie werden irreführend und können die Sachverhalte verfälschen. So hat es keinen Sinn mehr, von Mittelwerten und Standardabweichungen zu sprechen, obwohl, das muß eingeräumt werden, diese Kennzahlen oft genug auch bei ordinalen Daten benützt werden. Beispielsweise sind die Schulnoten typische ordinale Merkmale, und die „Abstände" zwischen den einzelnen Noten der Skala $1, 2, 3, 4, 5$ können in keinem präzisen Sinn als gleich gelten. Ebensogut könnte man die Zahlen $1, 4, 9, 16, 25$ oder $1, 10, 17, 22, 25$ zur Unterscheidung der 5 Qualitätsstufen benutzen.

Um zu demonstrieren, wie wenig aussagekräftig etwa der Mittelwert in diesem Fall ist, betrachten wir ein Kollektiv von $N = 50$ Schülern mit folgender Häufigkeitsverteilung:

Notenskala			abs. Häufigkeit
I	II	III	
1	1	1	8
2	4	10	10
3	9	17	14
4	16	22	10
5	25	25	8

d.h., je 8 Schüler haben die beste und die schlechteste Bewertung, je 10 die zweitbeste bzw. zweitschlechteste und 14 die mittlere. Wir fragen nach dem Mittelwert der Noten, gemittelt über alle 50 Schüler.

4.2 Ordinale Merkmale

Es ergibt sich:

$$\bar{x} = \begin{cases} 3,00 \ldots \text{ bei Skala I,} \\ 10,68 \ldots \text{ bei Skala II,} \\ 15,32 \ldots \text{ bei Skala III,} \end{cases}$$

d.h., bei Skala I, der üblichen, ist $\bar{x} = 3$ die mittlere Note und liegt auch in der Mitte zwischen 1 und 5, den Skalenenden. Bei Skala II liegt $\bar{x} = 10{,}68$ einerseits eher am Anfang der Skala von 1 bis 25, andererseits aber zwischen der dritten und der vierten Notenstufe, so gesehen also wieder eher dem schlechteren Ende zu. Bei Skala III schließlich ist $\bar{x} = 15{,}32$ näher dem schlechteren Ende der Skala, andererseits aber zwischen der zweiten und der dritten Gütestufe und so gesehen wieder näher dem guten Ende.

Wir haben hier ein schönes Beispiel, wie man mit derlei sinnlosen Manipulationen alles belegen und beweisen kann, was einem gerade in den Kram paßt. Immer läßt sich eine Sicht der Dinge konstruieren, nach der die Schüler entweder mittelmäßig, über- oder unterdurchschnittlich sind. Die Daten scheinen jedes gewünschte Resultat zu bestätigen. So kommt die Statistik um ihren guten Ruf!

Welche Kennzahlen kann man nun sinnvoll zur Beschreibung der Häufigkeitsverteilung ordinaler Merkmale benützen? Es eignen sich letztlich nur Fraktile sowohl zur Kennzeichnung der Lage als auch der Streuung.

Zur Charakterisierung der Lage gibt man den Median der Verteilung an. Es ist:

$$\tilde{x} = x_{0,5} = \begin{cases} 3 \ \ \ldots \text{ bei Skala I,} \\ 9 \ \ \ldots \text{ bei Skala II,} \\ 17 \ \ldots \text{ bei Skala III,} \end{cases}$$

und in allen drei Fällen ist $\tilde{x}$ der mittlere Wert der jeweiligen Skala.

Als Streuungsinformation eignet sich bei ordinalen Daten die Angabe eines **Toleranzintervalls**, innerhalb dessen ein bestimmter Anteil der Merkmalsausprägungen liegt. Beispielsweise haben bei allen drei Skalen 68 % der Schüler Noten zwischen der zweiten und der vierten Stufe der Skala (mit Einschluß der Grenzen). Es sind daher

$$\begin{array}{ll} [\ 2, 4] & \ldots \text{ bei Skala I,} \\ [\ 4, 16] & \ldots \text{ bei Skala II,} \\ [10, 22] & \ldots \text{ bei Skala III,} \end{array}$$

68 %-Toleranzintervalle für die Verteilung der Noten in unserer Grundgesamtheit.

4.3 Nominale Merkmale

Die Charakterisierung der Häufigkeitsverteilung nominaler Merkmale durch Kennzahlen ist kaum möglich. Mittelwert, Median, Fraktile etc. verlieren jede Bedeutung.

Wir diskutieren die Problematik am Beispiel der Nächtigungsstatistik für Oberösterreich im Mai 1985, wie sie vom Statistischen Zentralamt veröffentlicht wurde. Grundgesamtheit $\mathcal{M}$ ist die Gesamtheit der 263.694 Ausländerübernachtungen im Mai 1985 in Oberösterreich. Das interessierende Merkmal x ist das Herkunftsland des betreffenden Gastes. x ist ein typisches nominales Merkmal. Die Nächtigungen verteilten sich auf die einzelnen Herkunftsländer, die in Tabelle 4.3.1 alphabetisch geordnet sind.

Land	h_i	$P_i\%$
Ägypten	74	0,03
Arabische Länder Asiens	81	0,03
Argentinien	205	0,08
Australien und Neuseeland	538	0,20
Belgien und Luxemburg	2.551	0,97
Brasilien	61	0,02
Bulgarien	84	0,03
Dänemark	973	0,37
Bundesrepublik Deutschland	192.217	72,89
Finnland	179	0,07
Frankreich	5.827	2,21
Griechenland	253	0,10
Großbritannien	22.046	8,36
Iran	102	0,04
Irland (Republik)	34	0,01
Israel	331	0,13
Italien	4.383	1,66
Japan	778	0,30
Jugoslawien	2.463	0,93
Kanada	817	0,31
Mexiko	16	0,01
Niederlande	5.267	2,00
Norwegen	299	0,11
Polen	666	0,25
Portugal	54	0,02
Rumänien	31	0,01
UdSSR	37	0,01
Schweden	1.555	0,59
Schweiz	9.360	3,55
Spanien	668	0,25
Republik Südafrika	39	0,01
Südamerika ohne Argentinien, Brasilien und Venezuela	94	0,04
Südasien (Indien und Pakistan)	231	0,09
Tschechoslowakei	525	0,20
Türkei	257	0,10
Ungarn	2.069	0,78
Venezuela	36	0,01
Vereinigte Staaten von Amerika	4.495	1,70
Übriges Afrika	31	0,01
Übriges Asien	142	0,05
Übriges Ausland	3.825	1,45

Tabelle 4.3.1: Nächtigungszahlen in Oberösterreich im Mai 1985

4.3 Nominale Merkmale

Es fällt sofort auf, daß der Löwenanteil der Nächtigungen auf einige wenige Herkunftsländer entfällt. Daher liegt es nahe, die Länder nach fallenden Nächtigungszahlen zu ordnen, wobei „übrige" am Ende der Liste bleiben. Es ergibt sich dann Tabelle 4.3.2.

Land	h_i	$P_i\%$	$\sum P_i\%$
Bundesrepublik Deutschland	192.217	72,89	72,89
Großbritannien	22.046	8,36	81,25
Schweiz	9.360	3,55	84,80
Frankreich	5.827	2,21	87,01
Niederlande	5.267	2,00	89,01
USA	4.495	1,70	90,71
Italien	4.383	1,66	92,37
Belgien	2.551	0,97	93,34
Jugoslawien	2.463	0,93	94,27
Ungarn	2.069	0,78	95,05
Schweden	1.555	0,59	95,64
Dänemark	973	0,37	96,01
Kanada	817	0,31	96,32
Japan	778	0,30	96,62
Spanien	668	0,25	96,87
Polen	666	0,25	97,12
Australien und Neuseeland	538	0,20	97,32
Tschechoslowakei	525	0,20	97,52
Israel	331	0,13	97,65
Norwegen	299	0,11	97,76
Türkei	257	0,10	97,86
Griechenland	253	0,10	97,96
Südasien	231	0,09	98,05
Argentinien	205	0,08	98,13
Finnland	179	0,07	98,20
Iran	102	0,04	98,24
Südamerika ohne Argentinien, Brasilien und Venezuela	94	0,04	98,28
Bulgarien	84	0,03	98,31
Arabische Länder Asiens	81	0,03	98,34
Ägypten	74	0,03	98,37
Brasilien	61	0,02	98,39
Portugal	54	0,02	98,41
Südafrika	39	0,01	98,42
UdSSR	37	0,01	98,43
Venezuela	36	0,01	98,44
Irland	34	0,01	98,45
Rumänien	31	0,01	98,46
Mexiko	16	0,01	98,47
Übriges Afrika	31	0,01	98,48
Übriges Asien	142	0,05	98,53
Übriges Ausland	3.825	1,45	99,98
Rundungsfehler		0,02	

Tabelle 4.3.2: Nächtigungszahlen in Oberösterreich im Mai 1985 nach fallenden Häufigkeiten geordnet

Man kann nun schön ablesen, daß etwa 90,71 % aller Nächtigungen auf nur sechs Herkunftsländer, 95,05 % auf zehn Herkunftsländer etc. entfallen. Damit ist viel über die Streuung des Merkmals x ausgesagt, denn ganz anders wäre die Situation, wenn auf alle 41 Herkunftsländer je etwa 2,5 % der Nächtigungen entfielen.

Kein Mensch kann hier vernünftigerweise auf die Idee verfallen, einen Mittelwert, einen Median oder gar eine Standardabweichung zu berechnen. Freilich einen modernen Weg gibt es zu diesem Unsinn. Man verschlüsselt die Länder mit den Zahlen 1 bis 41 und benützt ein statistisches Programmpaket, das einem als Option alle nur denkbaren Kennzahlen ausdruckt. Man mag über diese Zumutung lachen, so aus der Luft gegriffen ist sie jedoch nicht. Die „Untersuchungen", in denen irgendwelche Daten kritiklos durch die Mühlen statistischer Programmpakete gedreht werden, sind Legion. Freilich, nicht immer ist der Schwachsinn so offenbar wie in unserem Beispiel.

Vernünftig ist es schließlich, noch die Konzentration der Nächtigungen auf einige wenige Länder durch eine Graphik zu verdeutlichen. Während nämlich das Stabdiagramm der Häufigkeiten bei alphabetischer Reihung der Länder völlig regellos erscheint, ergibt die Anordnung nach fallenden Häufigkeiten wie in Abb. 4.3.1 sehr klare Verhältnisse.

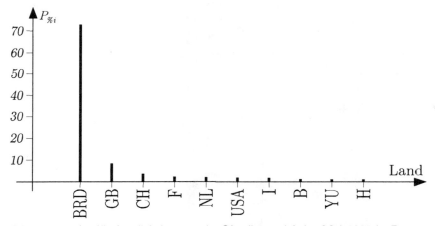

Abb. 4.3.1: Ausländernächtigungen in Oberösterreich im Mai 1985 in Prozent

4.3 Nominale Merkmale

Auch eine Summenhäufigkeitskurve kann man jetzt sinnvoll zeichnen, wenn man darstellen will, daß 90 % der Nächtigungen auf die Länder BRD, Großbritannien, Schweiz, Frankreich, Niederlande und USA und gar 95 % der Nächtigungen auf die ersten zehn Länder dieser Reihung entfallen. Abbildung 4.3.2 zeigt diese Graphik.

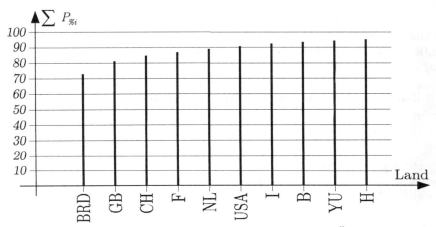

Abb. 4.3.2: Kumulierter Anteil an den Nächtigungen in OÖ im Mai 1985

Man kann damit Aussagen begründen wie: Wenn wir unsere Werbeanstrengungen auf die Länder ... konzentrieren, dann erfassen wir 90 % (oder 95 %) aller potentiellen Urlauber usw.

Man erkennt an diesem Beispiel, daß man bei nominalen Merkmalen durchaus erhebliche Möglichkeiten der Informationsverdichtung hat, wenn man auch auf Kenngrößen wie Mittelwert, Median, Standardabweichung etc. verzichten muß.

5 Maßzahlen für mehrdimensionale Verteilungen

Zur kurzen, zusammenfassenden Beschreibung 2- oder mehrdimensionaler Verteilungen benützt man neben Lage- und Streuungsparametern vor allem Korrelationsgrößen, die wir in diesem Kapitel besprechen wollen.

5.1 2-dimensionale metrische Merkmale

Wir betrachten eine Grundgesamtheit $\mathcal{M}$ und diesmal das 2-dimensionale metrische Merkmal (x, y).

Die Urliste liefert die Daten $(x_1, y_1), \ldots, (x_N, y_N)$. Eine erste Veranschaulichung gewinnen wir mit dem Streudiagramm. Abbildung 5.1.1 zeigt typische Gestalten der dabei auftretenden Punktwolken.

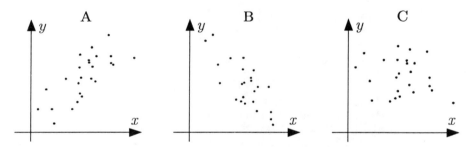

Abb. 5.1.1: Typische Gestalten der Punktwolken im Streudiagramm

Die Punktwolken erinnern an Ellipsen in allgemeiner Lage. Die einzelnen Fälle A, B, C kann man qualitativ folgendermaßen interpretieren:

A ... mit wachsendem x wächst auch y tendenziell,

B ... mit wachsendem x fällt y tendenziell,

C ... es besteht kein erkennbarer Zusammenhang zwischen x und y.

Ein Streudiagramm wie in Abb. 5.1.1 A wird man erhalten, wenn man für x die Körpergröße und für y das Gewicht von Personen eines Kollektivs $\mathcal{M}$ wählt.

Ein Streudiagramm wie in Abb. 5.1.1 B entsteht, wenn man für x das Monatseinkommen und für y den Anteil der Ausgaben für Ernährung bei einem Kollektiv von 4-köpfigen Familien wählt.

Schließlich erhält man ein Streudiagramm wie in Abb. 5.1.1 C, wenn die Variablen x, y in keinem wie immer gearteten Zusammenhang stehen. Außer in banalen Fällen kann man einen solchen Zusammenhang aus logischen Gründen von vornherein kaum ausschließen. Wählt man etwa für x das Körpergewicht und für y das Einkommen oder die Kinderzahl oder was immer sonst, in keinem Fall wird man einen tendenziellen Zusammenhang im vorhinein zwingend ausschließen können.

Der Zusammenhang zwischen den Merkmalen x und y, wie er in Abb. 5.1.1 A dargestellt ist, kann unterschiedlich deutlich ausgeprägt sein. Wir betrachten dazu Abb. 5.1.2.

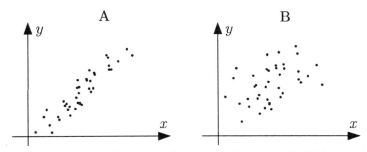

Abb. 5.1.2: Grade des Zusammenhangs zwischen zwei Variablen x und y

In Abb. 5.1.2 A besteht ein sehr deutlich ausgeprägter Zusammenhang zwischen x und y, in Abb. 5.1.2 B hingegen ein eher schwacher.

Es ist verständlich, daß man für alle diese Situationen eine Maßzahl haben möchte, die die Art des Zusammenhangs — gleich- oder gegensinnig — und den Grad des Zusammenhangs quantitativ bewertet. Dieses Maß ist der Korrelationskoeffizient.

Der Korrelationskoeffizient

Man rechnet wie folgt, ausgehend von der Urliste der Daten:

1. Man bestimmt die Mittelwerte:
$$\bar{x} = (x_1 + \ldots + x_N)/N \quad \text{und} \quad \bar{y} = (y_1 + \ldots + y_N)/N.$$

2. Man berechnet die Varianzen:
$$S_x^2 = \frac{1}{N}\sum_{i=1}^{N}(x_i - \bar{x})^2 \quad \text{und} \quad S_y^2 = \frac{1}{N}\sum_{i=1}^{N}(y_i - \bar{y})^2.$$

3. Man berechnet die **Kovarianz** S_{xy} zwischen den Variablen x und y:

$$S_{xy} = \frac{1}{N}\sum_{i=1}^{N}(x_i - \bar{x})(y_i - \bar{y}) = \frac{1}{N}\sum_{i=1}^{N} x_i y_i - \bar{x}\bar{y}.$$

4. Man berechnet den sog. **Produktmoment-Korrelationskoeffizienten** nach der Formel:

$$\rho = S_{xy}/(S_x S_y)$$

Eigenschaften von ρ

1. ρ ist eine dimensionslose Zahl und ändert sich nicht, wenn für x und y neue Bezugspunkte bzw. neue Maßeinheiten eingeführt werden. Die einfache Begründung dieses Sachverhalts bleibe dem Leser zur Übung überlassen.

2. Es ist stets $-1 \leq \rho \leq 1$. Denn aus der Schwarzschen Ungleichung, angewandt auf $(x_1 - \bar{x}, \ldots, x_N - \bar{x})$ und $(y_1 - \bar{y}, \ldots, y_N - \bar{y})$, folgt:

$$N^2 \cdot S_{xy}^2 = [\sum_{i=1}^{N}(x_i - \bar{x})(y_i - \bar{y})]^2 \leq \sum_{i=1}^{N}(x_i - \bar{x})^2 \cdot \sum_{i=1}^{N}(y_i - \bar{y})^2 = N^2 S_x^2 S_y^2$$

und damit: $\rho^2 = S_{xy}^2/(S_x^2 S_y^2) \leq 1$, also die Behauptung.

Liegt die Streuellipse wie in Abb. 5.1.1 A, dann ist $\rho > 0$; man sagt: x und y sind **positiv korreliert**. Bei Abb. 5.1.1 B ist $\rho < 0$, und die Merkmale x, y heißen **negativ korreliert**. Schließlich ist bei Abb. 5.1.1 C $\rho \approx 0$. Die Merkmale x,y heißen in diesem Fall **unkorreliert**.

Im Fall von Abb. 5.1.2 A ist ρ größer als im Fall von Abb. 5.1.2 B Man sagt: x und y sind **stärker korreliert** bei Abb. 5.1.2 A als bei Abb. 5.1.2 B.

Liegen im Extremfall alle Punkte (x_i, y_i) auf einer nach rechts ansteigenden Geraden, dann ist $\rho = +1$, liegen sie auf einer nach rechts abfallenden Geraden, dann ist $\rho = -1$.

Der Korrelationskoeffizient ρ ist bei metrischen Merkmalen das wichtigste **Assoziationsmaß** für zwei Merkmale.

Beispiel: Wir nehmen die Daten von Tabelle 3.2.1 und berechnen S_x^2, S_y^2, S_{xy} und ρ. Es ergibt sich:

$$\begin{aligned}
\bar{x} &= 167{,}02 \text{ cm} \\
\bar{y} &= 62{,}28 \text{ kg} \\
S_x^2 &= 141{,}26 \text{ cm}^2 \\
S_y^2 &= 102{,}4 \text{ kg}^2 \\
S_{xy} &= 95{,}07 \text{ cm} \cdot \text{kg} \\
\rho &= 0{,}7905
\end{aligned}$$

5.2 k-dimensionale metrische Merkmale

Wir nehmen an, $\mathbf{x} = (x_1, \ldots, x_k)$ wäre ein k-dimensionales metrisches Merkmal, z.B. im Rahmen einer betriebswirtschaftlichen Untersuchung: $\mathbf{x} = (x_1, x_2, x_3, x_4) =$ (Mitarbeiterzahl, Eigenkapital, Umsatz, Nettoreingewinn)

Die Urdaten bilden die Matrix:

$$\begin{array}{ll} \text{Einheit Nr. 1:} & (x_{11}, \ldots, x_{1k}) \\ \text{Einheit Nr. 2:} & (x_{21}, \ldots, x_{2k}) \\ \vdots & \\ \text{Einheit Nr. N:} & (x_{N1}, \ldots, x_{Nk}) \end{array}$$

Man berechnet:

1. Die k Mittelwerte $\bar{x}_1, \ldots, \bar{x}_k$ mit $\bar{x}_j = \frac{1}{N}\sum_{i=1}^{N} x_{ij}$ $j = 1, \ldots, k$.
2. Die k Varianzen $S_{x_j}^2 = \frac{1}{N}\sum_{i=1}^{N}(x_{ij} - \bar{x}_j)^2$ $j = 1, \ldots, k$.
3. Die $k(k-1)$Kovarianzen $S_{x_j x_l} = \frac{1}{N}\sum_{i=1}^{N}(x_{ij} - \bar{x}_j)(x_{il} - \bar{x}_l)$ $j, l = 1, \ldots, k$
   $j \neq l$.

Die Matrix

$$\mathbf{S} = \begin{pmatrix} S_{x_1}^2 & S_{x_1 x_2} & \cdots & S_{x_1 x_k} \\ S_{x_2 x_1} & S_{x_2}^2 & \cdots & S_{x_2 x_k} \\ & & \ddots & \\ S_{x_k x_1} & S_{x_k x_2} & \cdots & S_{x_k}^2 \end{pmatrix},$$

die in der Hauptdiagonalen die Varianzen $S_{x_j}^2$ und sonst die Kovarianzen $S_{x_j x_l}$ enthält, nennt man **Varianz-Kovarianz-Matrix** der Verteilung des Merkmals $\mathbf{x} = (x_1, \ldots, x_k)$. Es handelt sich um eine symmetrische Matrix, denn es gilt offenbar: $S_{x_j x_l} = S_{x_l x_j}$.

4. Die $k(k-1)$ Korrelationskoeffizienten

$$\rho_{x_j x_l} = S_{x_j x_l}/(S_{x_j} S_{x_l}) \quad \text{für } j, l = 1, \ldots, k,\ j \neq l$$

ergeben die Matrix

$$\mathbf{R} = \begin{pmatrix} 1 & \rho_{x_1 x_2} & \rho_{x_1 x_3} & \cdots & \rho_{x_1 x_k} \\ \rho_{x_2 x_1} & 1 & \rho_{x_2 x_3} & \cdots & \rho_{x_2 x_k} \\ & & & \ddots & \\ \rho_{x_k x_1} & \rho_{x_k x_2} & \rho_{x_k x_3} & \cdots & 1 \end{pmatrix}.$$

Sie heißt **Korrelationsmatrix** der Verteilung des k-dimensionalen Merkmals $\mathbf{x} = (x_1, \ldots, x_k)$. Sie ist ebenfalls symmetrisch und gibt die Korrelationen zwischen je zwei Koordinaten (x_j, x_l) des k-dimensionalen Merkmals $\mathbf{x} = (x_1, \ldots, x_k)$ an. Die Einsen in der Hauptdiagonale kann man als Korrelation der Variablen x_j mit sich selbst, also als $\rho_{x_j x_j} = 1$ interpretieren.

Die Varianz-Kovarianz- und die Korrelationsmatrix stellen wichtige Informationsverdichtungen der ursprünglichen Datenmasse dar und bilden die Grundlage zahlreicher weiterer statistischer Auswertungsverfahren.

Als erste Grobinformation lehrt ein Blick in die Korrelationsmatrix, welche Variablen stark und welche kaum korreliert sind, so daß man bereits auf dieser Stufe der Datenanalyse wertvolle Hinweise gewinnt, welche Merkmale als Erklärung für das Verhalten einer Zielvariablen (z.B. des Reingewinnes) von Interesse sein könnten.

5.3 Ordinale Merkmale

Sind x und y ordinale Merkmale, dann hat es wie bei Mittelwert und Varianz keinen Sinn, Kovarianzen und Korrelationskoeffizienten zu berechnen.

Falls die Merkmale x und y stetige ordinale Merkmale sind, besteht die Möglichkeit, die speziell für stetige Ordinalmerkmale konstruierten Korrelationskoeffizienten von **Spearman** oder von **Kendall** als Alternative zum **Produktmoment-Korrelationskoeffizienten** ρ zu bestimmen.

Der Korrelationskoeffizient von Spearman

Wir betrachten ein Beispiel. Da metrische Merkmale natürlich auch Ordinalmerkmale sind, wählen wir für x wieder die Körpergröße und für y das Gewicht. In der Tat benützt man die Korrelationskoeffizienten von Spearman und Kendall in den meisten Fällen bei metrischen Daten als Alternative zum Produktmoment-Korrelationskoeffizienten.

Tabelle 5.3.1 enthält:
- die Urliste: $(x_1, y_1), \ldots, (x_{20}, y_{20})$,
- die Ordnungsreihen: $(x_{(1)}, \ldots, x_{(20)}), (y_{(1)}, \ldots, y_{(20)})$,
- die x-**Ränge** r_i und die y-**Ränge** s_i: d.s. die Plätze von x_i und y_i in der Ordnungsreihe der x- bzw. der y-Werte. (z.B.: $r_2 = 10$, falls $x_2 = x_{(10)}$ und $s_7 = 2$, falls $y_7 = y_{(2)}$ ist.)

5.3 Ordinale Merkmale

i	x_i	y_i	$x_{(i)}$	$y_{(i)}$	r_i	s_i	i	x_i	y_i	$x_{(i)}$	$y_{(i)}$	r_i	s_i
1	155	60	145	47	4	5	11	145	51	173	72	1	3
2	172	65	147	50	10	6	12	178	74	177	73	13	13
3	185	70	154	51	16	9	13	181	82	178	74	14	15
4	182	85	155	55	15	17	14	190	88	181	77	19	19
5	170	72	157	60	8	11	15	147	47	182	82	2	1
6	163	66	163	65	6	7	16	164	67	185	84	7	8
7	154	50	164	66	3	2	17	171	77	186	85	9	14
8	157	55	170	67	5	4	18	186	84	189	86	17	16
9	177	73	171	70	12	12	19	189	86	190	88	18	18
10	173	71	172	71	11	10	20	191	90	191	90	20	20

Tabelle 5.3.1: Urliste (x_i, y_i); Ordnungsreihen $x_{(i)}, y_{(i)}$ und Rangreihen r_i, s_i.

Hat man diese Tabelle angelegt, dann kann der **Rangkorrelationskoeffizient** ρ_s von **Spearman** leicht berechnet werden. Er ist nämlich nichts anderes als der gewöhnliche Produktmoment-Korrelationskoeffizient, berechnet von den Rängen $(r_1, s_1), \ldots, (r_N, s_N)$:

$$\rho_s = \frac{1}{N}\sum_{i=1}^{N}(r_i - \bar{r})(s_i - \bar{s}) / \sqrt{\frac{1}{N}\sum_{i=1}^{N}(r_i - \bar{r})^2 \cdot \frac{1}{N}\sum_{i=1}^{N}(s_i - \bar{s})^2},$$

woraus übrigens auch sofort $-1 \leq \rho_s \leq 1$ folgt. Diese Formel kann erheblich vereinfacht werden, und es ergibt sich nach leichter Rechnung (Übung!):

$$\rho_s = \left(\frac{1}{N}\sum_{i=1}^{N} r_i s_i - \left(\frac{N+1}{2}\right)^2\right) \cdot \frac{12}{N^2 - 1}.$$

Mit den Daten von Tabelle 5.3.1 erhält man:

$$\rho_s = 0{,}91.$$

Der Korrelationskoeffizient von Kendall

Den Korrelationskoeffizienten von **Kendall** ρ_K bestimmt man am einfachsten graphisch. Man zeichnet zunächst das Streudiagramm der Daten $(x_1, y_1), \ldots$ $\ldots, (x_N, y_N)$ wie in Abb. 5.3.1 (wir benützen die Daten von Tabelle 5.3.1).

Anschließend zählt man die Anzahl Z der Punktepaare $((x_i, y_i), (x_j, y_j))$, die eine nach rechts ansteigende Verbindungslinie haben, d.h., für die gilt: $(y_j - y_i)/(x_j - x_i) > 0$. Es ist natürlich:

$$0 \leq Z \leq N(N-1)/2.$$

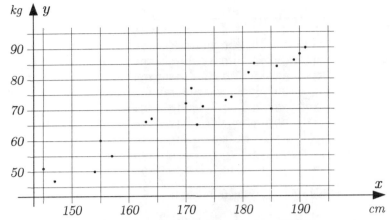

Abb. 5.3.1: Streudiagramm zur graphischen Bestimmung des Korrelationskoeffizienten von Kendall

Der Korrelationskoeffizient ρ_K von Kendall ist dann definiert durch:

$$\rho_K = \frac{Z - N(N-1)/4}{N(N-1)/4} = \frac{4Z}{N(N-1)} - 1.$$

In unserem Fall ergibt sich:

$$Z = 171 \quad \text{und} \quad \rho_K = 0{,}80.$$

Man bestimmt hier einfacher die Zahl Z' der Punktepaare mit fallender Verbindungslinie und rechnet $Z = N(N-1)/2 - Z'$. Zum Vergleich berechnen wir noch den Produktmoment-Korrelationskoeffizienten für die Daten in Tabelle 5.3.1. Es ist:

$$
\begin{array}{llll}
\bar{x} & = 171{,}50 \text{ cm} & S_y^2 & = 164{,}03 \text{ kg}^2 \\
\bar{y} & = 70{,}65 \text{ kg} & S_{xy} & = 168{,}43 \text{ cm} \cdot \text{kg} \\
S_x^2 & = 195{,}95 \text{ cm}^2 & \rho & = S_{xy}/S_x S_y = 0{,}9395
\end{array}
$$

Zur Übung überlege man sich, wie man die Bestimmung von ρ, ρ_S und ρ_K programmieren könnte.

Abschließend sei nochmals betont: während bei metrischen Daten alle drei Korrelationskoeffizienten ρ, ρ_S, ρ_K brauchbar sind und i.allg. nahe beieinander liegende Werte ergeben, sind bei ordinalen Daten nur ρ_S und ρ_K sinnvoll.

5.4 Nominale Merkmale

Wir greifen auf das Beispiel in Abschnitt 3.1 zurück. $\mathcal{M}$ war ein Kollektiv von $N = 50$ Student(inn)en und x bzw. y ihre Noten in Rechnen und Deutsch in der 4. Klasse Volksschule. x und y sind zwar ordinale Merkmale, wir können sie aber ebensogut als nominale Variable auffassen, wenn wir die Ordnung, die zwischen den Notenwerten $1, 2, 3, 4, 5$ besteht, ignorieren. Wir stellen noch einmal die Tabellen der absoluten, der relativen und der bedingten Häufigkeiten zusammen.

h_{ij}

x \ y	1	2	3	4	5	h_{i+}
1	4	5	2	0	0	11
2	4	5	3	2	0	14
3	2	3	6	2	0	13
4	0	1	4	2	2	9
5	0	0	1	1	1	3
h_{+j}	10	14	16	7	3	50

$P_{ij}\%$

x \ y	1	2	3	4	5	P_{i+}
1	8	10	4	0	0	22
2	8	10	6	4	0	28
3	4	6	12	4	0	26
4	0	2	8	4	4	18
5	0	0	2	2	2	6
P_{+j}	20	28	32	14	6	100

$P_\%(y|x)$

x \ y	1	2	3	4	5	$\sum$
1	36,4	45,4	18,2	0	0	100
2	28,6	35,7	21,4	14,3	0	100
3	15,4	23,1	46,2	15,3	0	100
4	0	11,1	44,5	22,2	22,2	100
5	0	0	33,3	33,3	33,4	100

$P_\%(x|y)$

x \ y	1	2	3	4	5
1	40,0	35,7	12,5	0	0
2	40,0	35,7	18,8	28,6	0
3	20,0	21,4	37,5	28,6	0
4	0	7,2	25,0	28,6	66,7
5	0	0	6,2	14,2	33,3
$\sum$	100	100	100	100	100

Wir betrachten die Tabelle $P_\%(y|x)$, d.h. die bedingten relativen Häufigkeiten der Deutschnote y bei gegebener Rechennote x. Die bedingte Verteilung von y bei $x = 1$ ist ganz anders als bei $x = 5$. Man verdeutliche sich das durch einen Blick auf die obige Tabelle und suche die Unterschiede sprachlich zu artikulieren. Wir können sagen: „Die bedingte Verteilung von y hängt ab vom Wert der festgehaltenen Variablen x."

Die gleichen Verhältnisse haben wir bei $P(x|y)$. Qualitativ entsprechen die Abhängigkeiten dem, was man erwarten würde: mit schlechter werdender Note x (Rechnen), ist auch eine schlechtere Note y (Deutsch) zu erwarten und umgekehrt. Man sagt:

- *Die Merkmale x und y sind — innerhalb der betrachteten Grundgesamtheit — **statistisch unabhängig**, wenn die bedingte Verteilung von y bei festem x — also $P(y|x)$ — nicht vom gewählten Wert von x abhängt, und wenn die bedingte Verteilung von x bei festem y — also $P(x|y)$ — nicht vom gewählten Wert von y abhängt. Andernfalls heißen x und y **statistisch abhängig**.*

Dies ist die anschaulichste Definition für die statistische Unabhängigkeit zweier Merkmale. Sie ist gleichwertig mit folgender Aussage:

- Die Merkmale x und y sind innerhalb der Grundgesamtheit statistisch unabhängig, wenn für alle Ausprägungen (i,j) gilt:

$$h_{ij} = h_{i+} \cdot h_{+j}/N.$$

Wir zeigen, daß die Gültigkeit der ersten Forderung die Gültigkeit der zweiten nach sich zieht. Aus $p(y=j|x=i) = p(y=j|x=k)$ für alle i,j,k folgt zunächst:

$$h_{ij}/h_{i+} = h_{kj}/h_{k+} \quad \ldots \text{ für alle } i,j,k$$

und hieraus:

$$h_{k+} \cdot h_{ij} = h_{i+} \cdot h_{kj} \Big| \sum_k$$

Summation über k liefert:

$$N \cdot h_{ij} = h_{i+} \cdot h_{+j}$$

und damit die zweite Forderung:

$$h_{ij} = h_{i+} \cdot h_{+j}/N.$$

Gilt umgekehrt diese Beziehung, dann folgt sofort:

$$p(y=j|x=i) = h_{ij}/h_{i+} = h_{+j}/N \quad \ldots \text{ für alle } i,j,$$
$$p(x=i|y=j) = h_{ij}/h_{+j} = h_{i+}/N \quad \ldots \text{ für alle } i,j,$$

und dieses ist die erste Forderung.

Die Formel $h_{ij} = h_{i+} \cdot h_{+j}/N$ zeigt, daß im Falle der statistischen Unabhängigkeit die Zeilen der Tabelle (h_{ij}) proportional zu der Zeile der Randhäufigkeiten (h_{+j}) und die Spalten proportional zur Spalte der Randhäufigkeiten (h_{i+}) sind.

Wir wollen an dieser Stelle nicht versuchen, ein quantitatives Maß für den Grad der statistischen Abhängigkeit von x und y zu geben. Das häufig in Darstellungen dieser Materie angeführte **Kontingenzmaß** χ^2 sagt für sich wenig aus und ist erst im Zusammenhang mit statistischen Tests auf Abhängigkeit sinnvoll interpretierbar.

In der Praxis wird man bemüht sein, bei deutlich statistisch abhängigen Merkmalen (x,y), die Abhängigkeit durch Stabdiagramme der bedingten Verteilungen $P(y|x)$ und/oder $P(x|y)$ möglichst anschaulich darzustellen und entsprechend verbal zu interpretieren.

6 Die Lorenzkurve

Häufig liest man in wirtschaftsstatistischen Darstellungen Aussagen der Art:

- 60 % der Gesamtlohnsumme des Landes X entfallen auf 90 % der Bevölkerung, die restlichen 40 % werden von den 10 % der Reichen des Landes vereinnahmt.
- 2/3 des landwirtschaftlich genutzten Bodens gehören 3 % der Bevölkerung, das restliche Drittel teilt sich auf die übrigen 97 % der Bevölkerung auf.
- 4/5 der landwirtschaftlichen Wertschöpfung eines Landes werden von nur 1/5 der Betriebe erbracht.

Es handelt sich dabei um Aussagen, wo die ungleiche Verteilung einer Gesamtmasse (Lohnsumme, Fläche des landwirtschaftlich genutzten Bodens, in der Landwirtschaft eines Landes erbrachte Wertschöpfung) auf ein Kollektiv von Individuen, Betrieben etc. aufgezeigt wird. Aufteilungsverhältnisse dieser Art veranschaulicht man am besten mit Hilfe der **Lorenz-Kurve**.

Um die Methode zu erläutern, betrachten wir als einfaches, aber typisches Beispiel die Verteilung der Mitarbeiterzahlen z_j bei einem Kollektiv von $N = 8$ Betrieben. Ausgehend von einer Urliste der Mitarbeiterzahlen legen wir uns Schritt für Schritt Tabelle 6.1 an.

1	2	3	4	5
	Mitarbeiter	Anteile in %:	kumulierte Anteile	
j	z_j	$q_j = (z_j/S) \cdot 100\,\%$	$Q_j\,\%$	$P_j = \frac{j}{N} \cdot 100\,\%$
1	100	2,0	2,0	12,5
2	125	2,5	4,5	25,0
3	150	3,0	7,5	37,5
4	175	3,5	11,0	50,0
5	250	5,0	16,0	62,5
6	450	9,0	25,0	75,0
7	1150	23,0	48,0	87,5
$N = 8$	2600	52,0	100,0	100,0
	$S = 5000$			

Tabelle 6.1: Verteilung der Mitarbeiter auf $N = 8$ Betriebe — Arbeitstabelle für die Lorenzkurve

1. Schritt: Wir ordnen die Betriebe nach wachsender Mitarbeiterzahl und tragen die laufende Nummer. j und die zugehörige Ausprägung z_j in die ersten beiden Spalten der Tabelle ein.

2. Schritt: Wir berechnen die Merkmalsumme:

$$S = \sum_{j=1}^{N} z_j \ldots \text{Gesamtzahl der Mitarbeiter,}$$

und tragen in die dritte Spalte die prozentuellen Anteile der einzelnen Betriebe an der Gesamtsumme ein:

$$q_j = \frac{z_j}{S} \cdot 100\,\% \ldots \text{Anteil des Betriebes Nr. } j \text{ in \%.}$$

3. Schritt: In die vierte Spalte tragen wir die kumulierten Anteile ein:

$$Q_j = \sum_{i=1}^{j} q_i = \sum_{i=1}^{j} \frac{z_i}{S} \cdot 100\,\%.$$

Q_j gibt den Anteil der ersten (= kleinsten) j Betriebe an der Gesamtsumme S an.

4. Schritt: In die fünfte und letzte Spalte schließlich tragen wir die Prozentsätze ein

$$P_j = \frac{j}{N} \cdot 100\,\%.$$

Z.B. bedeutet $P_4 = 50\,\%$, daß die kleinsten vier Firmen 50 % der Grundgesamtheit von $N = 8$ Firmen bilden.

5. Schritt: Wir tragen die Punkte (P_j, Q_j) für $j = 1, \ldots, N$ in ein (P, Q)-Koordinatensystem ein und verbinden sie wie in Abb. 6.1 gezeigt.

Der entstehende Polygonzug heißt **Lorenzkurve** der betrachteten Verteilung; er ist in charakteristischer Weise nach unten „bauchig". Präziser gesprochen: Die Kanten des Polygons werden von links nach rechts immer steiler. In der Mathematik nennt man eine Kurve dieser Art **konvex**.

Diese Tatsache ist leicht einzusehen, denn die waagrechten Abstände benachbarter Punkte (P_{j-1}, Q_{j-1}) und (P_j, Q_j) betragen sämtlich:

$$P_j - P_{j-1} = \frac{j}{N} \cdot 100 - \frac{j-1}{N} \cdot 100 = \frac{1}{N} \cdot 100,$$

6 Die Lorenzkurve

die senkrechten Abstände hingegen sind:

$$Q_j - Q_{j-1} = \sum_{i=1}^{j} q_i - \sum_{i=1}^{j-1} q_i = q_j = \frac{z_j}{S} \cdot 100,$$

und wachsen mit wachsender Nummer j, da wir ja die Betriebe nach steigender Mitarbeiterzahl geordnet hatten.

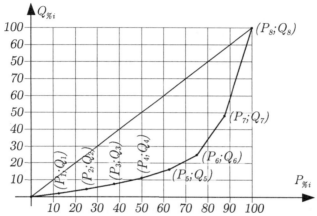

Abb. 6.1: Lorenzkurve der Verteilung der Mitarbeiter auf $N = 8$ Betriebe

An der Lorenzkurve kann man nun schön ablesen, daß beispielsweise die 6 kleinsten Betriebe — das sind 75 % der betrachteten Grundgesamtheit von $N = 8$ Betrieben — zusammen nur 25 % der Mitarbeiter beschäftigen, und daher komplementär die 25 % größten Betriebe 75 % der Mitarbeiter auf sich vereinigen.

Fragen dieser Art sind für die Beurteilung der Betriebsstruktur einer Region, für Fragen der Förderung von Klein- und Mittelbetrieben gegenüber Großbetrieben u.ä. von großem Interesse. Die Lorenzkurve liefert hierfür in idealer Weise die gewünschte Information in übersichtlicher und unmittelbar interpretierbarer Form.

Wir behandeln noch ein zweites Beispiel, um die Vorgangsweise bei großen Grundgesamtheiten zu zeigen.

Beispiel 6.1: Darzustellen ist die Aufteilung des gesamten steuerpflichtigen Einkommens in Oberösterreich im Jahr 1980 auf die $N = 359.316$ Steuerpflichtigen (Quelle: Stat. Jahrbuch für die Republik Österreich 1983). Das betrachtete Merkmal x ist somit das Jahreseinkommen jedes Steuerpflichtigen. Die aufzuteilende Gesamtmasse ist $S = \sum_{i=1}^{N} x_i$.

1. Schritt: Wir denken uns die Urdaten nach steigender Größe geordnet, schreiben aber diesmal nicht die gesamte Ordnungsreihe in eine Kolonne, was bei $N = 359.316$ Einheiten auch ganz unmöglich wäre, sondern gruppieren die Daten wie in Spalte 1 von Tabelle 6.2 beschrieben. In Spalte 2 schreiben wir die laufende Nummer j der Gruppe und in Spalte 3 die Teilsumme s_j der Jahreseinkommen aller Steuerpflichtigen aus der Gruppe j; die Anzahl der Gruppen sei k. Diese Teilsummen werden in der Praxis natürlich mit Mitteln der automatischen Datenverarbeitung berechnet.

2. Schritt: Wir berechnen die Gesamtsumme S:

$$S = \sum_{j=1}^{k} s_j \ldots \text{Gesamtsumme der Einkommen,}$$

und tragen in Spalte 4 die prozentuellen Anteile der einzelnen Gruppen an der Gesamtsumme ein:

$$q_j = \frac{s_j}{S} \cdot 100\% \ldots \text{Anteil der Gruppe Nr. } j \text{ in \%.}$$

3. Schritt: In Spalte 5 tragen wir die kumulierten Anteile ein:

$$Q_j = \sum_{i=1}^{j} q_i = \sum_{i=1}^{j} \frac{s_i}{S} \cdot 100\%$$

4. Schritt: Die Spalten 6, 7, 8 schließlich enthalten:

Spalte 6: n_j ... den Umfang der Gruppe j,
Spalte 7: $p_j = \frac{n_j}{N} \cdot 100\%$ ... den Anteil des Umfanges n_j am Gesamtumfang N,
Spalte 8: $P_j = \sum_{i=1}^{j} p_i$ ... die kumulierten Anteile.

Damit ist die Arbeitstabelle fertig. Wir tragen die Punkte (P_j, Q_j) für $j = 1, \ldots, k$ wieder in ein (P, Q)-Koordinatensystem ein und verbinden sie zur Lorenzkurve wie in Abb. 6.2 gezeigt.

1	2	3	4	5	6	7	8
x jährl.Eink. in 1000 S	j	s_i: Teilsummen in 1000 S	$q_j = \frac{s_j}{S} \cdot 100\%$	$Q_j = \sum_{i=1}^{j} q_i$	n_j	$p_j = \frac{n_j}{N} \cdot 100\%$	$P_j = \sum_{i=1}^{j} p_i$
$x < 50$	1	2.540	2,84	2,84	59.251	16,49	16,49
$50 \leq x < 100$	2	8.631	9,67	12,51	99.998	27,83	44,32
$100 \leq x < 200$	3	16.632	18,63	31,14	104.848	29,18	73,50
$200 \leq x < 500$	4	21.964	24,60	55,74	66.725	18,57	92,07
$500 \leq x < 1000$	5	13.417	15,03	70,77	18.577	5,17	97,24
$1000 \leq x$	6	26.103	29,23	100,00	9.917	2,76	100,00
		89.287	100,00		359.316	100,00	

Tabelle 6.2: Verteilung des steuerpflichtigen Gesamteinkommens — Arbeitstabelle für die Lorenzkurve

6 Die Lorenzkurve

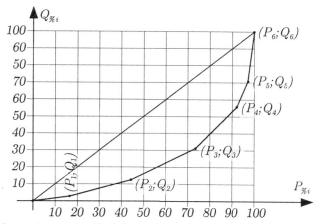

Abb. 6.2: Lorenzkurve der Verteilung des steuerpflichtigen Gesamteinkommens

Man gewinnt aus der Lorenz-Kurve einen guten Überblick über die Verteilung des Gesamteinkommens auf die einzelnen Steuerpflichtigen. Z.B. kann man ablesen, daß 88 % der (kleinen und kleinsten) Einkommen zusammen nur 50 % des Gesamteinkommens ausmachen. Oder anders gesehen: 12 % der Steuerpflichtigen teilen 50 % des Gesamteinkommens unter sich auf. Auf die sozialen Implikationen solcher Aussagen muß wohl nicht besonders hingewiesen werden.

Je mehr sich die Lorenzkurve der 45°-Geraden nähert, desto gleichmäßiger ist die Verteilung, je mehr sie sich dahingegen dem anderen Extrem eines Verlaufes in ⌐-Form nähert, desto ungleichmäßiger ist die Verteilung.

Bei der Gleichverteilung entfällt auf jeden Steuerpflichtigen das gleiche Einkommen, auf niemanden ist mehr konzentriert, man spricht statt von Gleichverteilung auch von **Nullkonzentration**.

Bezieht im anderen Extremfall einer alles und die anderen nichts, ist also die Gesamtsumme auf einen einzigen Steuerzahler konzentriert, dann spricht man von der maximalen oder **Einskonzentration**.

Als quantitatives Maß benützt man hauptsächlich für Vergleichszwecke das

Konzentrationsmaß K von Lorenz–Münzner:

$$K = \frac{\text{Fläche zwischen Diagonale und Lorenzkurve}}{\text{Maximale Fläche zw. Diagonale und Lorenzkurve}}$$

Offenbar gilt $0 \leq K \leq 1$. Man kann K natürlich auch in Prozentpunkten angeben.

Aus Abb. 6.2 liest man unter Benutzung der Flächenformel für Trapeze ab:

$$K = \frac{P_k Q_k/2 - \sum_{i=1}^{k}(P_i - P_{i-1})(Q_i + Q_{i-1})/2}{P_k Q_k/2} =$$

$$= 1 - \sum_{i=1}^{k}(P_i - P_{i-1})(Q_i + Q_{i-1})/10^4.$$

Dabei sind P_i und Q_i die kumulierten Häufigkeiten bzw. Teilsummen in %, $P_0 = Q_0 = 0$ und $P_k = Q_k = 100$.

Wir erhalten in unserem Beispiel:

i	P_i	Q_i	$P_i - P_{i-1}$	$Q_i + Q_{i-1}$	$(P_i - P_{i-1}) \cdot (Q_i + Q_{i-1})/10^2$
0	0	0			
1	16,49	2,84	16,49	2,84	0,47
2	44,32	12,51	27,83	15,35	4,27
3	73,50	31,14	29,18	43,65	12,74
4	92,07	55,74	18,57	86,88	16,13
5	97,24	70,77	5,17	126,51	6,54
6	100,00	100,00	2,76	170,77	4,71
					$\sum = 44,86$

Tabelle 6.3: Einkommensverteilung — Berechnung des Konzentrationsmaßes K von Lorenz–Münzner

Es ergibt sich daher:

$$K = 1 - 0{,}4486 = 0{,}5514 \text{ bzw. } K = 55{,}14\,\%.$$

Diese Größe ist für sich schwer interpretierbar. Vergleicht man indessen zwei K-Werte, etwa die Konzentration der Verteilung der Einkommensumme im Jahre 1980 mit der im Jahre 1985, und es ergäbe sich $K_{1985} = 60\,\%$, dann könnte man den plakativen Schluß ziehen: „Die Reichen sind reicher und die Armen ärmer geworden", wäre hingegen $K_{1985} = 50\,\%$, dann signalisierte dies, im modernen Soziolekt formuliert, einen „Fortschritt zu mehr sozialer Gerechtigkeit".

Die Lorenz-Kurve wird man immer dann mit Vorteil benützen, wenn es sinnvoll ist, die Aufteilung einer Gesamtsumme von Merkmalwerten auf die Individuen einer Grundgesamtheit zu studieren. Sinnlos wäre es, z.B. die Körpergrößen zu messen und die Aufteilung der Gesamtsumme der Körpergrößen auf die einzelnen Personen der betrachteten Gesamtheit mit Hilfe einer Lorenz-Kurve darzustellen.

Teil II
Wahrscheinlichkeitsrechnung

> Mit der ganzen Algebra ist man oftmals nur ein Narr,
> wenn man nicht auch noch etwas anderes weiß.
>
> *Friedrich der Große*

7 Grundbegriffe der Wahrscheinlichkeitsrechnung

In der deskriptiven Statistik haben wir uns mit der Zusammenfassung, Darstellung und Analyse von Daten beschäftigt, die aus Totalerhebungen präzise beschriebener Grundgesamtheiten gewonnen wurden. Nicht die Stichprobe, sondern die Vollerhebung bildet dabei die Grundlage der Informationsverdichtung. Die Erfahrung zeigt nun, daß man aber bereits aus sehr kleinen, aber richtig gewählten Stichproben bemerkenswert genaue Aussagen über die Grundgesamtheiten, denen diese Stichproben entnommen wurden, machen kann.

Wer kennt nicht die frappierend genauen Prognosen bei Meinungsumfragen oder die Hochrechnungen bei Wahlen. Dennoch sind Schlüsse von Stichproben auf die Grundgesamtheit immer mit Unsicherheiten behaftet. Aber auch diese Unsicherheiten lassen sich präzisieren und quantifizieren.

Von Fachleuten hören oder lesen wir etwa:

- Eine Stichprobenerhebung unter den Studenten der Uni ... des Jahrganges 1990/91 ergab für die mittlere Körpergröße ein Vertrauensintervall von [172 cm, 176 cm] zur Sicherheit 90 %.
- Eine Meinungsumfrage anläßlich der Nationalratswahl am 23. November 1986 ergab für den Stimmenanteil der Partei XPÖ ein Vertrauensintervall von [40 %, 44 %] zur Sicherheit 95 %.
- Aufgrund einer Befragung von 100 Hausfrauen ist die überlegene Waschkraft von PERSIL-SUPRA zum Signifikanzniveau 0,05 erwiesen.

Diese Aussagen sind im *Technolekt* der mathematischen Statistik und damit letztlich der Wahrscheinlichkeitsrechnung formuliert und können ohne Kenntnis der Grundlagen dieser Disziplin nicht verstanden werden. Wir wollen daher in diesem Teil II die Grundbegriffe der Wahrscheinlichkeitsrechnung entwickeln.

7 Grundbegriffe der Wahrscheinlichkeitsrechnung

7.1 Experimente mit zufälligem Ausgang

In der Wahrscheinlichkeitsrechnung betrachtet man als Untersuchungsobjekt Experimente mit zufälligem Ausgang — sogenannte **Zufallsexperimente** — und sucht, die bei solchen Experimenten herrschenden Gesetzmäßigkeiten mathematisch zu beschreiben.

Zunächst erscheint es ja paradox, bei Experimenten mit zufälligem, also eigentlich regel- und gesetzlosem Ausgang, Gesetzmäßigkeiten beschreiben zu wollen, indessen stellt sich bei genauerem Hinsehen schnell heraus, daß auch der Zufall nicht frei von allem Gesetzeszwang ist, auch er kann nicht tun und lassen, was er will.

Zufallsexperimente mit Symmetrien

Um das zu erkennen, betrachten wir am besten einige der klassischen Zufallsexperimente, die schon die Pioniere der Wahrscheinlichkeitsrechnung (Pierre de Fermat: 1601–1665, Blaise Pascal: 1623–1662, Jakob Bernoulli: 1654–1705, Pierre Simon Laplace: 1749–1827 u.a.) studiert haben:

- das Werfen einer Münze,
- das Werfen eines Würfels,
- das Ziehen einer Karte aus einem Spiel von Karten,
- das Roulett-Spiel.

Werfen wir etwa eine Münze, so steht es, wie es scheint, dem Zufall völlig frei zu entscheiden, ob Kopf oder Adler als Ausgang des Experimentes herauskommen soll. Werfen wir aber die Münze 10mal, 100mal, 1000mal, und bestimmen wir die relativen Häufigkeiten $p_{10}(\text{Kopf})$, $p_{100}(\text{Kopf})$, $p_{1000}(\text{Kopf})$ bei diesen 10, 100, 1000 Versuchswiederholungen, dann werden wir wohl schon für $p_{10}(\text{Kopf})$, in jedem Falle aber für $p_{100}(\text{Kopf})$ und erst recht für $p_{1000}(\text{Kopf})$ Werte um 0,5 erwarten, und zwar bei $p_{1000}(\text{Kopf})$ in allernächster Nähe von 0,5.

Würde aber etwa $p_{1000}(\text{Kopf}) = 0{,}850$ herauskommen, d.h. bei 1000 Würfen 850mal Kopf, dann hätten wir das unabweisliche Gefühl, daß da etwas nicht stimmt, daß die Münze nicht *richtig* ist, daß nicht richtig geworfen wurde oder beides.

Wie wir an diesem Beispiel erkennen, ist es uns auf Grund allgemeiner Erfahrung durchaus selbstverständlich, daß der Zufall nicht machen kann, was er will, sondern daß bei einer großen Zahl von Münzwürfen in rund der Hälfte der Fälle Kopf herauskommen muß. Wir drücken das — auch ohne Kenntnis der Wahrscheinlichkeitsrechnung — aus, indem wir sagen:

- *Die Wahrscheinlichkeit, beim Werfen einer Münze „Kopf" zu bekommen, ist 1/2.*

7.1 Experimente mit zufälligem Ausgang

Das ist eine Gesetzmäßigkeit bei einem Zufallsexperiment, verkennen wir es nicht; und mit Gesetzmäßigkeiten dieser Art hat es die Wahrscheinlichkeitsrechnung zu tun.

Auch bei den übrigen oben angeführten Zufallsexperimenten liegen die Dinge nicht anders. Werfen wir einen Würfel n-mal, dann erwarten wir uns schon bei nicht allzugroßem n, daß jeder der sechs möglichen Versuchsausgänge $1, 2, 3, 4, 5, 6$ mit einer relativen Häufigkeit von rund $1/6$ auftreten wird. Wir sagen:

- *Die Wahrscheinlichkeit, eine der sechs Augenzahlen 1, 2, 3, 4, 5 oder 6 zu werfen, ist 1/6.*

Ähnlich sagen wir beim Ziehen einer Karte aus einem Spiel mit 52 Karten: die Wahrscheinlichkeit, eine ganz konkrete Karte — etwa Herz-As — zu ziehen, ist $1/52$, und meinen damit, daß wir bei einer großen Zahl von Versuchswiederholungen in rund $1/52$ der Fälle Herz-As ziehen werden.

Im gleichen Sinne schließlich verstehen wir die Aussage, daß beim Roulett jede der 37 Zahlen $0, 1, 2, \ldots, 36$ mit der Wahrscheinlichkeit $1/37$ kommt.

Daß wir bei den oben betrachteten klassischen Zufallsexperimenten die exakten Wahrscheinlichkeiten für die verschiedenen Versuchsausgänge angeben konnten, lag daran, daß

- jedes dieser Experimente nur endlich viele verschiedene Versuchsausgänge besitzt und
- auf Grund offensichtlicher Symmetrien keiner der Versuchsausgänge vor einem anderen bevorzugt ist.

In der Tat betrachtete man zu Anfang der Entwicklung der Wahrscheinlichkeitsrechnung im 17. und 18. Jahrhundert ausschließlich Experimente dieser Art. Indessen sind Symmetrien, was die Gesetzmäßigkeiten betrifft, denen der Zufall unterworfen ist, in keiner Weise wesentlich.

Ein verallgemeinertes Würfelexperiment ohne Symmetrien

Betrachten wir etwa in Abwandlung des Würfelexperiments einen völlig unregelmäßigen Körper mit k ebenen Seitenflächen, den wir uns z.B. aus Holz sägen können, beschriften wir die Seitenflächen mit den Nummern 1 bis k, und werfen wir diesen Körper wie einen Würfel. Als Versuchsausgang nehmen wir, um Zweifel, die durch die Form des Körpers entstehen könnten, auszuschließen, die Nummer derjenigen Seitenfläche, auf die der Körper zu liegen kommt.

Es ist klar: Wir haben k verschiedene mögliche Versuchsausgänge, aber Symmetrien sind keine gegeben, und einzelne Nummern erscheinen, wenn sie auf großen Flächen stehen, gegenüber anderen weit bevorzugt.

Dennoch haben wir keinen Zweifel: Wiederholen wir das Experiment fortgesetzt, und bezeichnen wir mit $p_n(1), p_n(2), \ldots, p_n(k)$ die relativen Häufigkeiten der Nummern $1, 2, \ldots, k$ bei den ersten n Wiederholungen, dann werden sich diese Häufigkeiten mit wachsendem n konvergenzartig um irgendwelche Werte — die wir nicht kennen und auf die wir daher neugierig sind, weil sie sich ja irgendwie aus der Geometrie des Körpers ergeben müssen — stabilisieren, ja mit unbeschränkt wachsendem n zweifeln wir nicht an der Gültigkeit von Konvergenzaussagen der Art

$$\left.\begin{array}{c} p_n(1) \longrightarrow p(1) \\ p_n(2) \longrightarrow p(2) \\ \vdots \\ p_n(k) \longrightarrow p(k) \end{array}\right\} \text{ für } n \to \infty,$$

und wir würden die Grenzwerte $p(1), p(2), \ldots, p(k)$ die Wahrscheinlichkeiten der Versuchsausgänge $1, 2, \ldots, k$ nennen.

Es besteht also kein Zweifel, auch in diesem völlig unsymmetrischen Experiment ergeben sich aus der Versuchsanordnung, im besondern aus der Geometrie unseres Körpers, gewisse Wahrscheinlichkeiten für die möglichen Versuchsausgänge, und es wäre ein reizvolles Problem, sie allein durch theoretische Überlegungen und nicht durch oftmaliges „Würfeln" zu bestimmen.

Zufallsexperiment versus deterministisches Experiment

Betrachten wir unsere bisher besprochenen Zufallsexperimente etwas genauer, und fragen wir uns nach den Ursachen für das Zufällige in ihren Versuchsausgängen, dann leuchtet schnell ein:

- *Verantwortlich für die Zufälligkeit der Versuchsergebnisse sind die unscharf beschriebenen und selbst zufällig variierenden Versuchsbedingungen.*

Zwar bestehen wir etwa beim Werfen der Münze oder des Würfels auf exakter Symmetrie von Münze und Würfel, aber die Art und Weise, wie wir die Münze oder den Würfel werfen, bleibt weitgehend offen und unpräzisiert. Genauso ist es beim Ziehen der Karten und beim Roulett. Wie wir die Karte ziehen bzw. die Kugel werfen, wird nur sehr vage beschrieben und schwankt entsprechend von Versuch zu Versuch.

In diesem Umstand liegt, so scheint es, der entscheidende Unterschied zwischen dem Zufallsexperiment und dem Experiment mit exakt determiniertem Ausgang.

Sehen wir genauer zu. Betrachten wir eine klassische Versuchsanordnung der Physik zur Bestimmung des Fallgesetzes. Eine exakte Stahlkugel soll im luftleeren Raum aus einer exakt gemessenen Höhe h auf eine Stahlplatte fallen. Das Versuchsergebnis ist die Fallzeit t. Soweit die Versuchsanordnung. Es scheint klar: Die Fallzeit t ist durch die Fallhöhe exakt bestimmt — hier hat der Zufall keine Chance!

7.1 Experimente mit zufälligem Ausgang

Indessen, messen wir die Fallzeit nur genau genug, etwa auf 10^{-9} Sekunden (= Nanosekunden) genau — ein Kinderspiel bei den heutigen Meßmitteln —, siehe da, dann schwankt sie auf einmal, freilich nur in den hinteren Dezimalen, dort aber gründlich und augenscheinlich völlig zufällig.

Wir sind natürlich nicht verlegen, dafür Ursachen und Gründe anzugeben: Sie liegen offenbar in kleinsten Variationen der Versuchsbedingungen. Vibrationen, thermische Phänomene, elektrische Felder usw. tragen dazu bei, daß die Fallzeit von Mal zu Mal anders ausfällt, und es wird, steigert man die Meßgenauigkeit für das Versuchsergebnis nur weit genug, völlig aussichtslos, alle diese Einflüsse zu eliminieren.

Das Beispiel lehrt uns etwas Grundsätzliches:

- *Jedes Experiment wird, beschreibt man seinen Versuchsausgang nur genau genug, zum Zufallsexperiment.*

Diese Aussage gilt auch im atomaren Bereich, wo, wie man zunächst meinen möchte, die Versuchsbedingungen wirklich exakt beschreibbar sein müßten, denn die Physiker lehren uns, daß das Verhalten der Elementarteilchen nur mit Wahrscheinlichkeits- und nicht mit Kausalgesetzen beschreibbar ist.

In der Tat, die elementare naturwissenschaftliche Kategorie ist nicht die Kausalität, auf deren geheimnisvolles Spiel in komplexen Versuchsanordnungen sich das Phänomen des Zufalls zurückführen läßt, sondern es verhält sich umgekehrt:

- *Die elementare naturwissenschaftliche Kategorie ist der Zufall: das Wahrscheinlichkeitsgesetz und die Kausalgesetze der Naturphänomene im Großen sind Grenzfälle solcher Wahrscheinlichkeitsgesetze. Sie sind Ausdruck der Stabilität statistischer Mittelwerte über ungeheure Anzahlen zufälliger Summanden.*

Mit dieser Einsicht wollen wir uns dem Studium des Zufalls zuwenden, um seine Gesetze zu erforschen, und nicht in dem vergeblichen Versuch, ihn auf die Kausalität zurückzuführen, unsere Kräfte vergeuden.

7.2 Zufällige Merkmale

Wir gehen aus von irgendeinem Zufallsexperiment. Dabei interessiert uns seine spezielle Natur in keiner Weise. Um das deutlich zu machen, denken wir uns das Experiment als eine **Black box**, aus der bei jeder Durchführung des Experiments der Versuchsausgang gemeldet wird.

In der Black box könnte z.B. jemand sitzen und würfeln und die geworfene Augenzahl melden, oder jemand führt ein Fallexperiment aus und meldet die gemessene Fallzeit usw. Was uns interessiert, sind nicht die Einzelheiten des jeweiligen Versuchs — das Innenleben der Black box gewissermaßen —, sondern die Gesetzmäßigkeiten, denen die Versuchsausgänge bei all ihrer Zufälligkeit unterliegen. Freilich werden wir, um diesen Gesetzen auf die Spur zu kommen, häufig in das Innere unserer Black box hineinschauen, jedoch wird das nur heuristische Zwecke haben, in die aufzubauende Theorie wird dieses Innenleben in keiner Weise eingehen.

Wir beginnen mit einer genaueren Betrachtung der Ausgänge von Zufallsexperimenten. Die Entscheidung, wie man diese Ausgänge beschreiben will, hängt immer wesentlich vom Zweck der jeweiligen Untersuchung ab.

Beim Würfelexperiment erscheint die Beschreibung des Versuchsausganges klar: Man gibt die geworfene Nummer x an. Beim Ziehen einer Karte aus einem Spiel von N Karten könnte man z.B. die Bezeichnung der Karte — z.B. Herz-König — oder, wenn man die Karten von 1 bis N durchnumeriert, die Nummer der gezogenen Karte, oder, für einen anderen Untersuchungszweck, ihre Farbe als Versuchsausgang angeben. Beim Ziehen einer Person aus einer Grundgesamtheit werden uns, je nach dem Zweck der Untersuchung, irgendwelche soziologischen, medizinischen, wirtschaftlichen oder sonstigen Merkmale der herausgegriffenen Person interessieren.

Da das jeweilige Merkmal, das den Ausgang des Zufallsexperimentes beschreibt, zufällige Werte annimmt, nennt man es ein **zufälliges Merkmal** oder eine **Zufallsvariable**.

Für zufällige Merkmale gelten die gleichen Einteilungsprinzipien, wie wir sie in Kapitel 1.4 für Merkmale eingeführt haben, nämlich:

- metrisch — ordinal — nominal,
- stetig — diskret,
- eindimensional — mehrdimensional.

Um ein einheitliches Bild vor Augen zu haben, denken wir uns die Versuchsausgänge immer durch eine oder mehrere Zahlen $x_1, \ldots, x_k$ beschrieben — nominale Variablen können ja stets in dieser Weise verschlüsselt werden. Wir setzen: $\mathbf{x} = (x_1, \ldots, x_k)$. $\mathbf{x}$ ist das k-dimensionale Merkmal, das den Versuchsausgang beschreibt, $x_1, \ldots, x_k$ sind seine eindimensionalen Koordinaten.

Den **Wertebereich** von **x** bezeichnen wir mit $\Omega_\mathbf{x}$. Manchmal, so etwa beim Würfelexperiment, kann man die Gesamtheit der für **x** möglichen Ausprägungen genau angeben — beim Würfeln, mit der geworfenen Augenzahl x als Versuchsausgang, wäre $\Omega_x = \{1, 2, \ldots, 6\}$ —, meistens ist das jedoch nicht möglich. Sei etwa x die Körpergröße einer zufällig gezogenen Person. Hier kann man die Menge der wirklich möglichen Ausprägungen nicht streng präzisieren. Man wählt in solchen Fällen für Ω_x Mengen, die alle tatsächlich möglichen Ausprägungen mit Sicherheit umfassen.

Standardwertebereiche:

- x ... eindimensional, stetig:

$$\Omega_x = \begin{cases} \mathbf{R}_+ = [0, \infty) & \ldots\text{die Menge der nichtnegativen reellen} \\ & \text{Zahlen, falls } x \text{ keine negativen Werte annimmt,} \\ \mathbf{R} = (-\infty, \infty) & \ldots\text{die Menge der reellen Zahlen,} \end{cases}$$

- x ... eindimensional, diskret:

$$\Omega_x = \begin{cases} \mathbf{N} = \{1, 2, \ldots\} & \ldots\text{die Menge der natürlichen Zahlen,} \\ \mathbf{N}_0 = \{0, 1, 2, \ldots\} & \ldots\text{die Menge } \mathbf{N} \text{ erweitert um die Null,} \\ \mathbf{Z} = \{0, \pm 1, \pm 2, \ldots\} & \ldots\text{die Menge der ganzen Zahlen.} \end{cases}$$

Bei k-dimensionalen, stetigen Variablen $\mathbf{x} = (x_1, \ldots, x_k)$ wählt man fast immer als Wertebereich $\Omega_\mathbf{x} = \mathbf{R}^k$, die Gesamtheit aller k-Tupel reeller Zahlen, und entsprechend bei k-dimensionalen, diskreten Variablen $\Omega_\mathbf{x} = \mathbf{Z}^k$, die Menge aller k-Tupel ganzer Zahlen.

7.3 Ereignisse

Betrachten wir als Beispiel ein Experiment mit dem eindimensionalen, diskreten Ausgang x und dem Wertebereich $\Omega_x = \mathbf{N}_0$. Es könnte sich etwa um die Fertigung eines Radiogerätes handeln — wir fassen den gesamten Fertigungsprozeß als Zufallsexperiment auf. Der Ausgang x sei die Anzahl der Fertigungsfehler des erzeugten Gerätes.

Wollen wir unser Experiment mit den Mitteln der Wahrscheinlichkeitsrechnung beschreiben, dann benötigen wir die Wahrscheinlichkeiten für verschiedene Aussagen über den Versuchsausgang. Typische Beispiele aus der Praxis sind:

- *die Wahrscheinlichkeit, daß x nicht größer als a ist:* „$x \leq a$",
- *die Wahrscheinlichkeit, daß x zwischen a und b liegt:* „$a \leq x \leq b$",
- *die Wahrscheinlichkeit, daß x größer als b ist:* „$b < x$".

Allgemein interessiert für jede vorgegebene Eigenschaft A:

- die *Wahrscheinlichkeit, daß das Versuchsergebnis x diese Eigenschaft A besitzt.*

Denken wir uns alle Werte $x \in \Omega_x$, die die Eigenschaft A besitzen, zu einer Menge zusammengefaßt, und bezeichnen wir diese Menge ebenfalls mit A, dann ist es gleichwertig zu sagen: „Der Versuchsausgang x hat die Eigenschaft A" oder „Der Versuchsausgang x fällt in die Teilmenge A von Ω_x, kurz: $x \in A$".

Beispiel 7.3.1: Wir betrachten als Experiment das Würfeln mit Ausgang $x \in$ $\in \Omega_x = \{1, 2, \ldots, 6\}$. Dann gelten die folgenden Äquivalenzen zwischen Eigenschaften $A, B, C, \ldots$ von x und Teilmengen $A, B, C, \ldots \subset \Omega_x$:

Eigenschaften von x	Teilmengen von Ω_x
A: x ist gerade,	A = \{2,4,6\},
B: x ist kleiner als 4,	B = \{1,2,3\},
C: x ist durch 3 teilbar,	C = \{3,6\},
D: x liegt zwischen 2 und 5,	D = \{2,3,4,5\},
E: x ist Lösung der Gleichung: $x^3 - 9x^2 + 23x - 15 = 0$.	E = \{1,3,5\}.

Auf diese Weise entspricht jeder sprachlich formulierten Eigenschaft A, die der Versuchsausgang haben kann, genau eine Teilmenge $A \subset \Omega_x$. Andererseits gibt es immer zahlreiche verschiedene sprachliche Formulierungen für eine feste Eigenschaft A, so daß die Angabe der ihr entsprechenden Teilmenge $A \subset \Omega_x$ einen ganz wesentlichen Gewinn an Einfachheit und Übersichtlichkeit darstellt.

Beispiel 7.3.2: Wir geben einige Beispiele für gleichwertige Formulierungen von Eigenschaften des Versuchsausganges x beim Würfeln.

Eigenschaften von x	Teilmengen von Ω_x
$A: \begin{cases} x \text{ ist gerade,} \\ x \text{ ist nicht ungerade,} \\ x \text{ ist durch 2 teilbar,} \end{cases}$	$A = \{2, 4, 6\}$,
$B: \begin{cases} x \text{ ist kleiner als 4,} \\ x \text{ ist höchstens 3,} \\ x \text{ ist nicht größer als 3,} \end{cases}$	$B = \{1, 2, 3\}$.

In der Wahrscheinlichkeitsrechnung ist es üblich geworden, Teilmengen A des Wertebereiches Ω_x nicht als Eigenschaften anzusehen, die der Versuchsausgang haben oder nicht haben kann, sondern sie als Ereignisse aufzufassen, die bei einer Versuchsdurchführung eintreten oder nicht eintreten können. Wir führen diese Ereignissprache ein:

7.3 Ereignisse

- Man nennt eine beliebige Teilmenge $A \subset \Omega_x$ ein **Ereignis**, das bei einer konkreten Durchführung des Versuches **eintritt** oder **realisiert** wird, wenn der beobachtete Versuchsausgang x in die Menge A hineinfällt, d.h., falls $x \in A$ gilt.

- Fällt x nicht in A: $x \notin A$, dann gilt notwendig $x \in A^c = \Omega_x - A$, und man sagt: Das zu A **komplementäre** Ereignis A^c wurde realisiert (siehe Abb. 7.3.1). Die Ereignisse A und A^c sind offensichtlich zueinander komplementär, denn $(A^c)^c = A$.

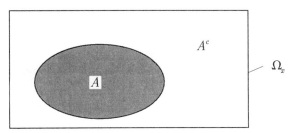

Abb. 7.3.1: Paare komplementärer Ereignisse

- Die leere Menge, bezeichnet mit dem Symbol $\emptyset$, nennt man das **unmögliche Ereignis**, denn, daß für den Versuchsausgang $x \in \emptyset$ gilt, ist unmöglich.

- Die Menge Ω_x selbst nennt man das **sichere Ereignis**, denn für jeden Versuchsausgang gilt $x \in \Omega_x$.

- Diejenigen Teilmengen von Ω_x, die nur ein Element enthalten — z.B. beim Würfeln die Mengen $\{1\}, \{2\}, \ldots, \{6\}$ —, nennt man **Elementarereignisse**. Alle Ereignisse mit mehr als einem Element heißen **zusammengesetzte Ereignisse**.

- Zwei Ereignisse $A, B \subset \Omega_x$ heißen **disjunkt** oder **elementfremd**, falls $A \cap B = \emptyset$ gilt. A und B können dann bei einem Versuch nicht gleichzeitig realisiert werden (siehe Abb. 7.3.2).

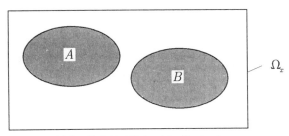

Abb. 7.3.2: Disjunkte Ereignisse

7.4 Rechnen mit Ereignissen

Ausgehend von Ereignissen A,B, ..., aufgefaßt als Teilmengen von Ω_x, gewinnt man durch die Operationen der **Komplementbildung**, der **Vereinigung** und der **Durchschnittbildung** neue Ereignisse, die deshalb besonders wichtig sind, weil ihnen in der Sprache einfache und ständig verwendete Formulierungen entsprechen:

- A^c ... das komplementäre Ereignis heißt auch die **Negation** von A, denn A^c tritt genau dann ein, wenn A nicht eintritt.

- $A \cap B$ ... tritt ein, wenn $x \in A$ **und** $x \in B$ gilt, d.h., wenn sowohl A als auch B eintritt. Man nennt $A \cap B$ daher auch das **Sowohl-als-auch-Ereignis** (siehe Abb. 7.4.1). Ist allgemeiner $(A_i : i \in I)$ eine endliche oder unendliche Familie von Ereignissen, dann gilt $x \in \bigcap_{i \in I} A_i$ genau dann, wenn $x \in A_i$ für alle $i \in I$ erfüllt ist. Mit anderen Worten: Das Ereignis $\bigcap_{i \in I} A_i$ wird genau dann realisiert, wenn **alle** Ereignisse A_i eintreten.

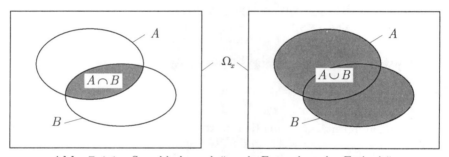

Abb. 7.4.1: „Sowohl-als-auch-" und „Entweder-oder-Ereignis"

- $A \cup B$ ... tritt ein, wenn entweder $x \in A$ oder $x \in B$ (oder beides) gilt, d.h., wenn entweder A oder B eintritt. Man spricht daher vom **Entweder-oder-Ereignis**, das „oder" in nicht-ausschließendem Sinn gebraucht (siehe Abb. 7.4.1). Ist allgemeiner $(A_i : i \in I)$ eine endliche oder unendliche Familie von Ereignissen, dann gilt $x \in \bigcup_{i \in I} A_i$ genau dann, wenn $x \in A_i$ für wenigstens ein i erfüllt ist. Mit anderen Worten: Das Ereignis $\bigcup_{i \in I} A_i$ wird genau dann realisiert, wenn wenigstens eines der Ereignisse A_i eintritt.

Fassen wir unsere bisherigen Betrachtungen zusammen: Wir haben gesehen, daß jede sprachliche Aussage über Eigenschaften des Versuchsausganges x übersetzt werden kann in eine Aussage der Form: x fällt in die Menge A, wobei A durch die betrachtete Eigenschaft bestimmt ist. Diese Übersetzung macht uns frei von den Unübersichtlichkeiten sprachlicher Aussagen und schafft klare Verhältnisse.

Im weiteren haben wir Teilmengen $A \subset \Omega_x$ als Ereignisse angesprochen und haben die in der Wahrscheinlichkeitsrechnung übliche Formulierung für „$x \in A$", nämlich „das Ereignis A wird realisiert" eingeführt.

Schließlich wurde deutlich, daß den sprachlichen Wendungen „A tritt nicht ein", „sowohl A als auch B tritt ein" und „entweder A oder B tritt ein" die mengenalgebraischen Operationen A^c, $A \cap B$ und $A \cup B$ entsprechen.

Damit ist die für den weiteren Ausbau der Wahrscheinlichkeitsrechnung notwendige formale Grundlage geschaffen.

7.5 Wahrscheinlichkeitsverteilungen

Wir betrachten ein beliebiges Zufallsexperiment $\mathcal{E}$ mit Ausgang x und dem Wertebereich Ω_x. Führen wir dieses Experiment n-mal aus, dann ergeben sich zunächst die Urdaten $x_1, x_2, \ldots, x_n$.

Ist nun $A \subset \Omega_x$ irgendein Ereignis, dann ist

$$h_n(A) = \text{Anzahl der } x_j \text{ in } A$$

die absolute Häufigkeit, mit der das Ereignis A bei den n Versuchswiederholungen eingetreten ist, und

$$p_n(A) = h_n(A)/n$$

die relative Häufigkeit von A bei den betrachteten n Wiederholungen des Versuchs. Die Häufigkeiten $h_n(A)$ und $p_n(A)$ kann man sich für jedes Ereignis $A \subset \Omega_x$ bestimmt denken.

- Wir nennen die Zuordnung $A \to h_n(A)$ die Verteilung der absoluten und die Zuordnung $A \to p_n(A)$ die Verteilung der relativen Häufigkeiten der Ereignisse $A \subset \Omega_x$ bei den betrachteten n Versuchswiederholungen.

Für diese **Häufigkeitsverteilungen** gelten offensichtlich die folgenden Aussagen:

h1. $0 \leq h_n(A) \leq n$,

h2. $h_n(\emptyset) = 0$, $h_n(\Omega_x) = n$,

h3. sind $(A_i : i = 1, 2, \ldots, k)$ paarweise disjunkte Ereignisse, dann ist:

$$h_n(\bigcup_{i=1}^{k} A_i) = \sum_{i=1}^{k} h_n(A_i).$$

Die Eigenschaften h1 und h2 sind evident, die Eigenschaft h3, die ebenfalls unmittelbar einleuchtet, nennt man die **Additivität** der absoluten Häufigkeiten. Wichtig ist natürlich, daß die Ereignisse A_i paarweise disjunkt sind, denn sonst gilt selbstverständlich nur die Ungleichung:

$$h_n(\bigcup_{i=1}^{k} A_i) \leq \sum_{i=1}^{k} h_n(A_i)$$

Dividiert man alle Beziehungen in h1, h2 und h3 durch n, dann erhält man die entsprechenden Eigenschaften für relative Häufigkeiten:

p1. $0 \leq p_n(A) \leq 1$,

p2. $p_n(\emptyset) = 0, \quad p_n(\Omega_x) = 1$,

p3. sind $(A_i : i = 1, 2, \ldots, k)$ *paarweise disjunkte Ereignisse, dann ist:*

$$p_n(\bigcup_{i=1}^{k} A_i) = \sum_{i=1}^{k} p_n(A_i).$$

Wieder heißt die Eigenschaft p3 die **Additivität** der relativen Häufigkeiten.

Die in h1, h2, h3 und p1, p2, p3 ausgedrückten Tatsachen gelten für jede konkrete Folge von Versuchsausgängen $x_1, x_2, \ldots, x_n$.

Um nun den Übergang von Häufigkeiten zu Wahrscheinlichkeiten auszuführen, denken wir uns das Experiment unbeschränkt wiederholt und damit die Folge der beobachteten Versuchsausgänge $x_1, x_2, \ldots, x_n, x_{n+1}, \ldots$ unbeschränkt verlängert.

Wählt man jetzt irgend ein Ereignis $A \subset \Omega_x$, und bestimmt man die Folge der relativen Häufigkeiten $(p_n(A) : n = 1, 2, \ldots)$, dann zeigt diese Folge konvergenzartiges Verhalten. Mit anderen Worten: Es sieht so aus, als strebte die Folge $(p_n(A))$ mit $n \to \infty$ gegen einen bestimmten Grenzwert.

Mehr noch: Legen wir eine neue Serie von Versuchswiederholungen mit den Ausgängen $x'_1, x'_2, \ldots x'_n, \ldots$ an, und bestimmen wir aufs neue die Folge der relativen Häufigkeiten von A — wir bezeichnen sie mit $(p'_n(A) : n = 1, 2, \ldots)$ —, dann scheint diese Folge gegen den gleichen Grenzwert zu konvergieren wie die ursprüngliche Folge $(p_n(A))$. Abbildung 7.5.1 veranschaulicht diese Dinge.

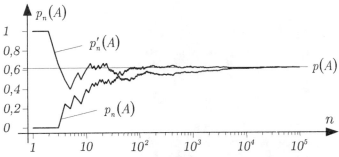

Abb. 7.5.1: Zur Konvergenz der relativen Häufigkeiten

7.5 Wahrscheinlichkeitsverteilungen

Es liegt nahe, den gemeinsamen Grenzwert der Folgen $(p_n(A))$ und $(p'_n(A))$ die Wahrscheinlichkeit des Ereignisses A zu nennen. Man tut das in der Tat und schreibt dafür $P(A)$ (P von lat. probabilitas = Wahrscheinlichkeit). Wir können dann die oben formulierten Erfahrungstatsachen folgendermaßen als Hypothese oder Vermutung zusammenfassen:

- *Jedes Ereignis $A \subset \Omega_x$ besitzt eine Wahrscheinlichkeit $P(A)$. Wird das Experiment unbeschränkt oft wiederholt, und ist $(p_n(A) : n = 1, 2, \ldots)$ die zu dieser Serie von Wiederholungen gehörige Folge von relativen Häufigkeiten von A, dann gilt:*

$$\lim_{n \to \infty} p_n(A) = P(A).$$

Wir können diese Aussage selbstverständlich nur als eine Vermutung oder, wie man auch sagt: eine naturwissenschaftliche Hypothese auffassen, denn beweisen kann man die Konvergenz $p_n(A) \to P(A)$ selbstverständlich nicht. Genau genommen kann man sie ja nicht einmal beobachten, denn dazu müßte wirklich $n \to \infty$ gehen, d.h., man müßte eine unendliche Folge von Beobachtungen $x_1, x_2, \ldots, x_n, \ldots$ fertig vorliegen haben.

Diese Situation ist aber bei allen naturwissenschaftlichen Theorien gegeben. Immer stehen am Anfang irgendwelche aus der Erfahrung bezogenen Hypothesen. Auf ihrer Grundlage wird die Theorie aufgebaut und in ihren Ergebnissen wieder mit der Erfahrung verglichen. Häufig genug gibt es bei diesen Vergleichen Abweichungen zwischen Theorie und Erfahrung, dann muß die Theorie verbessert werden, solange bis sie mit allen Erfahrungstatsachen im Einklang steht. Das ist oft ein langer und mühsamer Weg — die Geschichte der Naturwissenschaften selbst ist dieser Weg.

Bei der Wahrscheinlichkeitstheorie ist es nicht anders. Viele vergebliche Versuche, eine Theorie der Wahrscheinlichkeit aufzubauen, sind unternommen worden. Der oben formulierte Ansatz ist als vorläufiger Ausgangspunkt brauchbar; er wird uns in Kürze zu dem 1933 von **A. N. Kolmogorov** vorgeschlagenen noch einfacheren System von Hypothesen führen, das sich so glänzend zur Begründung der Wahrscheinlichkeitstheorie bewährt hat und dessen Konsequenzen mit der Erfahrung voll übereinstimmen.

Das Axiomensystem von Kolmogorov

Trifft die Konvergenzhypothese $\lim_{n \to \infty} p_n(A) = P(A)$ zu, dann folgen aus den Eigenschaften p1, p2, p3 für relative Häufigkeiten sofort die folgenden Eigenschaften für die Wahrscheinlichkeiten $P(A)$:

P1. $0 \leq P(A) \leq 1$,

P2. $P(\emptyset) = 0, \quad P(\Omega_x) = 1$,

P3. *sind $(A_i : i = 1, 2, \ldots, k)$ paarweise disjunkte Ereignisse, dann ist:*

$$P(\bigcup_{i=1}^{k} A_i) = \sum_{i=1}^{k} P(A_i).$$

Man braucht, um das einzusehen, nur in p1, p2, p3 den Grenzübergang $n \to \infty$ auszuführen.

Genau diese einfachen Eigenschaften — P3 aus technischen Gründen noch erweitert auf unendliche Folgen disjunkter Ereignisse — nimmt Kolmogorov als Grundhypothese, die Mathematiker sprechen von **Axiomen**, der Wahrscheinlichkeitstheorie, indem er sagt:

- *Zu jedem Zufallsexperiment gehört eine* **Wahrscheinlichkeitsverteilung**, *d.i. eine Bewertung der Ereignisse $A \subset \Omega_x$, die jedem Ereignis A einen Wert $P(A)$, seine Wahrscheinlichkeit, zuordnet, und diese Wahrscheinlichkeitsverteilung besitzt die Eigenschaften P1, P2, P3.*

Eine Hypothese über die Konvergenz relativer Häufigkeiten wird hier nicht mehr ausgesprochen. An ihre Stelle tritt die Forderung, daß P3 auch für unendliche Folgen $(A_i : i = 1, 2, \ldots)$ von disjunkten Ereignissen gelten soll. Man nennt diese Eigenschaft die **Volladditivität** der Wahrscheinlichkeit.

Das Axiomensystem von Kolmogorov eignet sich wesentlich besser für den Aufbau der Wahrscheinlichkeitstheorie als die Konvergenzhypothese für relative Häufigkeiten, die Richard von Mises seinem Versuch der Axiomatisierung der Wahrscheinlichkeitstheorie zugrunde gelegt hat. Der von Kolmogorov gewählte Ansatz ist bestechend einfach, in seinen Konsequenzen erstaunlich weittragend — Konvergenzaussagen für relative Häufigkeiten ergeben sich als Lehrsätze — und in voller Übereinstimmung mit der Erfahrung. Man geht daher heute allgemein diesen Weg beim Aufbau der Wahrscheinlichkeitstheorie.

7.6 Folgerungen aus den Grundaxiomen

Aus den Eigenschaften P1, P2, P3, die ja für jede Wahrscheinlichkeitsverteilung gelten, folgern wir zunächst den **Komplementsatz**:

- *Ist A ein beliebiges Ereignis, dann gilt für das komplementäre Ereignis A^c:*

$$P(A^c) = 1 - P(A). \qquad (7.6.1)$$

Denn die Ereignisse A und A^c sind disjunkt, und es gilt: $A \cup A^c = \Omega_x$, so daß wir haben:

$$1 = P(\Omega_x = A \cup A^c) = P(A) + P(A^c),$$

und das ist bereits die Behauptung.

7.6 Folgerungen aus den Grundaxiomen

Ebenfalls auf ganz einfachem Wege ergibt sich der **allgemeine Additionssatz**:

- Sind A und B beliebige Ereignisse, dann gilt:

$$P(A \cup B) = P(A) + P(B) - P(A \cap B) \qquad (7.6.2)$$

und damit insbesondere auch:

$$P(A \cup B) \leq P(A) + P(B), \qquad (7.6.3)$$

die sogenannte **Subadditivität** der Wahrscheinlichkeit.

Sind nämlich A und B beliebige Ereignisse, dann sind die Ereignisse $A \cap B^c$, $A \cap B$, $A^c \cap B$ paarweise disjunkt (vgl. Abb. 7.6.1).

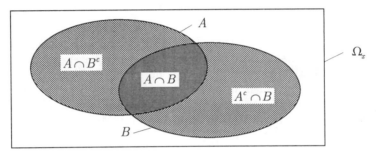

Abb. 7.6.1: Zum allgemeinen Additionssatz

Außerdem gilt:

$$\begin{aligned} A &= (A \cap B^c) \cup (A \cap B), \\ B &= (A \cap B) \cup (A^c \cap B), \\ A \cup B &= (A \cap B^c) \cup (A \cap B) \cup (A^c \cap B), \end{aligned}$$

und damit wegen der Additivität P3 der Wahrscheinlichkeit:

$$\begin{aligned} P(A) &= P(A \cap B^c) + P(A \cap B), \\ P(B) &= P(A \cap B) + P(A^c \cap B), \\ P(A \cup B) &= P(A \cap B^c) + P(A \cap B) + P(A^c \cap B). \end{aligned}$$

Daraus liest man aber unmittelbar die Behauptung (7.6.2) ab.

Die Subadditivität (7.6.3) folgt daraus sofort wegen $P(A \cap B) \geq 0$. In der Formel (7.6.3) steht offenbar genau dann die Gleichung, wenn $P(A \cap B) = 0$ ist, und letzteres ist sicher für disjunkte Ereignisse A, B erfüllt, in Übereinstimmung mit dem dritten Axiom von Kolmogorov, P3.

Beispiel 7.6.1: Ein Student, der wenig gelernt hat, glaubt dadurch, daß er zweimal hintereinander zur Prüfung antritt, seine Chancen zu verdoppeln. Urteilt er richtig?

Das Zufallsexperiment, um das es hier geht, ist das zweimalige Antreten zur Prüfung mit dem Versuchsausgang $\mathbf{x} = (x_1, x_2)$. Dabei bedeutet $x_i = 1$ oder 0, daß die Prüfung Nummer i bestanden bzw. nicht bestanden wurde. Die Gesamtprüfung gilt als bestanden, wenn $x_1 + x_2 > 0$, also gleich 1 oder 2 ist. Daß der Student zur Prüfung Nummer 2 gar nicht mehr antreten würde, falls er die erste Prüfung bestanden hätte, ist belanglos; wir nehmen an, daß er in jedem Fall zweimal antritt.

Wir führen die folgenden Ereignisse ein:

$$\begin{aligned} A &= \text{„erste Prüfung bestanden"} &&= \text{„}x_1 = 1\text{",} \\ B &= \text{„zweite Prüfung bestanden"} &&= \text{„}x_2 = 1\text{".} \end{aligned}$$

Dann bedeuten die zusammengesetzten Ereignisse:

$$\begin{aligned} A \cup B &= \text{„wenigstens eine Prüfung bestanden",} \\ A \cap B &= \text{„beide Prüfungen bestanden".} \end{aligned}$$

Der Additionssatz (7.6.2) lautet:

$$P(A \cup B) = P(A) + P(B) - P(A \cap B),$$

und wegen $P(A \cap B) > 0$ gilt daher sicher:

$$P(A \cup B) < P(A) + P(B) = 2P(A),$$

wenn wir unterstellen, daß die beiden Prüfungen gleich schwer sind. Zweimaliges Antreten ohne zusätzliches Lernen verdoppelt also die Chancen nicht!

Als letzte wichtige Konsequenz aus den Grundaxiomen formulieren wir zunächst in der gängigen, etwas salopp Form die **Abzählregel:**

- Besitzt ein Zufallsexperiment m verschiedene, gleich wahrscheinliche Ausgänge und sind g davon für das Ereignis A günstig, dann gilt:

$$P(A) = \frac{g}{m} = \frac{\text{Anzahl der \textbf{g}ünstigen Fälle}}{\text{Anzahl der \textbf{m}öglichen Fälle}}.$$

Beispiel 7.6.2: Betrachten wir das Werfen eines Würfels. Das Experiment hat die sechs Ausgänge $x = 1, 2, \ldots, 6$, und diese sind aus Symmetriegründen gleich wahrscheinlich.

Für das Ereignis A = „gerade Augenzahl geworfen" sind die drei Ausgänge $x = 2, 4, 6$ günstig. Folglich ist $m = 6$, $g = 3$ und $P(A) = 3/6 = 1/2$.

Präzisieren wir die obige Aussage, dann haben wir ein Zufallsexperiment und m Ereignisse $A_1, \ldots, A_m$ mit den Eigenschaften:

7.6 Folgerungen aus den Grundaxiomen

- die Ereignisse A_j sind paarweise disjunkt,
- bei einer Versuchsdurchführung tritt stets eines der A_j ein,
- die Ereignisse A_j sind gleichwahrscheinlich.

Die m Ereignisse $A_1, \ldots, A_m$ repräsentieren die m möglichen gleichwahrscheinlichen Ausgänge des Experimentes.

Ist dann A ein weiteres Ereignis, das aus g Ereignissen A_j zusammengesetzt ist:

$$A = A_{j_1} \cup A_{j_2} \cup \ldots \cup A_{j_g},$$

dann gilt:

$$P(A) = g/m.$$

Der Beweis der Abzählregel ist überaus einfach. Aus $A_1 \cup \ldots \cup A_m = \Omega_x$ und $P(A_i) = P(A_j)$ folgt nämlich sofort:

$$1 = P(\Omega_x) = P(A_1) + \ldots + P(A_m) = m \cdot P(A_1)$$

und daher ist:

$$P(A_1) = \ldots = P(A_m) = 1/m.$$

Daraus folgt aber unmittelbar:

$$P(A) = P(A_{j_1}) + \ldots + P(A_{j_g}) = g \cdot \frac{1}{m},$$

also die Abzählregel.

Historisch ist die Abzählregel vor allem deswegen interessant, weil die Formel $P(A) = g/m$ ursprünglich als Definition der Wahrscheinlichkeit $P(A)$ benützt wurde. Man spricht daher auch von der **klassischen Wahrscheinlichkeitsdefinition**.

Natürlich ist diese Definition nur für Experimente mit gleich wahrscheinlichen Ausgängen brauchbar, aber gerade solche Experimente (Würfeln, Münzenwerfen, Ziehen von Karten, Roulett etc.) betrachtete man ja in dieser Anfangsphase unserer Theorie.

Beispiel 7.6.3: Wir werfen einen Würfel zweimal — das ist unser Experiment; der Ausgang sei beschrieben durch die geworfenen Augenzahlen (x_1, x_2). Wir fragen nach der Wahrscheinlichkeit, daß die Summe $y = x_1 + x_2$ den Wert 7 hat.

Zunächst haben wir $m = 36$ verschiedene, aus Symmetriegründen ganz offensichtlich gleich wahrscheinliche Ausgänge (x_1, x_2). Für die Summe $y = x_1 + x_2 = 7$ sind die Ausgänge $(1,6), (2,5), \ldots, (6,1)$ günstig — es sind dies $g = 6$ günstige „Fälle". Also gilt nach der Abzählregel:

$$P(y = x_1 + x_2 = 7) = \frac{6}{36} = \frac{1}{6}.$$

8 Diskrete Wahrscheinlichkeitsverteilungen

Wir betrachten in diesem Kapitel Zufallsexperimente mit eindimensionalem, ganzzahligem, also diskretem Ausgang x und besprechen zunächst die Begriffe **Dichte** und **Verteilungsfunktion** als Hilfsmittel zur Beschreibung diskreter Wahrscheinlichkeitsverteilungen. Anschließend führen wir die für die Praxis wichtigsten diskreten Verteilungen an Hand von Urnenexperimenten ein.

8.1 Dichte und Verteilungsfunktion

Als Wertebereich wählen wir einheitlich $\Omega_x = \mathbf{Z}$, die Menge der ganzen Zahlen, auch dann, wenn wir aus irgendwelchen Gründen untere oder obere Schranken für die möglichen Ausprägungen von x angeben können.

Haben wir ein konkretes Experiment mit der Wahrscheinlichkeitsverteilung $P(A)$ — wir erinnern uns: Eine Wahrscheinlichkeitsverteilung ist die Bewertung, die jedem Ereignis $A \subset \Omega_x$ seine Wahrscheinlichkeit $P(A)$ zuordnet —, dann stellt sich die Frage, wie man eine derartige Wahrscheinlichkeitsverteilung am einfachsten beschreiben kann.

Betrachten wir zunächst die Elementarereignisse $\{j\}$ als die einfachsten Ereignisse A, und setzen wir (wir führen bei dieser Gelegenheit gleich zwei gleichwertige und übliche Schreibweisen ein):

$$P(\{j\}) = P(x = j) = p_j \quad \text{für alle } j \in \mathbf{Z}.$$

p_j gibt die Wahrscheinlichkeit an, bei einem Versuch den Ausgang $x = j$ zu beobachten. Abbildung 8.1.1 stellt die Zuordnung $j \to p_j$ graphisch dar. Wir erhalten ein Stabdiagramm. Wir führen auch gleich die Bezeichnung dieser Zuordnung ein:

- *Man nennt die Funktion, die jedem Elementarereignis $\{j\}$ seine Wahrscheinlichkeit p_j zuordnet, die* **Dichte** *der betrachteten Wahrscheinlichkeitsverteilung.*

Um Irrtümern und Fehlern vorzubeugen, sei betont, daß bei stetigen Wahrscheinlichkeitsverteilungen, die in Kap. 9 besprochen werden, die Dichte anders definiert ist.

8.1 Dichte und Verteilungsfunktion

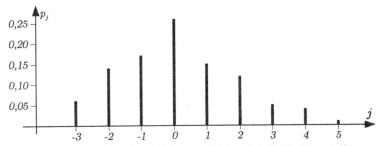

Abb. 8.1.1: Dichte einer diskreten Wahrscheinlichkeitsverteilung

Kennen wir die Dichte p_j der Wahrscheinlichkeitsverteilung $P(A)$, und ist A etwa das Ereignis $\{a, a+1, \ldots, b\}$, dann können wir schreiben:

$$A = \{a\} \cup \{a+1\} \cup \ldots \cup \{b\}$$

und aus der Additivität, die ja eine Eigenschaft jeder Wahrscheinlichkeitsverteilung ist, folgt:

$$P(A) = P(\{a\}) + P(\{a+1\}) + \ldots + P(\{b\}) =$$
$$= p_a + p_{a+1} + \ldots + p_b,$$

d.h., wir sind in der Lage, $P(A)$ zu berechnen.

Das trifft aber für jedes Ereignis $A \subset \Omega_x$ zu, denn jedes A ist Vereinigung einer endlichen oder unendlichen Folge von Elementarereignissen $\{j\}$ — man kann das formal so darstellen:

$$A = \bigcup_{j \in A} \{j\},$$

gelesen: A ist die Vereinigung aller jener Elementarereignisse $\{j\}$, für die j Element von A ist — und daher folgt:

$$P(A) = \sum_{j \in A} P(\{j\}) = \sum_{j \in A} p_j, \qquad (8.1.1)$$

d.h., $P(A)$ ist die endliche oder unendliche Summe aller p_j, für die j Element von A ist.

Die Vorschrift (8.1.1) ermöglicht somit in der Tat die Berechnung der Wahrscheinlichkeiten $P(A)$ für beliebige Ereignisse A, soferne man die Dichte p_j kennt — die Dichte charakterisiert die Wahrscheinlichkeitsverteilung daher vollständig.

Eigenschaften der Dichte

Die Dichte jeder diskreten Wahrscheinlichkeitsverteilung besitzt offenbar folgende Eigenschaften:

- $p_j \geq 0$ für jedes $j \in \Omega_x$,
- $\sum_{j \in \Omega_x} p_j = 1$. (8.1.2)

Die zweite Eigenschaft ergibt sich sofort aus:

$$1 = P(\Omega_x) = \sum_{j \in \Omega_x} p_j.$$

Damit sind aber bereits alle Bedingungen, denen eine Dichte genügen muß, aufgezählt, denn jede Funktion p_j, die die beiden Eigenschaften (8.1.2) besitzt, ist Dichte einer Wahrscheinlichkeitsverteilung $P(A)$.

Um uns davon zu überzeugen, stellen wir uns die Aufgabe, zu einer vorgegebenen Funktion p_j, die die Eigenschaften (8.1.2) besitzt, ein Zufallsexperiment anzugeben, dessen Wahrscheinlichkeitsverteilung diese Funktion p_j als Dichte besitzt. Man sagt auch: Eine Verteilung $P(A)$ mit der Dichte p_j soll **simuliert** werden.

Simulation einer Verteilung mit gegebener Dichte

Als Modell- oder Simulationsexperiment wählen wir ein sogenanntes **Urnenexperiment** — Urnenexperimente sind in der Wahrscheinlichkeitsrechnung sehr beliebt; natürlich denken wir an Wahlurnen und nicht an den Friedhof.

Sei also die Funktion p_j gemäß (8.1.2) gegeben, und setzen wir voraus, daß die Werte p_j k-stellige Dezimalzahlen sind, d.h., die Produkte $10^k \cdot p_j$ sind ganze Zahlen.

Wir nehmen dann eine Urne mit 10^k nach Größe, Gewicht etc. völlig gleichen Kugeln und beschriften $10^k \cdot p_1$ von ihnen mit der Nummer 1, $10^k \cdot p_2$ mit der Nummer 2 usw., allgemein: $10^k \cdot p_j$ mit der Nummer j. Das Zufallsexperiment besteht nun darin, daß wir aus dieser Urne eine Kugel zufällig ziehen. Der Versuchsausgang x ist die Nummer auf der gezogenen Kugel.

Die Vorschrift, eine Kugel *zufällig* zu ziehen, bedeutet, daß jede Kugel mit der gleichen Wahrscheinlichkeit gezogen wird wie jede andere — ob das z.B. bei 10^6 Kugeln praktisch möglich ist, soll uns hier zunächst nicht interessieren, wir kommen aber auf diese Frage zurück.

Denken wir uns jetzt die Kugeln fortlaufend von 1 bis 10^k in irgendeiner Reihenfolge numeriert, um sie einzeln unterscheidbar zu machen; diese neue, zweite Nummer, die wir natürlich auch auf die Kugeln schreiben, sei mit y bezeichnet. Wir können den Versuchsausgang jetzt auch durch Angabe der gezogenen Nummer y beschreiben. Diese Beschreibung des Versuchsausganges ist detaillierter als diejenige mit der Nummer x, denn kennt man y, dann kennt man auch x, nicht aber umgekehrt.

8.1 Dichte und Verteilungsfunktion

Der Nutzen der neuen Numerierung liegt darin, daß die 10^k möglichen y-Elementarereignisse nach Voraussetzung alle gleich wahrscheinlich sind — wir sollen ja alle Kugeln mit der gleichen Wahrscheinlichkeit ziehen — und überdies sofort angegeben werden kann, wieviele dieser y-Elementarereignisse etwa für das Ereignis „$x = j$" günstig sind: nämlich $10^k \cdot p_j$. Die Abzählregel ist daher anwendbar, und wir erhalten:

$$P(x = j) = \frac{10^k \cdot p_j}{10^k} = p_j \quad \text{für alle } j,$$

also genau das gewünschte Ergebnis: Die Wahrscheinlichkeitsverteilung des Versuchsausganges x besitzt die Dichte p_j.

Kommen wir auf die Frage der praktischen Realisierbarkeit dieses Experiments zurück. Eine Urne mit 10^k Kugeln in beschriftbarer Größe ist schon für $k = 3$ — also 1000 Kugeln — sehr unhandlich und für $k = 6, 7$ oder 8 völlig unpraktikabel, auch das zufällige Ziehen einer Kugel aus einer so großen Urne wäre so gut wie unmöglich.

Viel einfacher ist es, eine Urne mit zehn von 0 bis 9 durchnumerierten Kugeln zu nehmen — wir bezeichnen diese Nummer wieder mit y — und k-mal aus ihr eine Kugel zu ziehen, wobei nach jeder Ziehung die gezogene Kugel wieder in die Urne zurückgelegt und deren Inhalt gründlich gemischt wird. Das Ergebnis dieser k Ziehungen: $\mathbf{y} = (y_1, \ldots, y_k)$ wollen wir als k-stellige ganze Zahl interpretieren: $\mathbf{y} = (4, 3, 2, 0, 2, 1)$ bedeutet z.B. die Zahl $\mathbf{y} = 432.021$.

Es gibt dann offensichtlich genau 10^k aus Symmetriegründen gleich wahrscheinliche y-Elementarereignisse, und wenn wir jetzt vereinbaren, daß etwa die ersten $10^k \cdot p_1$ y-Werte der Ausprägung $x = 1$, die nächsten $10^k \cdot p_2$ y-Werte der Ausprägung $x = 2$ usw. entsprechen sollen, dann gilt wieder:

$$P(x = j) = \frac{10^k \cdot p_j}{10^k} = p_j \quad \text{für alle } j,$$

und dieses Experiment ist ganz leicht praktisch ausführbar.

Simulation auf dem Computer

Die besprochenen Simulationsexperimente haben nur prinzipielle Bedeutung für den Nachweis, daß jede Funktion p_j, die den Bedingungen $p_j \geq 0$ und $\sum_j p_j = 1$ genügt, als Dichte eines realisierbaren Zufallsexperimentes in Frage kommt. Für praktische Simulationsaufgaben sind sie hingegen viel zu aufwendig und zu zeitraubend.

Es ist nun interessant und für die Anwendungen von größter Bedeutung, daß man auch auf dem Computer Zufallsexperimente simulieren kann. Zunächst muß diese Aussage geradezu paradox erscheinen, denn der Computer soll ja stets nur genau Vorherprogrammiertes von sich geben, werden seine Meldungen einmal zufällig, dann ist er reif für den Servicetechniker.

In der Tat handelt es sich auch nicht um echte, sondern um sogenannte **Pseudozufallszahlen**, die man auf einem Computer erzeugen kann. Wir wollen das Wesentliche dieser Begriffsbildung gleich am Beispiel des für die Praxis wichtigsten **Pseudozufallsgenerators**, des sogenannten **Kongruenzgenerators**, besprechen.

Wir wählen drei positive ganze Zahlen a, b, c und eine weitere ganze Zahl x_0 als sogenannten Startwert. Mit diesen vier Zahlen erzeugen wir uns eine Zahlenfolge $x_0, x_1, x_2, \ldots, x_n, \ldots$ nach der folgenden Vorschrift:

$$
\begin{aligned}
x_1 &= a + bx_0 \,|\mathrm{mod}\, c, \\
x_2 &= a + bx_1 \,|\mathrm{mod}\, c, \\
&\vdots \\
x_{n+1} &= a + bx_n \,|\mathrm{mod}\, c, \\
&usw.
\end{aligned}
$$

Dabei bezeichnet $a + bx_n \,|\mathrm{mod}\, c$ den ganzzahligen Rest bei der Division von $a + bx_n$ durch c.

Beispiel 8.1.1: Wir wählen $a = 2$, $b = 3$, $c = 7$ und als Startwert $x_0 = 1$. Damit ergibt sich die Folge:

$$
\begin{aligned}
x_1 &= 2 + 3 \cdot 1 \,|\mathrm{mod}\, 7 = 5 \,|\mathrm{mod}\, 7 = 5; \\
x_2 &= 2 + 3 \cdot 5 \,|\mathrm{mod}\, 7 = 17 \,|\mathrm{mod}\, 7 = 3, \\
x_3 &= 2 + 3 \cdot 3 \,|\mathrm{mod}\, 7 = 11 \,|\mathrm{mod}\, 7 = 4, \\
x_4 &= 2 + 3 \cdot 4 \,|\mathrm{mod}\, 7 = 14 \,|\mathrm{mod}\, 7 = 0, \\
x_5 &= 2 + 3 \cdot 0 \,|\mathrm{mod}\, 7 = 2 \,|\mathrm{mod}\, 7 = 2, \\
x_6 &= 2 + 3 \cdot 2 \,|\mathrm{mod}\, 7 = 8 \,|\mathrm{mod}\, 7 = 1 = x_0.
\end{aligned}
$$

Die weiteren Folgenglieder $x_7, x_8, \ldots$ durchlaufen wieder den gleichen Zyklus wie $x_1, x_2, \ldots$

Wählt man nun die Zahlen a, b, c geeignet — es gibt dafür viele Möglichkeiten, und in den gängigen statistischen Programmpaketen ist diese Wahl bereits getroffen —, dann durchläuft die Folge $x_0, x_1, x_2, \ldots$ den ganzen Zyklus der Zahlen $0, 1, 2, \ldots, (c-1)$ in so regelloser Reihenfolge, als wäre die Folge $x_0, x_1, x_2, \ldots$ das Ergebnis eines echten Zufallsexperimentes mit den c gleich wahrscheinlichen Ausgängen $0, 1, 2, \ldots, (c-1)$. Man kann diese Aussage natürlich wesentlich präziser fassen, doch soll uns das hier nicht beschäftigen.

Das Wesentliche daran ist, daß man auf dem Computer mit einfachsten arithmetischen Operationen Zahlenfolgen generieren kann, die zwar nach einem streng deterministischen Bildungsgesetz erzeugt sind, sich aber praktisch genauso verhalten wie die Ausgänge echter Zufallsprozesse. Man spricht daher verständlicherweise von Pseudozufallszahlen. Die Vorteile der Verwendung von Pseudozufallszahlen liegen auf der Hand: Ihre Erzeugung erfordert keine Urnen oder sonstige Apparaturen, sie ist sehr schnell, und die Ergebnisse sind für Kontrollrechnungen jederzeit reproduzierbar. Man benützt daher heute allgemein Pseudozufallszahlengeneratoren für Simulationszwecke.

8.1 Dichte und Verteilungsfunktion

Die Verteilungsfunktion

Ebenso wie die Dichte eignet sich auch die **Verteilungsfunktion** zur Charakterisierung von Wahrscheinlichkeitsverteilungen, sie bietet aber für die Anwendungen wesentliche Vorteile. Wir geben zunächst die Definition:

- Man nennt die Funktion $j \to P(x \leq j)$ die Verteilungsfunktion der betrachteten Wahrscheinlichkeitsverteilung und schreibt:

$$F_j = P(x \leq j) \quad \text{für alle } j \in \Omega_x.$$

Der Wert F_j gibt somit die Wahrscheinlichkeit an, bei dem Versuch einen Ausgang $x \leq j$ zu beobachten.

Drückt man F_j durch die Dichte p_j aus, dann gilt:

$$F_j = \sum_{i \leq j} p_i.$$

Umgekehrt hat man offensichtlich:

$$p_j = F_j - F_{j-1}.$$

Abbildung 8.1.2 zeigt diesen Zusammenhang graphisch.

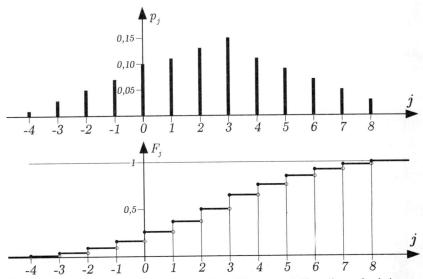

Abb. 8.1.2: Zusammenhang zwischen Dichte und Verteilungsfunktion

Die Verteilungsfunktion ist eine monoton von 0 nach 1 ansteigende Treppenfunktion und entspricht der Summenhäufigkeitskurve der deskriptiven Statistik.

In den Anwendungen benötigt man meistens die Wahrscheinlichkeiten für sogenannte **Intervallereignisse**, d.h. für Ereignisse der Form:

$$\{a < x < b\}, \quad \{a \leq x < b\}, \quad \{a < x \leq b\}, \quad \{a \leq x \leq b\},$$

und diese Wahrscheinlichkeiten lassen sich mit der Verteilungsfunktion besonders leicht berechnen, denn offensichtlich gilt zunächst:

$$P(a < x \leq b) = \sum_{j=a+1}^{b} p_j = \sum_{j \leq b} p_j - \sum_{j \leq a} p_j = F_b - F_a$$

und damit folgt für die übrigen Intervallereignisse:

$$\begin{aligned} P(a < x < b) &= P(a < x \leq b-1) &= F_{b-1} - F_a, \\ P(a \leq x < b) &= P(a-1 < x \leq b-1) &= F_{b-1} - F_{a-1}, \\ P(a \leq x \leq b) &= P(a-1 < x \leq b) &= F_b - F_{a-1}. \end{aligned}$$

Es ist also nur eine Differenz zweier Werte zu bestimmen, während man bei Benutzung der Dichte Summen von meistens sehr vielen Summanden berechnen müßte. Aus diesem Grund tabelliert man in der Regel die Verteilungsfunktionen und gibt nur in sehr ausführlichen Tabellenwerken auch die Dichten der Wahrscheinlichkeitsverteilungen an.

Beispiel 8.1.2: Wir betrachten ein Zufallsexperiment, dessen Ausgang x die Werte $0, 1, \ldots, 10$ mit positiver Wahrscheinlichkeit annehmen kann. Die folgende Tabelle gibt Dichte und Verteilungsfunktion der Verteilung von x, und Abb. 8.1.3 zeigt diese Funktionen graphisch.

j	p_j	F_j
0	0,02	0,02
1	0,07	0,09
2	0,15	0,24
3	0,20	0,44
4	0,19	0,63
5	0,16	0,79
6	0,10	0,89
7	0,06	0,95
8	0,03	0,98
9	0,01	0,99
10	0,01	1,00
$\sum$	1,00	

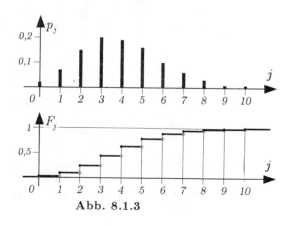

Abb. 8.1.3

Als Beispiel für die Anwendung der Verteilungsfunktion bestimmen wir:

$$P(x \leq 3) = F_3 = 0{,}44,$$
$$P(x > 3) = 1 - P(x \leq 3) = 1 - F_3 = 1 - 0{,}44 = 0{,}56,$$
$$P(3 \leq x \leq 7) = P(2 < x \leq 7) = F_7 - F_2 = 0{,}95 - 0{,}24 = 0{,}71.$$

Man bringt Intervallereignisse immer zuerst auf die Form $a < x \leq b$ — also z.B. $\{3 \leq x \leq 7\} = \{2 < x \leq 7\}$ und hat dann die einfache Formel $P(a < x \leq b) = F_b - F_a$.

8.2 Die Alternativverteilung

In diesem und in den folgenden Kapiteln wollen wir einige Verteilungsfamilien besprechen, die in den Anwendungen immer wieder auftreten. Wir werden in jedem Fall ein typisches Urnenexperiment angeben, das auf die jeweilige Verteilungsfamilie führt, und beginnen mit der einfachsten Verteilungsfamilie, den Alternativverteilungen.

Urnenexperiment

Gegeben sei eine Urne mit N Kugeln. A davon sind rot, die restlichen $N - A$ Kugeln sind schwarz. Wir ziehen eine Kugel zufällig und setzen als Versuchsausgang: $x = 1$, wenn eine rote Kugel gezogen wurde, und $x = 0$, falls die Ziehung eine schwarze Kugel ergab (man kann auch sagen: x ist die Anzahl der gezogenen roten Kugeln).

Wir fragen nach Dichte und Verteilungsfunktion der zugehörigen Wahrscheinlichkeitsverteilung oder, wie man sich auch ausdrückt: Wir fragen nach Dichte und Verteilungsfunktion der Zufallsvariablen x. Für x gibt es nur zwei verschiedene Werte oder Alternativen, nämlich $x = 0$ oder $x = 1$, deshalb der Name Alternativverteilung. Wir haben einen einfachen Sonderfall des bisher Besprochenen vor uns und erkennen sofort:

$\Omega_x = \{0, 1\}$ ... ist der Wertebereich von x,

$\left. \begin{array}{l} p_0 = P(x = 0) = \frac{N-A}{N} = 1 - \frac{A}{N} \\ p_1 = P(x = 1) = \frac{A}{N} \end{array} \right\}$ ... ist die Dichte,

$\left. \begin{array}{l} F_0 = P(x \leq 0) = p_0 \\ F_1 = P(x \leq 1) = p_0 + p_1 = 1 \end{array} \right\}$ ... ist die Verteilungsfunktion der Verteilung von x.

Beispiel 8.2.1: Die Urne soll $N = 50$ Kugeln enthalten, $A = 33$ davon sind rot, die restlichen $N - A = 17$ schwarz. Es ist dann:

$$p_0 = 17/50 = 0{,}34, \qquad p_1 = 33/50 = 0{,}66,$$
$$F_0 = p_0 = 0{,}34, \qquad F_1 = p_0 + p_1 = 1{,}00.$$

Die graphische Darstellung zeigt Abb. 8.2.1.

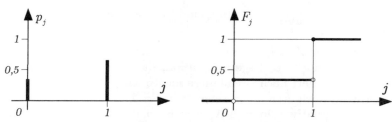

Abb. 8.2.1: Dichte und Verteilungsfunktion der $\mathbf{A}_{0,66}$.

Offenbar ist eine konkrete Alternativverteilung durch Angabe von p_0 oder durch Angabe von $p_1 = 1 - p_0$ vollständig bestimmt. Üblicherweise gibt man $p_1 = P(x = 1)$ an und bezeichnet diesen Wert mit p, also ohne Index. Es ist damit:

$$P(x = 1) = p \quad \text{und} \quad P(x = 0) = 1 - p.$$

- Die Wahrscheinlichkeitsverteilung mit dieser Dichte nennt man die **Alternativverteilung** mit dem Parameter p und bezeichnet sie mit dem Symbol $\mathbf{A}_p$.

- Man sagt: „x ist nach $\mathbf{A}_p$ verteilt" und meint damit folgendes: x ist eine Zufallsvariable, die nur die beiden alternativen Werte $x = 0$ und $x = 1$ annimmt, und zwar $x = 1$ mit Wahrscheinlichkeit p und $x = 0$ mit Wahrscheinlichkeit $1 - p$.

So speziell und irgendwie uninteressant unser Urnenexperiment auch erscheinen mag, es kommt öfter vor, als man zunächst vielleicht denkt. Nehmen wir etwa das Experiment:

> Herr oder Frau XYZ gründet eine Firma, und zwei Jahre später wird überprüft, ob die Firma noch existiert.

Es handelt sich ohne Zweifel um ein Experiment mit zufälligem Ausgang. Wir setzen $x = 1$, soferne die Firma noch existiert, und $x = 0$ im anderen Fall. Diese **Verschlüsselung** oder **Codierung** der interessierenden Ereignisse liegt nahe, die umgekehrte wäre indessen genauso brauchbar.

Es besteht die Wahrscheinlichkeit p für $x = 1$, d.h. für das Überleben der Firma, und $1 - p$ für $x = 0$, also für deren frühen Tod. x ist somit nach $\mathbf{A}_p$ verteilt.

Wie groß p ist, wissen wir hier nicht, das macht die Frage interessant, wie man p aus vorhandenen Daten schätzen kann. Doch mit dieser Frage sind wir schon mitten in der mathematischen Statistik, und damit müssen wir uns noch etwas gedulden.

8.3 Die Gleichverteilung

Ähnliche Beispiele ließen sich in Hülle und Fülle angeben, immer haben wir die folgende Situation:

- Gegeben ist ein Zufallsexperiment, ein Ereignis A ($\hat{=}$ Firma existiert nach zwei Jahren noch) und seine Negation, das komplementäre Ereignis A^c ($\hat{=}$ Firma existiert nach zwei Jahren nicht mehr). Tritt A ein, falls wir das Experiment ausführen, dann setzen wir $x = 1$, tritt A^c ein, dann $x = 0$. x ist dann alternativ, also nach $\mathbf{A}_p$ verteilt. p, die Wahrscheinlichkeit für das Eintreten von A, d.h. für $x = 1$, kennt man i.allg. nicht. Die Schätzung von p aus Beobachtungen ist ein fundamentales Problem der mathematischen Statistik.

Wir erkennen, daß unser ursprüngliches Urnenexperiment nur ein besonders einfaches und anschauliches Modell für eine Unzahl ähnlicher Probleme der Praxis ist.

8.3 Die Gleichverteilung

Wir gehen wieder von einem Urnenexperiment aus. Vorgelegt ist eine Urne mit N Kugeln, die von 1 bis N durchnumeriert sind. Wir ziehen eine Kugel, x ist die Nummer der gezogenen Kugel. Dieses Experiment ist so einfach, daß es schon fast eine Beleidigung darstellt, es extra zu besprechen.
Offenbar ist:

$\Omega_x = \{1, 2, \ldots, N\}$ ... der Wertebereich von x,

$p_i = 1/N$ für alle $i = 1, \ldots, N$ ... die Dichte,

$F_i = i/N$ für alle $i = 1, \ldots, N$ ... die Verteilungsfunktion.

Wir stellen Dichte und Verteilungsfunktion in Abb. 8.3.1 graphisch dar.

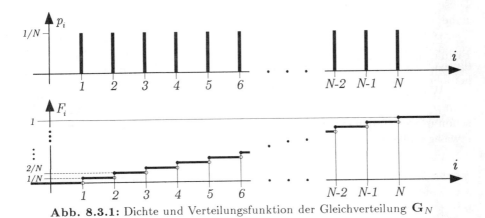

Abb. 8.3.1: Dichte und Verteilungsfunktion der Gleichverteilung $\mathbf{G}_N$

- *Man nennt diese Wahrscheinlichkeitsverteilung die* **Gleichverteilung G_N**, *denn erst durch Angabe des Parameters N ist sie voll bestimmt, und wir sagen: „x ist nach G_N verteilt".*

Diese Verteilung liegt natürlich immer dann vor, wenn man aus einer Grundgesamtheit mit dem Umfang N eine Einheit völlig zufällig zieht. Man braucht sich dazu nur alle Einheiten von 1 bis N durchnumeriert zu denken, und schon ist die gezogene Nummer x nach G_N verteilt.

8.4 Die hypergeometrische Verteilung

Wir nehmen wieder eine Urne mit N Kugeln und numerieren diese von 1 bis N durch. Wir nennen die Nummer, die die einzelne Kugel trägt, x. Zum Unterschied zu den bisherigen Beispielen ziehen wir jetzt nicht eine, sondern n Kugeln aus der Urne heraus, wir sagen: Wir ziehen eine **Zufallsstichprobe** vom Umfang n, und zwar, um jeden Zweifel auszuschließen, wir ziehen die n Kugeln mit einem Griff heraus.

Man sagt auch: Man zieht die Stichprobe **ohne Zurücklegen** der bereits gezogenen Kugeln. Denn eine andere Situation hätten wir, würden wir die Kugeln einzeln nacheinander ziehen, ihre Nummern registrieren und sie dann wieder in die Urne zurücklegen, um nach gründlichem Mischen die nächste Kugel zu ziehen. Dann hätten wir eine Ziehung **mit Zurücklegen**, und diesem Fall wenden wir uns im Abschnitt 8.5 zu.

Natürlich müssen wir die Kugeln nicht wirklich mit einem Griff ziehen, wir dürfen sie ruhig eine nach der anderen herausnehmen, nur zurücklegen dürfen wir die bereits gezogenen Kugeln nicht.

Wir fragen zunächst:

- Wieviele verschiedene Stichproben vom Umfang n gibt es bei einer Grundgesamtheit vom Umfang N?

Wir beschreiben die einzelnen Stichproben durch die Nummern der gezogenen Kugeln. Ziehen wir etwa $n = 3$ Kugeln, dann könnten wir, wenn wir die Kugeln einzeln hintereinander ziehen, die Nummern $3, 7, 12$ in dieser Reihenfolge ziehen. Die gleiche Stichprobe haben wir aber, wenn wir $7, 3, 12$ oder $12, 7, 3$ usw. ziehen, das ist klar.

Wieviele Stichproben vom Umfang $n = 3$ kann man etwa aus $N = 20$ Kugeln ziehen?

Es sind $20 \cdot 19 \cdot 18 / 1 \cdot 2 \cdot 3 = 1140$ verschiedene, das wissen wir aus der Mathematik, denn es sind offenbar ebensoviele, wie man Teilmengen vom Umfang $n = 3$ aus einer Grundmenge vom Umfang $N = 20$ herausgreifen kann, und das geht eben auf $\binom{20}{3} = 20 \cdot 19 \cdot 18 / 1 \cdot 2 \cdot 3$ Arten.

8.4 Die hypergeometrische Verteilung

- Allgemein hat man $\binom{N}{n} = N(N-1)\cdots(N-n+1)/n!$ verschiedene Stichproben vom Umfang n bei einer Grundgesamtheit vom Umfang N.
- Von einer **Zufallsstichprobe** spricht man, wenn alle diese $\binom{N}{n}$ möglichen Stichproben die gleiche Chance, also die Wahrscheinlichkeit $1/\binom{N}{n}$ haben, gezogen zu werden.

Wir kehren zu unserem Experiment zurück und geben den Kugeln noch ein zweites Unterscheidungsmerkmal neben der Nummer x, die sie ja schon tragen, und zwar färben wir die Kugeln mit den Nummern $1, 2, \ldots, A$ rot und die Kugeln mit den Nummern $A+1, A+2, \ldots, N$ schwarz.

Mit z bezeichnen wir schließlich die Anzahl der roten Kugeln in der gezogenen Stichprobe — die Anzahl der schwarzen ist dann automatisch $n - z$. z ist offensichtlich eine Zufallsvariable, die, das kann man zunächst zweifelsfrei sagen, sicher nur die Werte $0, 1, \ldots, n$ annimmt.

Wir stellen uns die Aufgabe, die Dichte der Wahrscheinlichkeitsverteilung von z zu bestimmen, d.h., wir möchten $p_i = P(z = i)$ für $i = 0, 1, \ldots, n$ berechnen.

Nach der allgemeinen Abzählregel muß gelten:

$$p_i = P(z = i) = \frac{\text{Anzahl der Stichproben mit } z = i}{\binom{N}{n}},$$

denn $\binom{N}{n}$ ist die Anzahl aller möglichen Stichproben vom Umfang n.

Aber die Anzahl der Stichproben mit $z = i$ ist leicht bestimmt. Jede derartige Stichprobe mit $z = i$ roten Kugeln enthält offenbar genau i Zahlen aus der Zahlenfolge $1, 2, \ldots, A$, denn dies sind ja die roten Kugeln in der Urne, dafür gibt es $\binom{A}{i}$ Möglichkeiten, und $n - i$ Zahlen aus der Folge $A+1, A+2, \ldots, N$, den Nummern für die schwarzen Kugeln in der Urne, wofür wir genau $\binom{N-A}{n-i}$ Möglichkeiten haben.

Da jede der $\binom{A}{i}$ Teilmengen vom Umfang i mit jeder der $\binom{N-A}{n-i}$ Teilmengen vom Umfang $n - i$ zusammen eine Stichprobe vom Umfang n ergibt, hat man schließlich $\binom{A}{i} \cdot \binom{N-A}{n-i}$ Stichproben mit $z = i$, und wir erhalten für die gesuchte Dichte den Ausdruck:

$$p_i = P(z = i) = \frac{\binom{A}{i}\binom{N-A}{n-i}}{\binom{N}{n}} \quad \ldots i = 0, 1, 2, \ldots, n.$$

Beispiel 8.4.1: In der Urne seien $N = 10$ Kugeln, $A = 4$ seien rot, $N - A = 6$ schwarz. Eine Stichprobe vom Umfang $n = 3$ wird gezogen. Gesucht ist die Dichte der Wahrscheinlichkeitsverteilung von z. Wir erhalten das in Abb. 8.4.1 dargestellte Resultat.

z	p_i
0	$1/6 = 0{,}17$
1	$1/2 = 0{,}50$
2	$3/10 = 0{,}30$
3	$1/30 = 0{,}03$
$\sum$	$1{,}00$

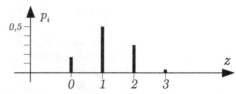

Abb. 8.4.1: Dichte der hypergeometrischen Verteilung $\mathbf{H}_{10,4,3}$

- Man nennt die Wahrscheinlichkeitsverteilung von z die **hypergeometrische Verteilung**.
- Die Verteilung von z hängt offenbar ab von den Parametern:

    N ... dem Umfang der Grundgesamtheit,
    A ... der Anzahl der roten Kugeln in der Grundgesamtheit,
    n ... dem Umfang der gezogenen Stichprobe.

- Die Größen N, A, n sind daher die Parameter der Verteilungsfamilie von z, und man bezeichnet diese Verteilungen mit dem Symbol: $\mathbf{H}_{N,A,n}$.

Die Bedeutung der hypergeometrischen Verteilung für die Praxis liegt auf der Hand: Immer wenn man aus einer Grundgesamtheit vom Umfang N mit A in irgendeiner Weise ausgezeichneten Einheiten eine Zufallsstichprobe vom Umfang n zieht, ist die Anzahl z der ausgezeichneten Einheiten in der Stichprobe nach $\mathbf{H}_{N,A,n}$ verteilt.

Beispiel 8.4.2: Eine Lieferung von $N = 100$ Armbanduhren enthält 5 % Einheiten mit wertmindernden Oberflächenfehlern. Zum Zweck einer statistischen Qualitätskontrolle wird eine Stichprobe von $n = 20$ Uhren gezogen und geprüft. Wie groß ist die Wahrscheinlichkeit, daß die Stichprobe ebenfalls 5 % beschädigte Einheiten enthält?

Wir haben $N = 100$ „Kugeln" in der Urne, davon sind 5 %, d.h. $A = 5$ rot ($\hat{=}$ beschädigt), und wir ziehen $n = 20$ Kugeln. Die Anzahl z der roten Kugeln in der Stichprobe ist daher nach $\mathbf{H}_{100,5,20}$ verteilt. Wir berechnen die Wahrscheinlichkeit $p_1 = P(z = 1)$ und erhalten:

$$p_1 = \frac{\binom{5}{1}\binom{95}{19}}{\binom{100}{20}} = 0{,}4201.$$

8.5 Die Binomial-Verteilung

Wir haben die gleiche Ausgangssituation wie im vorigen Abschnitt 8.4: eine Urne mit N Kugeln, die wir von 1 bis N durchnumerieren. Die Kugeln mit den Nummern 1 bis A sind rot, die restlichen $N - A$ sind schwarz. Wir ziehen auch diesmal n Kugeln aus der Urne, aber wir ziehen sie einzeln hintereinander und legen die gezogenen Kugeln, nachdem wir ihre Nummer x registriert haben, gleich wieder in die Urne zurück. Wir haben also eine Ziehung **mit Zurücklegen**.

Der entscheidende Unterschied zur Ziehung ohne Zurücklegen ist offenbar, daß vor jeder Einzelziehung immer die gleiche Ausgangssituation vorliegt: Wir wiederholen die Ziehung einer Kugel n-mal **unabhängig voneinander**, während bei der Ziehung ohne Zurücklegen nach jeder gezogenen Kugel die Verhältnisse in der Urne verändert wurden und damit die Ausgangssituation der k-ten Ziehung vom Ergebnis der $k-1$ vorangegangenen Ziehungen abhängt.

Wieder stellen wir die Aufgabe, die Wahrscheinlichkeitsverteilung der Anzahl z der roten Kugeln unter den n gezogenen zu bestimmen. Insbesondere die Dichte $p_i = P(z = i)$ interessiert uns.

Eine konkrete Ziehung von n Kugeln beschreiben wir mit der Folge $(x_1, x_2, \ldots, x_n)$ der gezogenen Nummern in der Reihenfolge, in der sie gezogen werden.

Da wir nach jeder Ziehung die gezogene Kugel zurücklegen, kann jedes x_i die Werte 1 bis N annehmen, was ersichtlich beim Ziehen ohne Zurücklegen unmöglich ist. Es gibt somit N^n verschiedene Ziehungen, und alle sind aus Symmetriegründen gleichwahrscheinlich.

Wann enthält nun eine solche Ziehung $(x_1, \ldots, x_n)$ genau $z = i$ rote Kugeln?

Genau dann, wenn $z = i$ der Zahlen $(x_1, \ldots, x_n)$ Werte aus der Folge $1, \ldots, A$ haben und die restlichen $n - i$ der Zahlen $(x_1, \ldots, x_n)$ Werte aus der Folge $A + 1, \ldots, N$ annehmen. Wieviele derartige Folgen $(x_1, \ldots, x_n)$ gibt es?

Man überlegt so: Die allgemeine Folge $(x_1, \ldots, x_n)$ der beschriebenen Art erhält man, indem man zunächst von den n Stellen $(x_1, \ldots, x_n)$ i herausgreift, dafür gibt es $\binom{n}{i}$ Möglichkeiten. Auf jede dieser i Stellen setzt man dann eine Zahl x zwischen 1 und A und auf die verbliebenen $n-i$ Stellen eine Zahl zwischen $A + 1$ und N. Das ergibt offenbar insgesamt $\binom{n}{i} \cdot A^i \cdot (N - A)^{n-i}$ verschiedene Folgen $(x_1, \ldots, x_n)$ mit i roten Kugeln, d.h. Zahlen x_j zwischen 1 und A.

Die gesuchte Dichte folgt nunmehr sofort aus der allgemeinen Abzählregel:

$$p_i = P(z = i) = \frac{\binom{n}{i} A^i (N - A)^{n-i}}{N^n} \quad \text{für } i = 0, 1, \ldots, n.$$

Diese Formel wird noch etwas einfacher, wenn man die relative Häufigkeit der roten Kugeln in der Grundgesamtheit, also A/N, als neuen Parameter einführt. Wir setzen $A/N = p$ und erhalten:

$$p_i = P(z = i) = \binom{n}{i} p^i (1-p)^{n-i} \quad \text{für } i = 0, 1, \ldots, n. \tag{8.5.1}$$

Beispiel 8.5.1: So wie beim Beispiel 8.4.1 sei $p = A/N = 4/10$ und $n = 3$. Es ergibt sich die in Abb. 8.5.1 dargestellte Dichte.

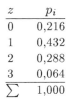
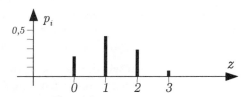

Abb. 8.5.1: Dichte der Binomial-Verteilung $\mathbf{B}_{3;0,4}$.

- Man nennt die Verteilung von z die **Binomial-Verteilung** deshalb, weil der Ausdruck für die Dichte p_i der allgemeine Summand in der Entwicklung von $(p + (1-p))^n$ nach dem binomischen Lehrsatz ist.
- Die Dichte p_i dieser Verteilung hängt nur von den Parametern n, dem Stichprobenumfang, und $p = A/N$, dem Anteil der roten Kugeln in der Grundgesamtheit, ab. Man benützt für diese Verteilung das Symbol $\mathbf{B}_{n,p}$

Welche praktische Bedeutung kommt der Familie der Binomial-Verteilungen $\mathbf{B}_{n,p}$ zu?

Zunächst erscheint ja das Urnenexperiment, mit dessen Hilfe wir die Verteilungen $\mathbf{B}_{n,p}$ hergeleitet haben, reichlich künstlich, so daß man Zweifel haben könnte, ob diese Verteilungsfamilie in der Praxis häufig auftritt.

Doch wir wollen uns die Sache einmal näher ansehen. Was haben wir getan? Wir haben n-mal aus einer Urne mit A roten und $N-A$ schwarzen Kugeln genau eine Kugel gezogen, denn durch das Zurücklegen der jeweils gezogenen Kugeln haben wir nach jeder Einzelziehung den Ausgangszustand wieder hergestellt. Ebensogut hätten wir uns n verschiedene Urnen mit je A roten und $N-A$ schwarzen Kugeln anfertigen können, um aus jeder dieser n Urnen eine Kugel zu ziehen.

8.5 Die Binomial-Verteilung

Unser Experiment besteht somit aus dem n-maligen Wiederholen eines ganz einfachen Urnenexperiments, nämlich des Ziehens genau einer Kugel aus einer Urne mit A roten und $N - A$ schwarzen Kugeln, wobei diese n Einzelexperimente einander in keiner Weise beeinflussen sollen — wir erreichen das, so gut es eben geht, durch gründliches Mischen nach jedem Zurücklegen —, man sagt, die Einzelexperimente sind **unabhängig** voneinander. Die Wahrscheinlichkeit, eine rote Kugel zu ziehen, ist bei jedem der n Einzelexperimente natürlich $A/N = p$.

In der Tat, dieses Experiment haben wir ja im Abschnitt 8.2 besprochen. Dort haben wir auch gesehen, daß das Ziehen einer Kugel aus einer Urne mit Kugeln zweier verschiedener Sorten durch ein beliebiges Zufallsexperiment mit zwei alternativen Versuchsausgängen, die wir mit 0 und 1 verschlüsseln können, ersetzt werden kann. Hinsichtlich der Zufälligkeit der Versuchsausgänge sind beide Experimente völlig gleich, ja ununterscheidbar, wenn nur gesichert ist, daß die Wahrscheinlichkeit für den Versuchsausgang 1 beim allgemeinen Zufallsexperiment und für das Ziehen einer roten Kugel beim Urnenexperiment die gleiche, nämlich p ist.

Damit wird aber folgendes klar:

- Wiederholen wir ein beliebiges Zufallsexperiment mit zwei alternativen Versuchsausgängen $x = 0$ und $x = 1$ n-mal — natürlich nehmen wir an, daß die einzelnen Wiederholungen einander nicht beeinflussen, also unabhängig sind —, und tritt bei diesen n Wiederholungen z-mal $x = 1$ als Versuchsergebnis auf, dann ist z binomial verteilt.

- Genauer besitzt z die Wahrscheinlichkeitsverteilung $\mathbf{B}_{n,p}$, wenn beim Einzelexperiment $x = 1$ mit Wahrscheinlichkeit p auftritt (x hat offenbar die Alternativverteilung $\mathbf{A}_p$).

Beispiel 8.5.2: Wir werfen einen Würfel 10mal.

A. z sei die Anzahl der geworfenen Sechser. Wie ist z verteilt?

Antwort: Beim Einzelexperiment eine 6 zu werfen, hat die Wahrscheinlichkeit $p = 1/6$. Also ist z nach $\mathbf{B}_{10;1/6}$ verteilt. Wollen wir etwa wissen, wie groß die Wahrscheinlichkeit ist, $z = 3$mal eine 6 zu werfen, dann haben wir sofort:

$$P(z=3) = \binom{10}{3} \cdot \left(\frac{1}{6}\right)^3 \left(1 - \frac{1}{6}\right)^7 = 0{,}155.$$

B. z sei die Anzahl der geworfenen ungeraden Zahlen. Wie ist z verteilt?

Antwort: Beim Einzelexperiment eine ungerade Zahl zu werfen, hat die Wahrscheinlichkeit $p = 1/2$. Also ist z nach $\mathbf{B}_{10;0,5}$ verteilt. Die Wahrscheinlichkeit, etwa 3mal eine ungerade Zahl zu werfen, ist somit:

$$P(z=3) = \binom{10}{3} \cdot 0{,}5^3 \cdot (1 - 0{,}5)^7 = \binom{10}{3} \cdot 0{,}5^{10} = 0{,}117.$$

Beispiel 8.5.3: Ein Student möchte die Abschlußklausur aus Statistik ohne jedes Lernen bestehen. Er rechnet sich eine Chance von mindestens 0,1 aus, bei einer konkreten Prüfung durchzukommen. Welche Chance hat er, die Prüfung zu bestehen, wenn er 5mal antreten darf?

Antwort: Angenommen die Wahrscheinlichkeit, eine konkrete Einzelprüfung zu bestehen, ist p. Dann ist die Anzahl z der bestandenen Einzelprüfungen bei 5maligem Wiederholen nach $\mathbf{B}_{5,p}$ verteilt, soferne man wirklich Unabhängigkeit der einzelnen Prüfungen unterstellen kann, was sicher hier problematisch ist. Die Prüfung ist insgesamt bestanden, falls $z > 0$ ist. Es gilt also:

$$P(\text{Prüfung bestanden}) = P(z > 0) =$$
$$= 1 - P(z = 0) = 1 - \binom{5}{0} p^0 (1-p)^5 = 1 - (1-p)^5.$$

Dieser Wert wächst offensichtlich mit wachsendem p. Ist also $p = 0{,}1$, dann ist $P(z > 0) = 1 - 0{,}9^5 = 0{,}41$, das ist ersichtlich weniger als $5p = 0{,}5$.

Tritt man also 5mal an, dann hat man nicht die 5fache Chance durchzukommen! Das ist schmerzlich, insbesondere, da dieses Gesetz auch in anderen Lebenslagen gilt, so etwa, wenn man 5mal heiratet oder in anderer Hinsicht 5mal mit dem Kopf durch die Wand rennen möchte.

Die Binomialverteilung liefert ersichtlich für manche lebenswichtige Fragen wichtige Hinweise!

8.6 Die Poisson-Verteilung

Es gibt kein Urnenexperiment, das, ähnlich wie bei der Herleitung der hypergeometrischen oder der Binomial-Verteilung, auf die Poisson-Verteilung führt.

Die Poisson-Verteilung ergibt sich als Grenzfall der Binomial-Verteilung $\mathbf{B}_{n,p}$, wenn n groß und p sehr klein wird. Solche Fälle sind in den Anwendungen häufig.

Beispiel 8.6.1: Die Wahrscheinlichkeit, daß eine Hochleistungssekretärin einen falschen Buchstaben tippt, ist etwa $p = 0{,}0005$. Wie ist die Anzahl z der Tippfehler in einem 5seitigen Manuskript mit 2000 Zeichen je Seite verteilt? Unabhängigkeit der Tippfehler vorausgesetzt — eine sicher nicht unproblematische Annahme —, ist z nach $\mathbf{B}_{10.000;0{,}0005}$ verteilt.

Will man z.B. die Wahrscheinlichkeit für vier Tippfehler wissen, dann hätte man $\binom{10.000}{4} 0{,}0005^4 \cdot 0{,}9995^{9996}$ zu berechnen.

8.6 Die Poisson-Verteilung

Die direkte Rechnung mit einem Taschenrechner ergibt wegen der auftretenden Rundungsfehler Hausnummern. Tatsächlich ist die Wahrscheinlichkeit aber rund 0,18, und die Wahrscheinlichkeit, daß das Manuskript fehlerfrei ausfällt, ist 0,0067, also recht gering.

Wie findet man diese Werte?

Antwort: Mit der Poisson-Verteilung

Jetzt sind wir neugierig — und alle Hochleistungssekretärinnen mit uns!

Betrachten wir einmal den Ausdruck $\binom{n}{i}p^i(1-p)^{n-i}$ für die Dichte der Binomial-Verteilung $\mathbf{B}_{n,p}$ etwas näher, und setzen wir zur Abkürzung $np = \mu$. Wir erhalten dann, Schritt für Schritt umformend:

$$\binom{n}{i}p^i(1-p)^{n-i} = \frac{n(n-1)\cdots(n-(i-1))}{i!} \cdot p^i(1-p)^{n-i} =$$

$$= \frac{1}{i!} \cdot [np(np-p)(np-2p)\cdots(np-(i-1)p)] \cdot (1-p)^n/(1-p)^i =$$

$$= \frac{1}{i!} \cdot [\mu(\mu-p)(\mu-2p)\cdots(\mu-(i-1)p)] \cdot (1-\frac{\mu}{n})^n/(1-p)^i.$$

Lassen wir jetzt n gegen unendlich und p gegen null gehen, und zwar so aufeinander abgestimmt, daß das Produkt np stets konstant gleich μ ist, dann haben wir folgende Konvergenzen:

$$\mu(\mu-p)(\mu-2p)\cdots(\mu-(i-1)p) \to \mu^i$$
$$(1-\frac{\mu}{n})^n \to e^{-\mu}$$
$$(1-p)^i \to 1$$

Zu dem mittleren der drei Ausdrücke sei in Erinnerung gerufen, daß für $n \to \infty$ stets gilt: $(1 + z/n)^n \to e^z$ für beliebiges z. Das zeigt man in der Mathematik, man kann sich aber mit dem Taschenrechner etwa für $z = 2$ oder $z = 3$ sehr schnell von der Richtigkeit dieser Formel überzeugen.

e ist natürlich die **Eulersche Zahl**; es ist: $e = 2,7182818\ldots$

Damit haben wir den geforderten Grenzübergang geleistet. Es ergibt sich das folgende Resultat:

- Strebt $n \to \infty$ und $p \to 0$, aber so, daß stets $np = \mu = $ konstant ist, dann gilt für die Dichte der Binomial-Verteilung $\mathbf{B}_{n,p}$ die Konvergenz:

$$\binom{n}{i}p^i(1-p)^{n-i} \to \frac{\mu^i}{i!}e^{-\mu} \quad \text{für } i = 0, 1, 2, \ldots$$

Wie wendet man dieses Ergebnis an?

Beispiel 8.6.2: Im Beispiel 8.6.1 war $\binom{n}{i}p^i(1-p)^{n-i}$ für $n = 10.000$ und $p = 0,0005$ zu berechnen, und zwar für $i = 4$ und für $i = 0$. Es ist hier $np = 5 = \mu$, n ist sehr groß, p sehr klein, also wird man keine Bedenken haben, den Grenzwert $(\mu^i/i!) \cdot e^{-\mu}$ näherungsweise der Dichte $\binom{n}{i}p^i(1-p)^{n-i}$ gleich zu setzen.
Es ergibt sich:

$$\binom{10.000}{4} \cdot 0,0005^4 \cdot 0,9995^{9996} \approx \frac{5^4}{4!} \cdot e^{-5} = 0,1755,$$

$$\binom{10.000}{0} \cdot 0,0005^0 \cdot 0,9995^{10.000} \approx \frac{5^0}{0!} \cdot e^{-5} = 0,0067,$$

und das sind genau die oben bereits angegebenen Werte, die sich jetzt leicht mit einem Taschenrechner ausrechnen lassen.

Es erweist sich somit als zweckmäßig, eine neue Familie von Wahrscheinlichkeitsverteilungen einzuführen. Wir geben die Definition:

- *Die diskrete Wahrscheinlichkeitsverteilung mit der Dichte*

$$p_i = \frac{\mu^i}{i!}e^{-\mu} \quad i = 0, 1, 2, \ldots, \infty$$

heißt **Poisson-Verteilung** *mit dem Parameter μ. Der Parameter μ kann alle Werte ≥ 0 annehmen. Wir bezeichnen diese Verteilungen mit dem Symbol* $\mathbf{P}_\mu$.

Beispiel 8.6.3: Wir berechnen die Dichte p_i der Verteilung $\mathbf{P}_5$, also $p_i = (5^i/i!) \cdot e^{-5}$, und die zugehörige Verteilungsfunktion F_i und stellen beide Funktionen graphisch dar:

x	p_i	F_i
0	0,0067	0,0067
1	0,0337	0,0404
2	0,0842	0,1246
3	0,1404	0,2650
4	0,1755	0,4405
5	0,1755	0,6160
6	0,1462	0,7622
7	0,1044	0,8666
8	0,0653	0,9319
9	0,0363	0,9682
10	0,0181	0,9863
11	0,0082	0,9945
12	0,0034	0,9979
13	0,0013	0,9992
14	0,0005	0,9997
15	0,0002	0,9999
⋮	⋮	⋮

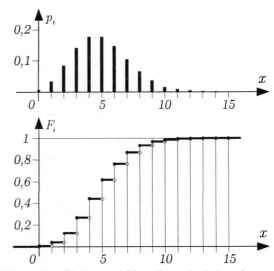

Abb. 8.6.1: Dichte und Verteilungsfunktion der Poisson-Verteilung $\mathbf{P}_5$.

8.7 Approximationsregeln

Wir haben im vorigen Abschnitt gesehen, daß man die Binomial-Verteilung unter gewissen Voraussetzungen durch die Poisson-Verteilung gut annähern kann. Diese Tatsache hat sich als nützlich für die praktische Berechnung konkreter Wahrscheinlichkeiten erwiesen. Sie ist aber auch wichtig für die Tabellierung der Verteilungen.

Will man die Dichten p_i der Binomial-Verteilungen $\mathbf{B}_{n,p}$ tabellieren, dann hat man drei Tafeleingänge, nämlich die beiden Parameter n und p und den Wert i, der dann von 0 bis n läuft. Das ergibt ein sehr umfangreiches Tabellenwerk.

Noch schlimmer ist es bei der Familie der hypergeometrischen Verteilungen $\mathbf{H}_{N,A,n}$. Hier hat man sogar vier Tafeleingänge, die drei Parameter N, A, n und die laufende Variable i.

Im Vergleich dazu ist die Familie der Poisson-Verteilungen $\mathbf{P}_\mu$ mit nur einem Parameter μ und der Variablen i wesentlich sympathischer. Eine bereits recht ausführliche Tabelle der Poisson-Verteilungen umfaßt ein paar Seiten, eine ebenso ausführliche Tabelle der Binomial- oder gar der hypergeometrischen Verteilungen hingegen ist ein dickes Buch.

Umso angenehmer ist es, daß unter Voraussetzungen, die in der Praxis sehr oft erfüllt sind, beide Verteilungsfamilien, die Binomial- ebenso wie die hypergeometrischen Verteilungen, durch die Familie der Poisson-Verteilungen mit vollkommen ausreichender Genauigkeit ersetzt werden können. Im einzelnen gelten folgende

Approximationsregeln:

1. $\mathbf{B}_{n,p} \approx \mathbf{P}_\mu$ mit $\mu = np$, falls $p \leq 0,1$ ist.
2. $\mathbf{H}_{N,A,n} \approx \mathbf{B}_{n,p}$ mit $p = A/N$, falls $n \leq N/10$ ist.
3. $\mathbf{H}_{N,A,n} \approx \mathbf{P}_\mu$ mit $\mu = n \cdot A/N$, falls $n \leq N/10$ und $A/N \leq 0,1$ ist.

Beispiel 8.7.1: Ad 1: Die Binomial-Verteilung $\mathbf{B}_{100;0,03}$ kann durch die Poisson-Verteilung $\mathbf{P}_\mu$ mit $\mu = 100 \cdot 0,03 = 3$, also durch die $\mathbf{P}_3$ ersetzt werden.

Ebenso ist $\mathbf{B}_{200;0,025}$ praktisch identisch mit der Poisson-Verteilung $\mathbf{P}_{200 \cdot 0,025} = \mathbf{P}_5$.

Hingegen kann die Verteilung $\mathbf{B}_{100;0,2}$ wegen $p = 0,2 > 0,1$ nicht mehr hinlänglich genau durch eine Poisson-Verteilung approximiert werden.

Ad 2: Die hypergeometrische Verteilung $\mathbf{H}_{100,20,5}$ kann durch die Binomial-Verteilung $\mathbf{B}_{5,p}$ mit $p = 20/100 = 0,2$, also die Verteilung $\mathbf{B}_{5;0,2}$ ersetzt werden.

Ebenso gilt die Approximation $\mathbf{H}_{200,60,15} \approx \mathbf{B}_{15;60/200} = \mathbf{B}_{15;0,3}$, denn in beiden Fällen ist $n < N/10$.

Nicht durch eine Binomial-Verteilung approximierbar ist hingegen die hypergeometrische Verteilung $\mathbf{H}_{200,60,40}$, denn hier ist $n = 40 > 20 = N/10$.

Ad 3: Bei der hypergeometrischen Verteilung $\mathbf{H}_{200,10,15}$ ist sowohl $n = 15 < N/10 = 20$ als auch $A/N = 0{,}05 < 0{,}10$. Somit kann mit der Poisson-Verteilung $\mathbf{P}_\mu$ mit $\mu = n \cdot A/N = 15 \cdot 0{,}05 = 0{,}75$, also mit der Verteilung $\mathbf{P}_{0,75}$ approximiert werden.

Die unter Punkt 2 besprochenen Verteilungen $\mathbf{H}_{100,20,5}$ und $\mathbf{H}_{200,60,15}$ erfüllen zwar die Bedingung $n \leq N/10$, nicht aber die Forderung $A/N \leq 0{,}1$, also sind sie nicht mit der Poisson-Verteilung approximierbar.

Als praktische Anwendung dieser Approximationsregeln behandeln wir ein Beispiel aus der Statistischen Qualitätskontrolle.

Beispiel 8.7.2: Eine Lieferung von $N = 5000$ Mikroprozessoren eines gewissen Typs enthält 1 % fehlerhafte Einheiten. Zum Zweck einer statistischen Qualitätskontrolle werden $n = 200$ Einheiten entnommen und geprüft. Wie groß ist die Wahrscheinlichkeit, daß

  a. mehr als 2 %,
  b. weniger als 0,5 %

fehlerhafte Einheiten in der Stichprobe gefunden werden?

Die Anzahl z der fehlerhaften Einheiten ist offenbar hypergeometrisch verteilt nach $\mathbf{H}_{N,A,n} = \mathbf{H}_{5000,50,200}$, denn die Lieferung enthält ja 1 % Ausschuß, also $A = 50$ fehlerhafte Einheiten. Diese Verteilung kann nach unseren Regeln durch die Poisson-Verteilung $\mathbf{P}_\mu$ mit $\mu = n \cdot A/N = 200 \cdot 0{,}01 = 2$ ersetzt werden.

Wir haben die Wahrscheinlichkeiten $\mathbf{P}_2(x > 4)$ und $\mathbf{P}_2(x < 1)$ zu bestimmen, denn 2 % von $n = 200$ sind 4 und 0,5 % von $n = 200$ ist 1.

Aus einer Tabelle der Poisson-Verteilung lesen wir ab (siehe Tabelle 5 im Anhang):

  a. $\mathbf{P}_2(z > 4) = 1 - \mathbf{P}_2(z \leq 4) = 1 - 0{,}9473 = 0{,}0527$,
  b. $\mathbf{P}_2(z < 1) = \mathbf{P}_2(z = 0) = 0{,}1353$.

In der Statistischen Qualitätskontrolle ist der obige Approximationsfall die Regel, denn erstens ist die gezogene Stichprobe praktisch immer kleiner als 10 % des Losumfanges, also $n < N/10$, und zweitens enthalten Warenlieferungen so gut wie nie mehr als 10 % Ausschuß, d.h., $A/N < 0{,}1$ ist die Regel. Aus diesem Grund ist es möglich, relativ handliche Tabellen mit statistischen Prüfplänen für die Wareneingangskontrolle zu erstellen.

9 Stetige Wahrscheinlichkeitsverteilungen

Wir führen zunächst die Begriffe Dichte und Verteilungsfunktion für stetige Wahrscheinlichkeitsverteilungen ein und besprechen dann die für die Anwendungen wichtigsten stetigen Verteilungsfamilien.

9.1 Dichte und Verteilungsfunktion

Wir betrachten Zufallsexperimente mit eindimensionalem, stetigem Ausgang x. Ein typisches Beispiel wäre etwa ein Fertigungsprozeß, wo x eine wesentliche Längenabmessung des gefertigten Werkstückes bezeichnet. Die Zufallsgröße x kann im Prinzip beliebige Werte innerhalb eines gewissen Variationsbereiches annehmen. Obwohl wir bei der Messung x immer nur als ganzzahliges Vielfaches einer durch die Meßgenauigkeit bedingten Einheit angeben und die an sich stetige Variable x damit diskretisieren, benützen wir dennoch in der Praxis stetige Wahrscheinlichkeitsverteilungen, weil diese wesentlich handlicher sind als diskrete Verteilungen mit sehr vielen verschiedenen Ausprägungen. Als einheitlichen Wertebereich für stetige Variable x wählen wir $\Omega_x = \mathbf{R}$.

Die Verteilungsfunktion

Das für die Anwendungen wichtigste Hilfsmittel zur Beschreibung stetiger Wahrscheinlichkeitsverteilungen ist die Verteilungsfunktion. Ihre Definition ist die gleiche wie bei diskreten Verteilungen:

- Man nennt die Funktion $a \to F(a) = P(x \leq a)$ die **Verteilungsfunktion** der Wahrscheinlichkeitsverteilung von x.

$F(a)$ gibt die Wahrscheinlichkeit an, einen x-Wert $\leq a$ zu beobachten. Abbildung 9.1.1 zeigt den typischen Verlauf einer Verteilungsfunktion für stetige Verteilungen.

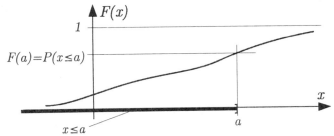

Abb. 9.1.1: Typischer Verlauf einer stetigen Verteilungsfunktion

Eigenschaften der Verteilungsfunktion

Unmittelbar aus der Definition folgt:

1. $0 \leq F(x) \leq 1$,
2. $F(x)$ ist monoton wachsend: aus $x_1 \leq x_2$ folgt $F(x_1) \leq F(x_2)$,
3. $\lim_{x \to -\infty} F(x) = 0$, $\quad \lim_{x \to +\infty} F(x) = 1$.

Nicht so selbstverständlich, aber in den Anwendungen immer gegeben, ist die Eigenschaft:

4. $F(x)$ ist stetig und mit der möglichen Ausnahme einzelner Punkte stetig differenzierbar.

Kennt man die Verteilungsfunktion, dann kann man die Wahrscheinlichkeiten von Intervallereignissen $\{a \underset{(=)}{<} x \underset{(=)}{<} b\}$ sofort berechnen, wobei es bei stetigen Verteilungen, anders als bei diskreten, gleichgültig ist, ob man die Intervallenden a, b dazurechnet oder nicht, denn die Wahrscheinlichkeit einzelner Punkte $x = a$ oder $x = b$ ist bei stetigen Verteilungen immer null. Es gilt zunächst:

$$\{x \leq a\} \cup \{a < x \leq b\} = \{x \leq b\},$$

daher weiter:

$$P(x \leq a) + P(a < x \leq b) = P(x \leq b),$$

und somit schließlich:

$$P(a < x \leq b) = P(x \leq b) - P(x \leq a) = F(b) - F(a),$$

eine Formel, die wir auch bei diskreten Verteilungen schon gefunden hatten. Sie gilt aber hier für alle vier Intervalltypen:

$$P(a \underset{(=)}{<} x \underset{(=)}{<} b) = F(b) - F(a)$$

Die Dichte

- Die Ableitung der Verteilungsfunktion: $f(x) = F'(x)$ nennt man die **Dichte** der Verteilung von x.

Umgekehrt gilt die Beziehung:

$$F(a) = \int_{-\infty}^{a} f(x)dx$$

9.1 Dichte und Verteilungsfunktion

und insbesondere:
$$\int_a^b f(x)dx = F(b) - F(a) = P(a \underset{(=)}{<} x \underset{(=)}{<} b).$$
Abbildung 9.1.2 veranschaulicht diese Zusammenhänge.

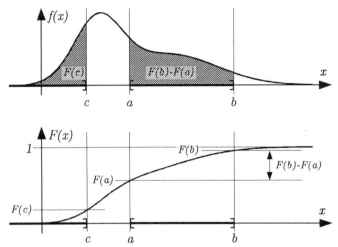

Abb. 9.1.2: Zusammenhang zwischen Dichte und Verteilungsfunktion einer stetigen Verteilung.

Es ist natürlich ungleich einfacher, die Wahrscheinlichkeit $P(a \underset{(=)}{<} x \underset{(=)}{<} b)$ durch die Differenz $F(b) - F(a)$ als durch das Integral $\int_a^b f(x)dx$ auszurechnen. Deshalb tabelliert man bei stetigen Verteilungen praktisch nur die Verteilungsfunktionen.

Andererseits sind die Formeln für die Dichten bei den praktisch wichtigen konkreten Wahrscheinlichkeitsverteilungen einfacher gebaut als die Ausdrücke für die entsprechenden Verteilungsfunktionen, die oft nur durch Integrale oder Reihen dargestellt werden können. Man definiert daher konkrete stetige Verteilungen in der Regel durch Angabe ihrer Dichten.

Eigenschaften der Dichte

Offenbar gilt für die Dichte $f(x)$ einer stetigen Verteilung stets:

1. $f(x) \geq 0$,
2. $\int_{-\infty}^{\infty} f(x)dx = 1$.

Darüber hinaus sind die Dichten bei den in der Praxis auftretenden Verteilungen stetig oder wenigstens stückweise stetig.

Geographisches Institut
der Universität Kiel

Auf die Frage, ob es zu jeder vorgegebenen Funktion $f(x) \geq 0$, die der Normierungsbedingung $\int_{-\infty}^{\infty} f(x)dx = 1$ genügt, ein Zufallsexperiment gibt, dessen Ausgang x mit der Dichte $f(x)$ verteilt ist, und wie man so ein Experiment simulieren kann, gehen wir nicht näher ein. Soviel sei aber gesagt: Es gibt in der Tat zu jeder derartigen Funktion $f(x)$ ein passendes Zufallsexperiment. Präziser gesagt:

- Jede stückweise stetige Funktion $f(x) \geq 0$, die der Normierungsbedingung $\int_{-\infty}^{\infty} f(x)dx = 1$ genügt, ist Dichte einer stetigen Wahrscheinlichkeitsverteilung.

9.2 Die stetige Gleichverteilung

Wir betrachten die Funktion

$$f(x) = \begin{cases} 1/(B-A) \ldots & \text{für } x \in [A, B], \\ 0 & \ldots \text{ sonst.} \end{cases}$$

Sie ist in Abb. 9.2.1 dargestellt. Da sie offensichtlich die Bedingungen $f(x) \geq 0$ und $\int_{-\infty}^{\infty} f(x)dx = 1$ erfüllt und stückweise stetig ist, ist sie die Dichte einer stetigen Wahrscheinlichkeitsverteilung.

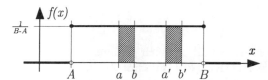

Abb. 9.2.1: Dichte der Gleichverteilung $\mathbf{G}_{[A,B]}$

Wählen wir zwei gleich lange Teilintervalle $[a, b]$ und $[a', b']$ innerhalb von $[A, B]$, d.h., $b - a = b' - a' = l$, dann sind die in Abb. 9.2.1 schraffierten Flächen ebenfalls gleich, und es gilt:

$$P(a < x \leq b) = P(a' < x \leq b') = l \cdot \frac{1}{B-A}.$$

Man sagt daher:

- Die Wahrscheinlichkeitsverteilung mit der obigen Dichte $f(x)$ heißt die **Gleichverteilung** auf dem Intervall $[A, B]$. Ihr Symbol ist $\mathbf{G}_{[A,B]}$.

Die Intervallenden A und B sind die Parameter der Familie der Gleichverteilungen $\mathbf{G}_{[A,B]}$.

Ein einfaches Zufallsexperiment, das auf diese Verteilung führt, ist das Roulett, wo der Umfang des Rades aber nicht wie üblich diskret von 0 bis 36, sondern wie in Abb. 9.2.2 angedeutet, stetig von A bis B geteilt ist.

9.2 Die stetige Gleichverteilung

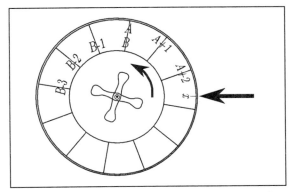

Abb. 9.2.2: Roulett-Rad mit stetiger Teilung von A bis B

Auf dem Tisch befindet sich ein Pfeil, und der Wert x, auf den der Pfeil bei Stillstand des Rades zeigt, ist der Ausgang des Experimentes.

Es ist klar, daß die Wahrscheinlichkeiten $P(a < x \leq b)$ und $P(a' < x \leq b')$ für gleich lange Intervalle $[a,b]$ und $[a',b']$ gleich sind. Die Dichte $f(x)$ der Verteilung von x muß daher in $[A,B]$ konstant und aus Normierungsgründen gleich $1/(B-A)$ sein: x ist also wirklich auf $[A,B]$ gleichverteilt.

Diesem Experiment kommt freilich nur prinzipielle Bedeutung zu — für die praktische Erzeugung von auf $[A,B]$ gleichverteilten Zufallszahlen ist es ungeeignet, denn erstens ist der apparative Aufwand zu groß, und zweitens ist die Ablesegenauigkeit für den Ausgang x viel zu gering.

Wesentlich einfacher und zugleich genauer ist es, aus einer Urne mit zehn von 0 bis 9 numerierten Kugeln k-mal mit Zurücklegen eine Kugel zu ziehen — das Ergebnis der j-ten Ziehung sei y_j und das Gesamtergebnis aller Ziehungen die ganze Zahl $y = y_1 y_2 \ldots y_k$.

Setzt man jetzt

$$x = A + (B-A) \cdot \frac{y}{10^k},$$

dann ist x zwar streng genommen eine diskrete Zufallsgröße und auf dem Raster der 10^k Teilungspunkte des Intervalls $[A,B]$ gleichverteilt, für praktische Zwecke, wo man ja grundsätzlich alles nur auf endlich viele Dezimalen angeben kann, ist aber x auf $[A,B]$ gleichverteilt. Mit der Wahl von k hat man die Güte der Approximation in der Hand.

Die Verteilungsfunktion $F(x)$ der Gleichverteilung $\mathbf{G}_{[A,B]}$ hat den folgenden Verlauf:

$$F(x) = \begin{cases} 0 & \ldots \text{ für } x < A, \\ \frac{x-A}{B-A} & \ldots \text{ für } A \leq x \leq B, \\ 1 & \ldots \text{ für } B < x, \end{cases}$$

Sie ist zusammen mit der Dichte in Abb. 9.2.3 dargestellt.

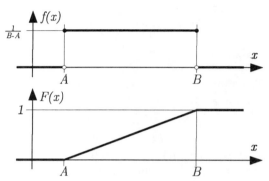

Abb. 9.2.3: Dichte f und Verteilungsfunktion F der Gleichverteilung $\mathbf{G}_{[A,B]}$.

Eine nützliche Schreibweise

Wir haben bereits eine ganze Reihe spezieller Wahrscheinlichkeitsverteilungen kennengelernt, und es erweist sich als notwendig, namentlich wenn im Rahmen einer Betrachtung mehrere verschiedene Verteilungen auftreten, eine Schreibweise für die Dichten und Verteilungsfunktionen einzuführen, die sofort erkennen läßt, um welche Verteilung es sich handelt. Wir schreiben daher in Zukunft nicht einfach p_i und F_i für Dichte bzw. Verteilungsfunktion einer diskreten Verteilung $\mathbf{P}$, sondern

- $p(i|\mathbf{P})$ ... für die Dichte der diskreten Verteilung $\mathbf{P}$ und
- $F(i|\mathbf{P})$ ... für ihre Verteilungsfunktion.

So ist dann etwa:

$$p(i|\mathbf{B}_{n,p}) = \binom{n}{i} p^i (1-p)^{n-i} \quad \text{und}$$

$$F(i|\mathbf{B}_{n,p}) = \sum_{j=0}^{i} \binom{n}{j} p^j (1-p)^{n-j}.$$

Analog schreiben wir:

$f(x|\mathbf{P})$ ... für die Dichte der stetigen Verteilung $\mathbf{P}$ und
$F(x|\mathbf{P})$ ... für ihre Verteilungsfunktion,

also etwa:

$$f(x|\mathbf{G}_{[A,B]}) = \begin{cases} 1/(B-A) & \text{... für } x \in [A,B], \\ 0 & \text{... sonst,} \end{cases}$$

$$F(x|\mathbf{G}_{[A,B]}) = \begin{cases} 0 & \text{... für } x < A, \\ (x-A)/(B-A) & \text{... für } A \leq x \leq B, \\ 1 & \text{... für } x > B. \end{cases}$$

Diese Schreibweise ist wesentlich besser als die häufig benützte: $f(x|A,B)$, $F(x|A,B)$, wo nur die freien Parameter angegeben sind, denn man erkennt an letzterer nicht, um welche Verteilung es sich handelt. Wir werden daher im weiteren konsequent von der oben eingeführten Notation Gebrauch machen.

9.3 Die Normalverteilung

Wir besprechen in diesem Abschnitt die mit Abstand wichtigste Verteilungsfamilie, die Familie der Normal- oder Gaußverteilungen, die, wie ihr Name andeutet, einerseits geradezu den Normalfall der Verteilung einer stetigen Zufallsgröße darstellt und andererseits bereits von C. F. Gauß (1777–1855) bei der Ausgleichung der Fehler astronomischer Messungen systematisch angewendet wurde.

Wenn die Normalverteilung auch nicht so weitgehend den Regelfall einer stetigen Verteilung darstellt, wie dies früher angenommen wurde, so ist sie doch ohne Frage die wichtigste Verteilung für die mathematische Statistik. Wir führen sie ein durch Angabe ihrer Dichte, die von zwei Parametern abhängt, die man üblicherweise mit den Buchstaben μ und σ bezeichnet. Mit der Bedeutung dieser Parameter werden wir uns noch eingehend auseinanderzusetzen haben. Die Verteilung selbst bezeichnet man mit dem Symbol $\mathbf{N}(\mu, \sigma^2)$.

- *Die Dichte der Normalverteilung* $\mathbf{N}(\mu, \sigma^2)$ *ist gegeben durch den Ausdruck:*

$$f(x|\mathbf{N}(\mu,\sigma^2)) = \frac{1}{\sqrt{2\pi} \cdot \sigma} \cdot e^{-(x-\mu)^2/2\sigma^2}$$

Dabei ist μ eine beliebige reelle Zahl: $\mu \in (-\infty, \infty)$ und σ positiv: $\sigma > 0$.

Aus der Formel für $f(x|\mathbf{N}(\mu,\sigma^2))$ liest man zunächst ab (siehe auch Abb. 9.3.1):

- $f(x|\mathbf{N}(\mu,\sigma^2))$ ist symmetrisch um den Punkt $x = \mu$:

$$f(\mu + z|\mathbf{N}(\mu,\sigma^2)) = f(\mu - z|\mathbf{N}(\mu,\sigma^2)).$$

- $f(x|\mathbf{N}(\mu,\sigma^2))$ hat sein Maximum an der Stelle $x = \mu$:

$$f_{\max}(x|\mathbf{N}(\mu,\sigma^2)) = f(\mu|\mathbf{N}(\mu,\sigma^2)) = \frac{1}{\sqrt{2\pi}\cdot\sigma}.$$

- $f(x|\mathbf{N}(\mu,\sigma^2))$ strebt für $x \to \pm\infty$ gegen null. Tatsächlich ist die Dichte bereits für $|x - \mu| > 3\sigma$ praktisch null:

$$f(\mu \pm 3\sigma|\mathbf{N}(\mu,\sigma^2)) \approx \frac{1}{100}\cdot f_{\max}.$$

- Eine leichte Rechnung (Nullsetzen der zweiten Ableitung) zeigt, daß der Graph von $f(x|\mathbf{N}(\mu,\sigma^2))$ an den Stellen $\mu \pm \sigma$ Wendepunkte besitzt.

Abbildung 9.3.1 zeigt den Verlauf der Dichte $f(x|\mathbf{N}(\mu = 170, \sigma^2 = 10^2))$ und der zugehörigen Verteilungsfunktion. Es könnte sich um die Wahrscheinlichkeitsverteilung der Körpergröße x einer aus einer Grundgesamtheit $\mathcal{M}$ zufällig gezogenen Person handeln. In diesem Fall wäre x ebenso wie die Parameter μ und σ in Zentimeter anzugeben. Wir wollen diese Tatsache ihrer Wichtigkeit wegen besonders herausheben:

- *Die Parameter μ und σ der Normalverteilung sind stets in den gleichen Einheiten anzugeben wie das Merkmal x selbst.*

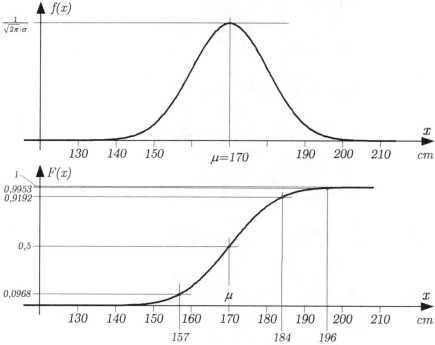

Abb. 9.3.1: Dichte und Verteilungsfunktion der $\mathbf{N}(\mu = 170, \sigma^2 = 10^2)$

9.3 Die Normalverteilung

Die Hauptnormalverteilung

Die Verteilungsfunktion $F(x|\mathbf{N}(\mu,\sigma^2))$, die man ja zur Berechnung der Wahrscheinlichkeiten $P(a < x \leq b)$ benötigt, läßt sich nicht durch eine einfache Formel so wie die Dichte $f(x|\mathbf{N}(\mu,\sigma^2))$ darstellen. Man muß das Integral

$$F(x|\mathbf{N}(\mu,\sigma^2)) = \int_{-\infty}^{x} f(t|\mathbf{N}(\mu,\sigma^2))dt$$

numerisch berechnen und tabellieren. Glücklicherweise genügt es, diese Tabelle für eine einzige Normalverteilung zu berechnen, denn die übrigen lassen sich auf einfachstem Wege darauf zurückführen. Man wählt dafür die Verteilung $\mathbf{N}(0,1)$, die sogenannte **Haupt-** oder **Standardnormalverteilung**, deren Dichte $f(x|\mathbf{N}(0,1))$ und Verteilungsfunktion $F(x|\mathbf{N}(0,1))$ man üblicherweise mit den Symbolen $\varphi(x)$ bzw. $\Phi(x)$ bezeichnet. Es gilt nämlich die Beziehung:

$$F(x|\mathbf{N}(\mu,\sigma^2)) = F\Big(\frac{x-\mu}{\sigma}\Big|\mathbf{N}(0,1)\Big) = \Phi\Big(\frac{x-\mu}{\sigma}\Big),$$

die sich ganz leicht nachweisen läßt. Substituieren wir nämlich in dem Integral:

$$F(x|\mathbf{N}(\mu,\sigma^2)) = \int_{-\infty}^{x} \frac{1}{\sqrt{2\pi}\cdot\sigma} \cdot e^{-(t-\mu)^2/2\sigma^2} dt$$

$y = (t-\mu)/\sigma$ als neue Integrationsvariable mit $dy = dt/\sigma$ und $(x-\mu)/\sigma$ als neuer oberer Integrationsgrenze, dann folgt unmittelbar:

$$F(x|\mathbf{N}(\mu,\sigma^2)) = \int_{-\infty}^{(x-\mu)/\sigma} \frac{1}{\sqrt{2\pi}} \cdot e^{-y^2/2} dy = F\Big(\frac{x-\mu}{\sigma}\Big|\mathbf{N}(0,1)\Big),$$

denn jetzt steht ja die Dichte der Hauptnormalverteilung $\mathbf{N}(0,1)$ unter dem Integral.

Man nennt die hier benützte Transformation $y = \frac{x-\mu}{\sigma}$, die die allgemeine Normalverteilung $\mathbf{N}(\mu,\sigma^2)$ auf die Standardnormalverteilung $\mathbf{N}(0,1)$ zurückführt, die **Standardisierung** der Variablen x. Die Variable y heißt die **Standardisierte** von x. y mißt die Abweichung der Beobachtung x von μ in Vielfachen der neuen Einheit σ.

Beispiel 9.3.1: Wir zeigen die Methode der Standardisierung am Beispiel der Verteilung $\mathbf{N}(170,10^2)$. Wir berechnen die Wahrscheinlichkeiten $P(x \leq 184)$ und $P(157 \leq x \leq 196)$. Es ist:

$$P(x \leq 184) = F(184|\mathbf{N}(170,10^2)) = \Phi\Big(\frac{184-170}{10} = 1{,}4\Big).$$

Aus einer Tabelle der $\mathbf{N}(0,1)$-Verteilung (siehe Tabelle 6 im Anhang) liest man ab:
$$\Phi(1,4) = 0,9192.$$
Ähnlich folgt (man beachte die Beziehung: $\Phi(-x) = 1 - \Phi(x)$):

$$\begin{aligned}
P(157 \leq x \leq 196) &= F(196|\mathbf{N}(170, 10^2)) - F(157|\mathbf{N}(170, 10^2)) = \\
&= \Phi\Big(\frac{196-170}{10} = 2,6\Big) - \Phi\Big(\frac{157-170}{10} = -1,3\Big) = \\
&= \Phi(2,6) - (1 - \Phi(1,3)) = \\
&= 0,9953 - (1 - 0,9032) = 0,8985.
\end{aligned}$$

Abbildung 9.3.2 zeigt die Dichte und die Verteilungsfunktion der Hauptnormalverteilung $\mathbf{N}(0,1)$. Aus der Symmetrie der Dichte $\varphi(x)$ um den Punkt $x = 0$ folgt die Beziehung:
$$\Phi(-x) = 1 - \Phi(x).$$
Sie ergibt eine weitere Vereinfachung bei der Tabellierung, denn offenbar genügt es, $\Phi(x)$ für positive x zu tabellieren.

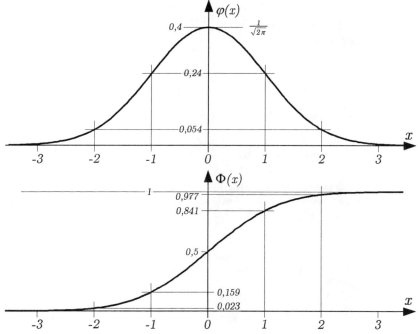

Abb. 9.3.2: Dichte und Verteilungsfunktion der Hauptnormalverteilung $\mathbf{N}(0,1)$.

9.3 Die Normalverteilung

Beispiel 9.3.2: Sei x nach $\mathbf{N}(\mu, \sigma^2)$ verteilt. Wir bestimmen die Wahrscheinlichkeit $P(\mu - k\sigma \leq x \leq \mu + k\sigma)$. Es gilt:

$$P(\mu - k\sigma \leq x \leq \mu + k\sigma) = F(\mu + k\sigma | \mathbf{N}(\mu, \sigma^2)) - F(\mu - k\sigma | \mathbf{N}(\mu, \sigma^2)) =$$
$$= \Phi\left(\frac{(\mu + k\sigma) - \mu}{\sigma}\right) - \Phi\left(\frac{(\mu - k\sigma) - \mu}{\sigma}\right) =$$
$$= \Phi(k) - \Phi(-k) = 2\Phi(k) - 1.$$

Wir erhalten ein von μ und σ unabhängiges Ergebnis! Tabelle 9.3.1 gibt die Wahrscheinlichkeiten $2\Phi(k) - 1$ für verschiedene k-Werte.

k	$2\Phi(k) - 1$
1	0,6827
2	0,9545
3	0,9973

Tabelle 9.3.1: Werte für $P(\mu - k\sigma \leq x \leq \mu + k\sigma) = 2\Phi(k) - 1$.

Normalapproximation von Binomial- und Poisson-Verteilung

Die Binomial- und die Poisson-Verteilung können für gewisse Bereiche ihrer Scharparameter n, p bzw. μ gut durch die Normalverteilung approximiert werden. Diese Tatsache ist für die praktische statistische Arbeit von großem Nutzen. Im einzelnen gelten die folgenden

Approximationsregeln:

- $\mathbf{B}_{n,p} \approx \mathbf{N}(np - 1/2, np(1-p)) \ldots$ für $\min\{np, n(1-p)\} > 10$,
- $\mathbf{P}_\mu \approx \mathbf{N}(\mu - 1/2, \mu) \ldots$ für $\mu > 10$.

Beispiel 9.3.3: 1. Aus einer Lieferung von $N = 5000$ Stück Mikrochips wird zum Zweck einer Qualitätskontrolle eine Stichprobe vom Umfang $n = 200$ entnommen und geprüft. Wie groß ist die Wahrscheinlichkeit, daß in der Stichprobe mehr als acht fehlerhafte Chips sind, falls die Lieferung $100p\% = 6\%$ Ausschuß enthält?

Die Lieferung enthält $A = 300$ Ausschußstücke. Die Anzahl x der fehlerhaften Einheiten in der Stichprobe ist somit exakt nach $\mathbf{H}_{N,A,n} = \mathbf{H}_{5000;300;200}$ verteilt. Da der Stichprobenumfang $n = 200$ kleiner als $N/10 = 500$ ist, kann zunächst mit der Binomialverteilung $\mathbf{B}_{n,p} = \mathbf{B}_{200;0,06}$ (siehe Kapitel 8.7) und diese mit der Normalverteilung $\mathbf{N}(np - 0{,}5; np(1-p)) = \mathbf{N}(11{,}5; 11{,}28)$ approximiert werden:

$$\mathbf{H}_{N,A,n} \approx \mathbf{B}_{n;p=A/N} \approx \mathbf{N}(np - 1/2, np(1-p)),$$
$$\mathbf{H}_{5000;300;200} \approx \mathbf{B}_{200;0,06} \approx \mathbf{N}(11{,}5; 11{,}28).$$

Die gesuchte Wahrscheinlichkeit ist daher:

$$P(x > 8) = 1 - P(x \leq 8) \approx 1 - \Phi\left(\frac{8 - 11{,}5}{\sqrt{11{,}28}}\right) =$$
$$= \Phi(1{,}042) = 0{,}8512.$$

2. Die Anzahl x der wöchentlichen Servicefälle für einen bestimmten Gerätetyp bei einer Reparatur- und Wartungsfirma sei nach $\mathbf{P}_{18}$ verteilt. Wie groß ist die Wahrscheinlichkeit, daß in einer Woche mehr als 25 Serviceeinsätze anfallen?

Es ist $\mathbf{P}_{18} \approx \mathbf{N}(18 - 0{,}5; 18)$ und somit:

$$P(x > 25) = 1 - P(x \leq 25) \approx 1 - \Phi\left(\frac{25 - 17{,}5}{\sqrt{18}} = 1{,}77\right) =$$
$$= 1 - 0{,}9616 = 0{,}0384.$$

Der exakte Wert beträgt: $P(x > 25) = 0{,}0446$.

9.4 Die Chi-Quadrat-Verteilung

Beim Schätzen der Parameter μ, σ^2 der Normalverteilung ebenso wie beim Testen von Hypothesen über diese Parameter wird man auf drei neue Verteilungsfamilien geführt. Es handelt sich um die Familien der Chi-Quadrat-Verteilungen, der Student-Verteilungen und der F-Verteilungen. Man nennt diese Verteilungen auch die **Prüfverteilungen der Normalverteilung**. Wir werden im Teil III diese Zusammenhänge genauer kennenlernen.

Die Chi-Quadrat-Verteilung wurde zuerst von dem Astronomen F. R. Helmert (1875) angegeben, den Namen gab ihr aber der englische Statistiker K. Pearson (1900).

Um die Verteilung einzuführen, betrachten wir ein Zufallsexperiment mit standard-normalverteiltem Ausgang x, d.h., $x \sim \mathbf{N}(0,1)$. Wir wiederholen das Experiment n-mal unter gleichen Versuchsbedingungen — man sagt auch: **unabhängig** — und erhalten die Beobachtungen $x_1, \ldots, x_n$. Die Summe ihrer Quadrate:

$$y = x_1^2 + x_2^2 + \ldots + x_n^2$$

ist wieder eine Zufallsgröße, denn eine neue Beobachtungsreihe $x_1', \ldots, x_n'$ ergibt natürlich i.allg. eine andere Summe $y' = x_1'^2 + \ldots + x_n'^2$.

Die Wahrscheinlichkeitsverteilung von y nennt man die **Chi-Quadrat-Verteilung** mit **n Freiheitsgraden** und bezeichnet sie mit dem Symbol χ_n^2, dem griechischen Buchstaben Chi. Der Stichprobenumfang n geht natürlich in die Verteilung als Parameter ein — wir haben eine einparametrische Verteilungsfamilie vor uns.

9.4 Die Chi-Quadrat-Verteilung

Die Dichte der Chi-Quadrat-Verteilung

- Die χ_n^2-Verteilung besitzt die Dichte:

$$f(x|\chi_n^2) = \begin{cases} \frac{x^{n/2-1}}{\Gamma(n/2)\cdot 2^{n/2}} \cdot e^{-x/2} & \ldots \text{ für } x > 0, \\ 0 & \ldots \text{ für } x \leq 0. \end{cases}$$

Bemerkung: Für die Gammafunktion $\Gamma(z)$ gilt die Rekursion $\Gamma(z) = (z-1)\cdot\Gamma(z-1)$. Insbesondere benötigt man in den Anwendungen die Formeln:

$$\Gamma(n) = (n-1)\cdot(n-2)\ldots 2\cdot 1 = (n-1)!,$$

$$\Gamma(\frac{n}{2}) = \begin{cases} (\frac{n}{2}-1)! & \ldots \text{ für gerades } n, \\ (\frac{n}{2}-1)\cdot(\frac{n}{2}-2)\ldots\frac{3}{2}\cdot\frac{1}{2}\cdot\sqrt{\pi} & \ldots \text{ für ungerades } n. \end{cases}$$

Abbildung 9.4.1 zeigt den Verlauf der Dichten $f(x|\chi_n^2)$ für verschiedene Freiheitsgrade n.

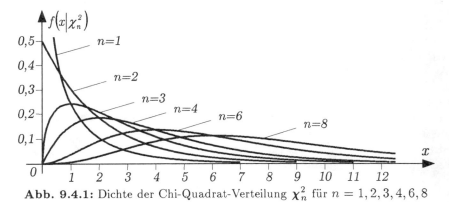

Abb. 9.4.1: Dichte der Chi-Quadrat-Verteilung χ_n^2 für $n = 1, 2, 3, 4, 6, 8$

Für die praktische Arbeit mit der χ^2-Verteilung benötigt man die Verteilungsfunktion $F(x|\chi_n^2)$. Sie bzw. ihre Inverse wird in Tabellenwerken meistens bis $n = 100$ angegeben (siehe Tabelle 8 im Anhang). Für größere Stichprobenumfänge (= Freiheitsgrade) kann man mit der Normalverteilung approximieren.

Normalapproximation der Chi-Quadrat-Verteilung

Für große n kann man die χ_n^2-Verteilung durch die Normalverteilung $\mathbf{N}(n, 2n)$ ersetzen. Wesentlich genauer und praktisch schon ab $n \geq 40$ für fast alle Anwendungen ausreichend ist die folgende von R. A. Fisher angegebene Approximation:

- Ist x nach χ_n^2 verteilt, dann besitzt die Größe $y =_+ \sqrt{2x}$ angenähert die Verteilung $\mathbf{N}(\sqrt{2n-1}, 1)$.

Beispiel 9.4.1: Sei $n = 50$ und x verteilt nach χ^2_{50}. Wir bestimmen nach den oben angegebenen Näherungsmethoden die Wahrscheinlichkeit $P(x \leq 63{,}2)$. Die Approximation $\chi^2_{50} \approx \mathbf{N}(50, 100)$ liefert:

$$P(x \leq 63{,}2) \approx F(63{,}2|\mathbf{N}(50, 100)) = \Phi\left(\frac{63{,}2 - 50}{10}\right) = 0{,}9066.$$

Nach der zweiten Näherungsformel von Fisher folgt:

$$P(x \leq 63{,}2) = P(y =_+\sqrt{2x} \leq_+\sqrt{2 \cdot 63{,}2} = 11{,}2428) \approx$$
$$\approx F(11{,}2428|\mathbf{N}(\sqrt{99}, 1)) = \Phi\left(\frac{11{,}2428 - \sqrt{99}}{1}\right) = 0{,}9020.$$

Zum Vergleich: Der exakte Wert beträgt:

$$P(x \leq 63{,}2) = F(63{,}2|\chi^2_{50}) = 0{,}9000.$$

9.5 Die Student-Verteilung

Der englische Statistiker W. S. Gosset veröffentlichte im Jahr 1908 unter dem Pseudonym STUDENT einen grundlegenden Artikel über die Bestimmung von Konfidenzintervallen für das Mittel μ einer Normalverteilung bei unbekannter Varianz σ^2. In diesem Artikel führte er die heute als Student- oder t-Verteilung bezeichnete Wahrscheinlichkeitsverteilung ein.

Um diese Verteilung zu definieren, betrachten wir zwei voneinander unabhängige Zufallsexperimente $\mathcal{E}_y$ und $\mathcal{E}_z$. Der Ausgang y von $\mathcal{E}_y$ sei nach $\mathbf{N}(0, 1)$ und der Ausgang z von $\mathcal{E}_z$ nach χ^2_n verteilt (siehe Abb. 9.5.1).

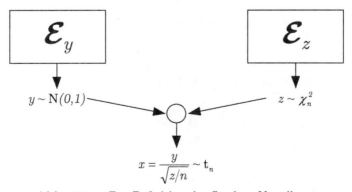

Abb. 9.5.1: Zur Definition der Student-Verteilung

9.5 Die Student-Verteilung

- *Dann besitzt die Variable*

$$x = \frac{y}{\sqrt{z/n}}$$

die **Student-Verteilung** *mit n **Freiheitsgraden**. Sie wird mit dem Symbol $\mathbf{t}_n$ bezeichnet — man spricht auch von der t-Verteilung mit n Freiheitsgraden.*

Es handelt sich um eine einparametrische Verteilungsfamilie mit dem Parameter n. Für die Anwendungen wichtig ist der folgende Satz:

- *Sind die Zufallsvariablen $x_1, \ldots, x_n$ unabhängig nach $\mathbf{N}(\mu, \sigma^2)$ verteilt, dann besitzt*

$$y = \frac{\bar{x} - \mu}{s/\sqrt{n}} \quad \text{mit} \quad \begin{array}{l} \bar{x} = (x_1 + \ldots + x_n)/n, \\ s^2 = \frac{1}{(n-1)} \sum_{j=1}^{n} (x_j - \bar{x})^2, \end{array}$$

die t-Verteilung mit $(n-1)$-Freiheitsgraden.

Wir werden diese Tatsache im Kapitel 12.1 bei der Bestimmung von Konfidenzintervallen für das Mittel μ der Normalverteilung benützen.

Die Dichte der Student-Verteilung

Die Dichte der Student-Verteilung hat die Form:

$$f(x|\mathbf{t}_n) = \frac{\Gamma(\frac{n+1}{2})}{\sqrt{n\pi}\,\Gamma(\frac{n}{2})} \cdot \frac{1}{(1 + \frac{x^2}{n})^{(n+1)/2}} \quad \text{für alle } x \in \mathbf{R}$$

Abbildung 9.5.2 zeigt den Verlauf dieser Dichten für $n = 1, 4$, und auch die Dichte der $\mathbf{N}(0, 1)$, gegen welche die Dichten $f(x|\mathbf{t}_n)$ für $n \to \infty$ konvergieren.

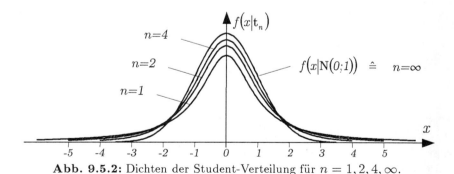

Abb. 9.5.2: Dichten der Student-Verteilung für $n = 1, 2, 4, \infty$.

Für die praktische Arbeit benötigt man auch hier die Verteilungsfunktion bzw. ihre Inverse. Sie ist ausführlich tabelliert (siehe Tabelle 7 im Anhang). Ab $n = 100$ und für überschlägige Rechnungen schon ab $n = 30$ kann man die t_n-Verteilung durch die Standard-Normalverteilung $\mathbf{N}(0, 1)$ ersetzen.

Beispiel 9.5.1: Sei $n = 30$ und x nach $\mathbf{t}_{30}$ verteilt. Wir bestimmen die Wahrscheinlichkeit $P(x \leq 1{,}31)$ mittels Normalapproximation. Es ist:

$$P(x \leq 1{,}31 | \mathbf{t}_{30}) \approx P(x \leq 1{,}31 | \mathbf{N}(0,1)) = \Phi(1{,}31) = 0{,}9049.$$

Der exakte Wert beträgt: 0,9000.

9.6 Die F-Verteilung

Die dritte Familie von Prüfverteilungen ist die Familie der F-Verteilungen. Sie wird gelegentlich nach dem Statistiker G. W. Snedecor benannt. Die F-Verteilung spielt vor allem in der Regressionsrechnung und in der Varianzanalyse eine wichtige Rolle.

Zu ihrer Definition betrachten wir zwei voneinander unabhängige Zufallsexperimente $\mathcal{E}_1$ und $\mathcal{E}_2$, deren Ausgänge y_1 und y_2 nach $\chi^2_{n_1}$ bzw. $\chi^2_{n_2}$ verteilt sind (siehe Abb. 9.6.1).

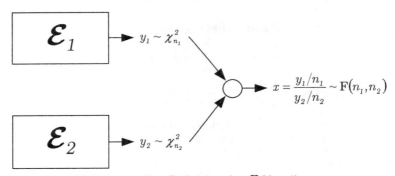

Abb. 9.6.1: Zur Definition der F-Verteilung.

- Dann besitzt die Zufallsgröße

$$x = \frac{y_1/n_1}{y_2/n_2}$$

die F-Verteilung mit (n_1, n_2) Freiheitsgraden. Als Symbol für diese Verteilung benützt man meistens $\mathbf{F}(n_1, n_2)$.

Es handelt sich um eine zweiparametrische Verteilungsfamilie mit den Parametern (n_1, n_2).

9.6 Die F-Verteilung

Die Dichte der F-Verteilung

Die Verteilung $\mathbf{F}(n_1, n_2)$ besitzt die Dichte:

$$f(x|\mathbf{F}(n_1,n_2)) = \begin{cases} \dfrac{\frac{n_1}{n_2}\Gamma(\frac{n_1+n_2}{2})}{\Gamma(\frac{n_1}{2})\Gamma(\frac{n_2}{2})} \cdot \dfrac{(\frac{n_1}{n_2}x)^{n_1/2-1}}{(1+\frac{n_1}{n_2}x)^{(n_1+n_2)/2}} & \ldots x > 0, \\ 0 & \ldots x \leq 0. \end{cases}$$

Abbildung 9.6.2 zeigt den Verlauf dieser Dichten für verschiedene Kombinationen von Freiheitsgraden.

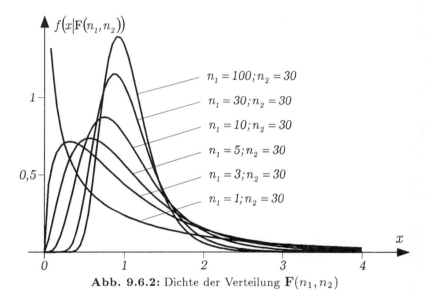

Abb. 9.6.2: Dichte der Verteilung $\mathbf{F}(n_1, n_2)$

Die Verteilungsfunktion der F-Verteilung bzw. deren Inverse ist ausführlich tabelliert (siehe Tabelle 9 im Anhang). Für Anwendungen sei auf Abschnitt 12.3 und insbesondere auf Beispiel 12.3.2 verwiesen.

10 Parameter von Wahrscheinlichkeitsverteilungen

Ähnlich wie Häufigkeitsverteilungen in der deskriptiven Statistik lassen sich auch Wahrscheinlichkeitsverteilungen durch Angabe einer oder mehrerer Kenngrößen — man spricht von Verteilungsparametern — für viele Zwecke ausreichend beschreiben. Die wichtigsten Verteilungsparameter sind Lageparameter wie Mittel, Median, Fraktile und Streuungsparameter wie Standardabweichung, Varianz und Fraktildistanz. Seltener gibt man höhere Momente und von diesen abgeleitete Formparameter an. Das Hilfsmittel für die Definition der meisten dieser Parameter ist der Begriff des Erwartungswertes, den wir zuerst besprechen.

10.1 Der Erwartungswert

Wir betrachten ein Zufallsexperiment $\mathcal{E}$ mit dem diskreten oder stetigen Ausgang x und irgendeine Funktion $y = t(x)$. Man nennt eine Funktion des Ausganges eines Zufallsexperimentes auch oft eine **Statistik**. Häufig benutzte Statistiken sind:

$$y = |x|, \quad y = x^2, \quad y = (x-a)^k, \quad y = \lg x, \quad y = e^x.$$

Wir führen das Experiment $\mathcal{E}$ n-mal aus und erhalten die Beobachtungen $x_1, \ldots, x_n$ und daraus die Werte $y_1 = t(x_1), \ldots, y_n = t(x_n)$ der Statistik $y = t(x)$. Schließlich betrachten wir das arithmetische Mittel:

$$\bar{y} = \frac{1}{n}(y_1 + \ldots + y_n) = \frac{1}{n}\sum_{j=1}^{n} t(x_j).$$

Da die Beobachtungen $x_1, \ldots, x_n$ zufällig sind, ist auch $\bar{y} = \frac{1}{n}\sum_{j=1}^{n} t(x_j)$ eine Zufallsvariable und ändert sich von einer Beobachtungsfolge $x_1, \ldots, x_n$ zur anderen $x'_1, \ldots, x'_n$. Allerdings stellt sich heraus, daß die Mittelwerte $\bar{y}$ weitaus weniger stark variieren als die einzelnen y_j und bei wachsendem Stichprobenumfang n sich um einen festen Wert stabilisieren. Diesen Wert nennt man den **Erwartungswert** der Statistik $y = t(x)$.

Wir wollen uns überlegen, wie groß dieser Erwartungswert ist. Nehmen wir an, x wäre diskret mit den Ausprägungen $0, \pm 1, \pm 2, \ldots$ und mit der Dichte $p_i = P(x = i)$. Haben unter den Beobachtungen $x_1, \ldots, x_n$ h_i den Wert i, dann kann man schreiben:

10.1 Der Erwartungswert

$$\bar{y} = \frac{1}{n}\sum_{j=1}^{n} t(x_j) = \frac{1}{n}\sum_{i} t(i) \cdot h_i = \sum_{i} t(i) \cdot \frac{h_i}{n}.$$

Für großes n gilt aber $h_i/n \approx p_i$, d.h., die relative Häufigkeit h_i/n der Ausprägung $x = i$ in der Stichprobe $x_1, \ldots, x_n$ stimmt mit der Wahrscheinlichkeit p_i für $x = i$ praktisch überein. So gesehen müßte sich also $\bar{y}$ um den Wert $\sum_i t(i) \cdot p_i$ stabilisieren, dieses wäre der Erwartungswert von $y = t(x)$.

In der Tat trifft das auch zu, wie eine strenge Beweisführung zeigt. Im stetigen Fall stabilisiert sich $\bar{y}$ um den Wert $\int_{-\infty}^{\infty} t(x) \cdot f(x) dx$ — $f(x)$ bezeichnet die Dichte der Verteilung von x —, wie man sich auch leicht plausibel machen kann. Man gibt daher die folgende Definition:

- Man nennt die Größe

$$E(t(x)) := \begin{cases} \sum_{i \in \Omega_x} t(i) \cdot p_i & \ldots \text{ für diskretes } x, \\ \int_{\Omega_x} t(x) \cdot f(x) dx & \ldots \text{ für stetiges } x, \end{cases}$$

den **Erwartungswert** oder die **Erwartung** der Statistik $y = t(x)$.

Wichtige Sonderfälle

Für die Anwendungen sind vor allem folgende spezielle Erwartungen wichtig:

- Für $y = t(x) = x$ erhält man:

$$\mu = E(x) = \begin{cases} \sum_{i \in \Omega_x} i \cdot p_i \\ \int_{\Omega_x} x \cdot f(x) dx \end{cases} \quad \ldots \text{das \textbf{Mittel}},$$

- für $y = t(x) = (x - \mu)^2$ erhält man:

$$\sigma^2 = E((x-\mu)^2) = \begin{cases} \sum_{i \in \Omega_x} (i-\mu)^2 \cdot p_i \\ \int_{\Omega_x} (x-\mu)^2 \cdot f(x) dx \end{cases} \quad \ldots \text{die \textbf{Varianz}},$$

- für $y = t(x) = (x - a)^k$ erhält man:

$$m_k(a) = E((x-a)^k) = \begin{cases} \sum_{i \in \Omega_x} (i-a)^k \cdot p_i \\ \int_{\Omega_x} (x-a)^k \cdot f(x) dx \end{cases} \quad \ldots \text{das } k\text{-te \textbf{Moment}}$$

der Verteilung von x in bezug auf den Punkt a.

Die Tabelle 10.1.1 enthält die Mittel und Varianzen der bisher besprochenen Verteilungen.

Verteilung	Mittel: μ	Varianz: σ^2
$\mathbf{A}_p$	p	$p(1-p)$
$\mathbf{G}_N$	$(N+1)/2$	$(N^2-1)/12$
$\mathbf{H}_{N,A,n}$	$n \cdot A/N$	$n \cdot A/N \cdot (1 - A/N) \cdot (1 - \frac{n-1}{N-1})$
$\mathbf{B}_{n,p}$	$n \cdot p$	$n \cdot p(1-p)$
$\mathbf{P}_\mu$	μ	μ
$\mathbf{G}_{[A,B]}$	$(A+B)/2$	$(B-A)^2/12$
$\mathbf{N}(\mu, \sigma^2)$	μ	σ^2
χ^2_n	n	$2n$
$\mathbf{t}_n$	0	$n/(n-2)$
$\mathbf{F}(n_1, n_2)$	$n_2/(n_2-2)$	$2n_2^2(n_1+n_2-2)/n_1(n_2-2)^2(n_2-4)$

Tabelle 10.1.1: Mittel und Varianzen der wichtigsten Verteilungen

Beispiel 10.1.1: Wir berechnen die Mittel der Verteilungen $\mathbf{G}_N, \mathbf{B}_{n,p}, \mathbf{P}_\mu$ und $\mathbf{N}(\mu, \sigma^2)$.

1. Das Mittel der $\mathbf{G}_N$:

$$E(x) = \sum_{i=1}^{N} i \cdot \frac{1}{N} = \frac{1}{N} \cdot \frac{N(N+1)}{2} = (N+1)/2.$$

2. Das Mittel der $\mathbf{B}_{n,p}$:

$$E(x) = \sum_{i=0}^{n} i \cdot \binom{n}{i} p^i (1-p)^{n-i} = \sum_{i=1}^{n} n \cdot \binom{n-1}{i-1} p^i (1-p)^{n-i} =$$

$$= np \cdot \sum_{j=0}^{n-1} \binom{n-1}{j} p^j (1-p)^{(n-1)-j} = np.$$

3. Das Mittel der $\mathbf{P}_\mu$:

$$E(x) = \sum_{i=0}^{\infty} i \cdot \frac{\mu^i}{i!} e^{-\mu} = \mu \cdot e^{-\mu} \cdot \sum_{i=1}^{\infty} \frac{\mu^{i-1}}{(i-1)!} = \mu,$$

denn die Reihe $\sum_{j=0}^{\infty} \frac{\mu^j}{j!}$ hat den Wert e^μ. Der Scharparameter μ ist hier offenbar gleich dem Erwartungswert, weswegen er auch mit dem Buchstaben μ bezeichnet wird.

10.1 Der Erwartungswert

4. Das Mittel der $\mathbf{N}(\mu, \sigma^2)$:

$$E(x) = \int_{-\infty}^{\infty} x \cdot f(x|\mathbf{N}(\mu, \sigma^2))dx = \int_{-\infty}^{\infty} ((x-\mu) + \mu) \cdot f(x|\mathbf{N}(\mu, \sigma^2))dx =$$
$$= \int_{-\infty}^{\infty} (x-\mu) \cdot f(x|\mathbf{N}(\mu, \sigma^2))dx + \mu \cdot \int_{-\infty}^{\infty} f(x|\mathbf{N}(\mu, \sigma^2))dx.$$

Das erste Integral hat den Wert 0, denn das Produkt $(x-\mu) \cdot f(x|\mathbf{N}(\mu, \sigma^2))$ ist eine um den Punkt μ ungerade Funktion, und das zweite Integral hat offenbar den Wert 1. Wir erhalten daher als Ergebnis: $E(x) = \mu$, d.h., der Parameter μ ist der Mittelwert der Verteilung $\mathbf{N}(\mu, \sigma^2)$.

Regeln für das Rechnen mit dem Erwartungswert

Für das Rechnen mit dem Erwartungswert $E(t(x))$ benötigt man zwei einfache Regeln:

1. Sind $y_1 = t_1(x)$ und $y_2 = t_2(x)$ zwei Statistiken, dann gilt:

$$E(t_1(x) + t_2(x)) = E(t_1(x)) + E(t_2(x)),$$

2. Ist $y = t(x)$ eine Statistik und c eine Konstante, dann gilt:

$$E(c \cdot t(x)) = c \cdot E(t(x)).$$

Beide Regeln ergeben sich sofort aus der Definition des Erwartungswertes. Für diskrete Variablen x haben wir zunächst:

$$E(t_1(x) + t_2(x)) = \sum_{i \in \Omega_x} (t_1(i) + t_2(i)) \cdot p_i =$$
$$= \sum_{i \in \Omega_x} t_1(i) \cdot p_i + \sum_{i \in \Omega_x} t_2(i) \cdot p_i = E(t_1(x)) + E(t_2(x)),$$
$$E(c \cdot t(x)) = \sum_{i \in \Omega_x} (c \cdot t(i)) \cdot p_i = c \cdot \sum_{i \in \Omega_x} t(i) \cdot p_i = c \cdot E(t(x)).$$

Analog schließt man für stetige Variablen x:

$$E(t_1(x) + t_2(x)) = \int_{\Omega_x} (t_1(x) + t_2(x)) \cdot f(x)dx =$$
$$= \int_{\Omega_x} t_1(x) \cdot f(x)dx + \int_{\Omega_x} t_2(x) \cdot f(x)dx = E(t_1(x)) + E(t_2(x)),$$
$$E(c \cdot t(x)) = \int_{\Omega_x} (c \cdot t(x)) \cdot f(x)dx = c \cdot \int_{\Omega_x} t(x) \cdot f(x)dx = c \cdot E(t(x)).$$

Als Beispiel für die Anwendung dieser Regeln betrachten wir die Berechnung der Varianz $\sigma^2 = E((x-\mu)^2)$. Es gilt:

$$\sigma^2 = E((x-\mu)^2) = E(x^2 - 2\mu x + \mu^2) = E(x^2) - E(2\mu x) + E(\mu^2) =$$
$$= E(x^2) - 2\mu \cdot E(x) + \mu^2 \cdot E(1) = E(x^2) - 2\mu \cdot \mu + \mu^2 \cdot 1 =$$
$$= E(x^2) - \mu^2.$$

Dabei wurde die selbstverständliche Tatsache $E(1) = 1$ benützt. Das Resultat ist wichtig, und wir stellen es gesondert heraus:

- $\sigma^2 = E((x-\mu)^2) = E(x^2) - (E(x))^2 = E(x^2) - \mu^2.$

Bei diskreten Verteilungen ist häufig $E(x^2)$ unangenehm zu berechnen, wohingegen die Erwartung $E(x(x-1))$ relativ einfach bestimmt werden kann. Es gilt aber:

$$E(x(x-1)) = E(x^2 - x) = E(x^2) - E(x)$$

und damit:

- $\sigma^2 = E((x-\mu)^2) = E(x(x-1)) + E(x) - (E(x))^2 =$
  $= E(x(x-1)) + \mu - \mu^2.$

Beispiel 10.1.2: Wir berechnen die Varianzen der Verteilungen $\mathbf{G}_N, \mathbf{B}_{n,p}, \mathbf{P}_\mu$ und $\mathbf{N}(\mu, \sigma^2)$.

1. Die Varianz der $\mathbf{G}_n$: Wir berechnen zunächst die Erwartung $E(x(x-1))$:

$$E(x(x-1)) = \sum_{i=1}^{N} i(i-1) \cdot \frac{1}{N} = \frac{2}{N} \cdot \sum_{i=2}^{N} \binom{i}{2} = \frac{2}{N} \cdot \binom{N+1}{3} = \frac{(N+1)(N-1)}{3}.$$

Dabei wurde die Identität $\sum_{k=l}^{N} \binom{k}{l} = \binom{N+1}{l+1}$ benützt. Für die Varianz erhalten wir abschließend (vgl. Tabelle 10.1.1):

$$\sigma^2 = E(x(x-1)) + \mu - \mu^2 = \frac{(N+1)(N-1)}{3} + \frac{N+1}{2} - \frac{(N+1)^2}{4} = \frac{N^2-1}{12}.$$

2. Die Varianz der $\mathbf{B}_{n,p}$: Wir bestimmen auch hier zunächst die Erwartung $E(x(x-1))$.

$$E(x(x-1)) = \sum_{i=0}^{n} i(i-1) \cdot \binom{n}{i} p^i (1-p)^{n-i} =$$
$$= n(n-1)p^2 \cdot \sum_{i=2}^{n} \binom{n-2}{i-2} p^{i-2} (1-p)^{(n-2)-(i-2)} = n(n-1)p^2,$$

denn die Summe im letzten Ausdruck ist $(p+(1-p))^{n-2} = 1$. Es folgt für die Varianz (vgl. Tabelle 10.1.1):

$$\sigma^2 = E(x(x-1)) + E(x) - (E(x))^2 =$$
$$= n(n-1)p^2 + np - (np)^2 = np(1-p).$$

3. Die Varianz der P_μ: Auch hier ist es zweckmäßig, zunächst $E(x(x-1))$ zu berechnen.

$$E(x(x-1)) = \sum_{i=0}^{\infty} i(i-1) \cdot \frac{\mu^i}{i!} e^{-\mu} =$$
$$= \mu^2 e^{-\mu} \cdot \sum_{i=2}^{\infty} \frac{\mu^{i-2}}{(i-2)!} = \mu^2,$$

denn die Summe im letzten Ausdruck ist $\sum_{l=0}^{\infty} \frac{\mu^l}{l!} = e^\mu$. Für die Varianz ergibt sich (vgl. Tabelle 10.1.1):

$$\sigma^2 = E(x(x-1)) + E(x) - (E(x))^2 = \mu^2 + \mu - \mu^2 = \mu.$$

4. Die Varianz der $N(\mu, \sigma^2)$: Hier ist es zweckmäßig, direkt $E((x-\mu)^2)$ zu bestimmen. Es ist:

$$\sigma^2 = E((x-\mu)^2) = \int_{-\infty}^{\infty} (x-\mu)^2 \cdot f(x|N(\mu,\sigma^2))dx =$$
$$= \int_{-\infty}^{\infty} (x-\mu)^2 \cdot \frac{1}{\sigma} \cdot \varphi(\frac{x-\mu}{\sigma})dx.$$

Substituiert man $y = \frac{x-\mu}{\sigma}$ mit $dy = dx/\sigma$, dann folgt:

$$\sigma^2 = \sigma^2 \cdot \int_{-\infty}^{\infty} y^2 \cdot \varphi(y)dy$$

Da das Integral $\int_{-\infty}^{\infty} y^2 \cdot \varphi(y)dy$, wie man zeigen kann, den Wert 1 besitzt, ergibt sich abschließend die scheinbare Tautologie $\sigma^2 = \sigma^2$. Das bedeutet aber nichts anderes, als daß die Varianz, die wir ja generell mit dem Buchstaben σ^2 bezeichnen, bei der Normalverteilung gleich dem mit σ^2 bezeichneten Scharparameter ist. Das ist natürlich auch der Grund, warum der Scharparameter σ^2 heißt.

10.2 Fraktile von Wahrscheinlichkeitsverteilungen

Wir haben in der deskriptiven Statistik die Begriffe p-Fraktil bzw. $P_\%$-Perzentil für Häufigkeitsverteilungen eingeführt (siehe Abschnitt 2.2). Wir wollen nun p-Fraktile bzw. $P_\%$-Perzentile auch für Wahrscheinlichkeitsverteilungen definieren.

- Sei x eine Zufallsvariable. Ist dann $P(x \leq a) = p$, dann nennt man a das p-**Fraktil** oder auch $100p\%$-**Perzentil** der Verteilung von x und schreibt $a = x_p = x_{P\%}$. Im besonderen nennt man:

$$x_{0,25} = x_{25\%} \quad \ldots \text{ das } \mathbf{1.Quartil},$$
$$x_{0,5} = x_{50\%} \quad \ldots \text{ den } \mathbf{Median} \; (= \mathbf{2.Quartil}),$$
$$x_{0,75} = x_{75\%} \quad \ldots \text{ das } \mathbf{3.Quartil}$$

Abbildung 10.2.1 zeigt den Zusammenhang dieser Definition mit der Verteilungsfunktion $F(x)$. Es gilt offenbar $F(x_p) = p$. Das ist die kürzeste Definition für das p-Fraktil.

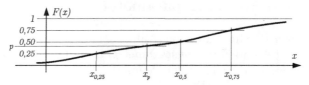

Abb. 10.2.1: Zur Definition des p-Fraktils

Beispiel 10.2.1: 1. Sei x nach $\mathbf{N}(170, 10^2)$ verteilt. Gesucht ist $x_{90\%} = x_{0,90}$. Wir bestimmen $x_{90\%}$ aus der Beziehung $F(x_p) = p$. Es muß also gelten:

$$p = 0,90 = F(x_{0,90}|\mathbf{N}(\mu, \sigma^2)) = \Phi(\frac{x_{0,90} - \mu}{\sigma}).$$

Aus der Tabelle der Verteilungsfunktion $\Phi(x)$ entnehmen wir:

$$\frac{x_{0,90} - \mu}{\sigma} = 1,28 \quad (\text{rund, ohne Interpolation!}),$$

folglich ist: $x_{0,90} = \mu + 1,28 \cdot \sigma = 170 + 1,28 \cdot 10 = 182,8$.

Das bedeutet: Mit der Wahrscheinlichkeit $p = 0,90$ fällt ein zufällig beobachtetes x kleiner als 182,8 aus.

2. Sei x nach $\mathbf{P}_3$ verteilt. Wir tabellieren zunächst die Verteilungsfunktion F_i.

i	F_i
0	.0498
1	.1991
2	.4232
3	.6472
4	.8153
5	.9161
6	.9665
7	.9881
8	.9962
9	.9989
10	.9997

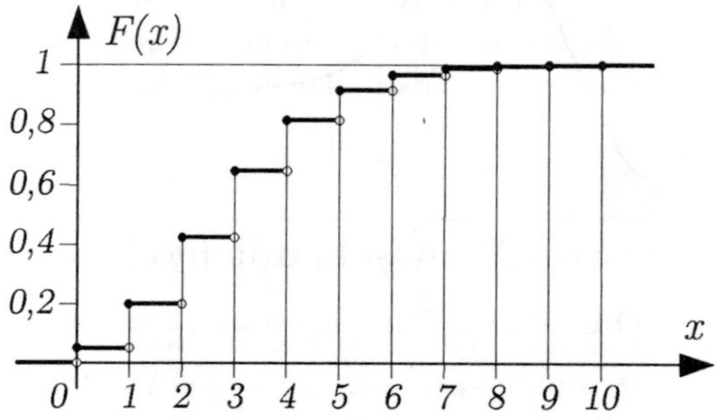

Abb. 10.2.2: Verteilungsfunktion der $\mathbf{P}_3$

10.3 Lage- und Streuungsparameter

Wie Abb. 10.2.2 zeigt, ist die Verteilungsfunktion eine Treppenfunktion mit Sprüngen an den Stellen 0, 1, 2, ... Es ist daher nicht möglich, zu jedem Prozentsatz P ein Perzentil zu bestimmen. Zum Beispiel gibt es keinen Wert $x_{0,9}$, so daß $P(x \leq x_{0,9}) = 0{,}9$ wäre. Für den noch am ehesten in Frage kommenden Wert $i = 5$ gilt:

$$P(x \leq 5) = F_5 = 0{,}9161, \text{ also ist } 5 = x_{91{,}6\%}.$$

Ebensowenig kann man hier die Quartile $x_{0,25}$, $x_{0,50}$ und $x_{0,75}$ bestimmen. Es gibt eben nur für jene p, die den einzelnen Werten F_i entsprechen, Fraktile.

10.3 Lage- und Streuungsparameter

Zur summarischen Beschreibung von Wahrscheinlichkeitsverteilungen benützt man vor allem Lage- und Streuungsparameter. Diese Größen werden mit Hilfe von Erwartungswerten oder Fraktilen definiert.

Lageparameter

Zur Charakterisierung der Lage einer Wahrscheinlichkeitsverteilung benützt man vor allem:

$\mu = E(x)$ ... das **Mittel**,

$\tilde{x} = x_{0,5}$ ... den **Median**,

$(x_p + x_{1-p})/2$ ... das **(1 − p)-p-Fraktilmittel**.

Diese Parameter nehmen bei den meisten Verteilungen nahe benachbarte Werte an (vgl. Abb. 10.3.1) und sind bei symmetrischen Verteilungen immer gleich. Über die relative Lage von μ, $\tilde{x}$ und $(x_{1-p} + x_p)/2$ läßt sich bei allgemeinen Verteilungen jedoch nichts aussagen.

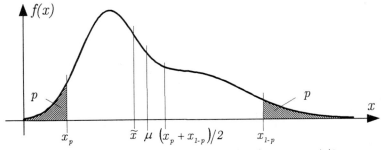

Abb. 10.3.1: Zur Lage von μ, $\tilde{x}$ und $(x_{1-p} + x_p)/2$

Für Lageparameter ist folgendes wichtig:

1. Maßeinheiten

Lageparameter sind immer in der gleichen Einheit anzugeben wie die Beobachtungen x (z.B.: cm, kg, ÖS).

2. Wechsel der Maßeinheit und des Bezugspunktes

Führt man einen neuen Bezugspunkt x_0 und eine neue Maßeinheit a ein und gibt man nicht mehr die unmittelbar bestimmte Beobachtung x, sondern den transformierten Wert $y = (x - x_0)/a$ als Versuchsausgang an, dann ist auch y eine Zufallsvariable mit einer gewissen Wahrscheinlichkeitsverteilung und zugehörigen Lageparametern μ_y, $\tilde{y}$, $(y_{1-p} + y_p)/2$. Der Zusammenhang dieser Lageparameter mit den entsprechenden Werten μ_x, $\tilde{x}$, $(x_{1-p} + x_p)/2$ ist:

$$\mu_y = (\mu_x - x_0)/a,$$
$$\tilde{y} = (\tilde{x} - x_0)/a,$$
$$(y_{1-p} + y_p)/2 = [(x_{1-p} + x_p)/2 - x_0]/a.$$

Das heißt als Merkregel formuliert:

- *Lageparameter transformieren sich bei einem Wechsel von Bezugspunkt und Maßeinheit genauso wie die Meßwerte.*

Beispiel 10.3.1: Sei x das Brutto-Monatseinkommen einer zufällig aus einer Grundgesamtheit $\mathcal{M}$ gezogenen Person. x sei in Schilling angegeben, und die Lageparameter der Wahrscheinlichkeitsverteilung von x seien (ebenfalls in Schilling):

$$\mu_x = 22.300,-,$$
$$\tilde{x} = 21.700,-,$$
$$(x_{0,1} + x_{0,9})/2 = 23.400,-.$$

Führt man als neuen Bezugspunkt $x_0 = 20.000,-$ ÖS und als neue Maßeinheit $a = 1.000,-$ ÖS ein, dann ist die neue Variable $y = (x - x_0)/a$ in der Einheit 1.000,- ÖS zu messen, und die zugehörigen Lageparameter ebenfalls in 1.000,- ÖS:

$$\mu_y = 2{,}3,$$
$$\tilde{y} = 1{,}7,$$
$$(y_{0,1} + y_{0,9})/2 = 3{,}4.$$

Streuungsparameter

Für Wahrscheinlichkeitsverteilungen benützt man als Streuungsparameter vor allem:

$$\sigma^2 = E(x - \mu)^2 \quad \ldots \text{ die \textbf{Varianz}},$$
$$\sigma =_+ \sqrt{\sigma^2} \quad \ldots \text{ die \textbf{Standardabweichung}},$$
$$x_{1-p} - x_p \quad \ldots \text{ die \textbf{(1 − p)-p-Fraktil-Distanz}}.$$

10.3 Lage- und Streuungsparameter

Die Bedeutung der $(1-p)$-p-Fraktil-Distanz als Streuungsmaß ist offensichtlich, denn zwischen x_p und x_{1-p} liegt schließlich $(1-2p) \cdot 100\,\%$ der Masse der Verteilung (vgl. auch Abb. 10.3.2).

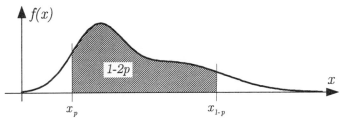

Abb. 10.3.2: Zur Bedeutung der $(1-p)$-p-Fraktil-Distanz

Nicht so selbstverständlich ist die Interpretation von Standardabweichung und Varianz, und in der Tat: Weiß man nichts über den Typ der den Daten zugrundeliegenden Verteilung (also z.B., daß es sich um eine Binomial-, oder eine Normal- oder eine andere bekannte Verteilung handelt), dann liefert die Kenntnis von σ oder σ^2 nur wenig anschaulich interpretierbare Information.

Andererseits sind σ und σ^2 bei normal- oder angenähert normalverteilten Daten die wichtigsten Streuungsmaße und lassen in diesem Fall auch eine einfache Deutung zu.

Beispiel 10.3.2: Sei zunächst allgemein x nach $\mathbf{N}(\mu, \sigma^2)$ verteilt. Wir bestimmen die Wahrscheinlichkeiten für die Ereignisse $A_k = (\mu - k\sigma, \mu + k\sigma)$:

$$P(\mu - k\sigma < x < \mu + k\sigma) = F(\mu + k\sigma | \mathbf{N}(\mu, \sigma^2)) - F(\mu - k\sigma | \mathbf{N}(\mu, \sigma^2)) =$$
$$= \Phi\left(\frac{\mu + k\sigma - \mu}{\sigma}\right) - \Phi\left(\frac{\mu - k\sigma - \mu}{\sigma}\right) =$$
$$= \Phi(k) - \Phi(-k) = 2\Phi(k) - 1.$$

Die betrachteten Wahrscheinlichkeiten hängen also nicht von den Verteilungsparametern μ und σ^2 ab — sie sind für alle Normalverteilungen dieselben. Mittels einer Tabelle der Funktion $\Phi(x)$ findet man:

k	$2\Phi(k)-1$
1	0,6827
2	0,9545
3	0,9973

D.h.: im Intervall $[\mu - \sigma, \mu + \sigma]$ liegen 68,27 %,
im Intervall $[\mu - 2\sigma, \mu + 2\sigma]$ liegen 95,45 % und
im Intervall $[\mu - 3\sigma, \mu + 3\sigma]$ liegen 99,73 %
der Einheiten der Grundgesamtheit.

Zahlenbeispiel: Der Durchmesser der bei einer Serienfertigung hergestellten Drehteile sei nach $\mathbf{N}(12\,\text{mm}, (0,1\,\text{mm})^2)$ verteilt. Es besitzen dann:

ca. 68 % der Drehteile einen Durchmesser zwischen 11,9 mm und 12,1 mm,
ca. 95 % der Drehteile einen Durchmesser zwischen 11,8 mm und 12,2 mm,
ca. 99 % der Drehteile einen Durchmesser zwischen 11,7 mm und 12,3 mm.

Teil III
Mathematische Statistik

> Statistiken sind wie Bikinis:
> Was sie zeigen, ist Illusion —
> Was sie verbergen, ist vital.
>
> *P. Watzlawick*

Die mathematische Statistik liefert methodisch einwandfreie Verfahren für den Rückschluß von der Stichprobe auf die Grundgesamtheit, aus der sie entnommen wurde, denn trotz aller Zufälligkeit einer solchen Stichprobe gestattet sie doch bemerkenswert genaue Aussagen über diese Grundgesamtheit.

Es zeigt sich, daß man die Methoden der mathematischen Statistik einteilen kann in Verfahren zur Schätzung von Verteilungsparametern — wobei man hier wieder zwischen Punkt- und Bereichschätzung unterscheidet — und in Verfahren zum Testen statistischer Hypothesen.

Wir werden im folgenden keine systematische Schätz- und Testtheorie entwickeln, sondern verschiedene für die Anwendungen wichtige statistische Grundaufgaben behandeln und bei dieser Gelegenheit einiges von den Begriffen und Verfahren der mathematischen Statistik kennenlernen. Zur Behandlung schwieriger, insbesondere multivariater Probleme wird man die Hilfe eines Fachstatistikers heranziehen. Allerdings muß man, um vernünftig mit diesem Fachmann reden zu können, gewisse Grundkenntnisse der Statistik besitzen. Zum Erwerb dieser Grundkenntnisse soll das vorliegende Buch behilflich sein.

11 Relative Häufigkeiten

11.1 Schätzen relativer Häufigkeiten

Wir behandeln das einfachste und zugleich wichtigste Problem der mathematischen Statistik. Gegeben ist eine Grundgesamtheit $\mathcal{M}$ vom Umfang N. $P\% = p \cdot 100\%$ der Einheiten dieser Grundgesamtheit haben eine besondere Eigenschaft, die sie auszeichnet (z.B.: sie wählen XPÖ; sie sind immer noch Marxisten; sie verdienen mehr als ÖS 500.000,– im Jahr; usw.).

Aufgabe: Die unbekannte relative Häufigkeit p (bzw. der Prozentsatz $P\% = 100 \cdot p\%$) soll mittels einer Stichprobe geschätzt werden.

Punktschätzung

Eine Zufallsstichprobe vom Umfang n wird gezogen. Sie enthalte x Einheiten mit der fraglichen Eigenschaft, d.h., $\hat{p} = x/n$ ist der Anteil der ausgezeichneten Einheiten in der Stichprobe.

$\hat{p} = x/n$ ist offenbar ein Schätzwert für den unbekannten Anteil p in der Grundgesamtheit. Man nennt $\hat{p}$ einen **Punktschätzer** für die relative Häufigkeit p, denn $\hat{p}$ ist ein Punkt auf der Zahlengeraden, der (hoffentlich) in der Nähe des zu schätzenden Wertes p liegt (vgl. Abb. 11.1.1).

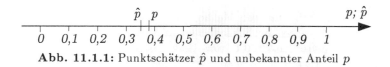

Abb. 11.1.1: Punktschätzer $\hat{p}$ und unbekannter Anteil p

Beispiel 11.1.1: Wir betrachten eine Meinungsumfrage vor einer Wahl. Es soll mit Hilfe einer Stichprobe festgestellt werden, wie groß der Anteil der XPÖ-Wähler in der Grundgesamtheit $\mathcal{M}$ der Wahlberechtigten im Lande Oberösterreich an einem gewissen Stichtag ist.

Es wird eine Stichprobe vom Umfang n zufällig aus $\mathcal{M}$ ausgewählt, und die Personen werden befragt, ob sie XPÖ-Wähler sind oder nicht. Im einzelnen sei:

Stichprobenumfang: $\quad n = 200$,
XPÖ-Wähler: $\quad x = 91$,
Punktschätzer: $\quad \hat{p} = 91/200 = 0{,}455, \quad \hat{P} = 45{,}5\,\%$.

Bereichschätzung

Der Punktschätzer $\hat{p} = x/n$ hängt vom zufälligen Ergebnis x der Stichprobe ab und ist damit selbst eine Zufallsgröße; $\hat{p}$ wird manches Mal nahe an dem zu schätzenden Wert p und manches Mal weiter weg von ihm liegen.

Das Stichprobenergebnis x — die Anzahl der gezogenen Einheiten mit der interessanten Eigenschaft — ist hypergeometrisch nach $\mathbf{H}_{N,A,n}$ verteilt ($N = $ Umfang der Grundgesamtheit $\mathcal{M}$, $A = $ Anzahl der Einheiten in $\mathcal{M}$ mit der fraglichen Eigenschaft, $n = $ Stichprobenumfang). Für $n \leq N/10$ — und das ist in den Anwendungen praktisch immer der Fall — gilt näherungsweise (siehe Abschnitt 8.7): $\mathbf{H}_{N,A,n} \approx \mathbf{B}_{n,p=A/N}$.

11.1 Schätzen relativer Häufigkeiten

Es ist also x nach $\mathbf{B}_{n,p}$ verteilt, und der Punktschätzer $\hat{p} = x/n$ nimmt die Werte $0/n, 1/n, 2/n, \ldots, n/n$ an mit den Wahrscheinlichkeiten:

$$p_i = P(\hat{p} = \frac{i}{n}) = P(x = i) = \binom{n}{i} p^i (1-p)^{n-i}.$$

Abbildung 11.1.2 zeigt diese Wahrscheinlichkeiten für $n = 100$ und $p = 0{,}45$.

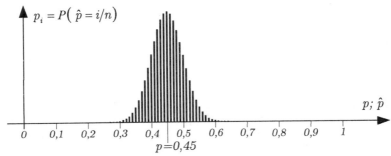

Abb. 11.1.2: Verteilungsdichte des Punktschätzers $\hat{p} = x/n$ für $n = 100$

Abbildung 11.1.3 zeigt die Verteilungsdichte von $\hat{p}$ in geglätteter Form für $n = 100, 400, 1600$.

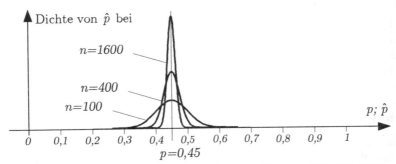

Abb. 11.1.3: Verteilungsdichte von $\hat{p} = x/n$ für $n = 100, 400, 1600$

Man erkennt, daß die Verteilung des Schätzers $\hat{p}$ mit wachsendem Stichprobenumfang n immer enger um den zu schätzenden, dem Statistiker ja unbekannten Wert p konzentriert ist. Das ist der wahrscheinlichkeitstheoretische Hintergrund der an sich selbstverständlichen Tatsache, daß der Schätzer $\hat{p} = x/n$ mit wachsendem n immer *besser* wird.

Beispiel 11.1.2: Sei $p = 0{,}45$. Wir bestimmen die Wahrscheinlichkeit $P(0{,}4 < \hat{p} \leq 0{,}5)$ in Abhängigkeit vom Stichprobenumfang n und benützen dazu die Normalapproximation: $\mathbf{B}_{n,p} \approx \mathbf{N}(np, np(1-p))$. Es gilt:

$$P(0{,}4 < \hat{p} = \frac{x}{n} \leq 0{,}5) = P(n \cdot 0{,}4 < x \leq n \cdot 0{,}5) \approx$$
$$\approx \Phi\left(\frac{n \cdot 0{,}5 - n \cdot 0{,}45}{\sqrt{n \cdot 0{,}45 \cdot 0{,}55}}\right) - \Phi\left(\frac{n \cdot 0{,}4 - n \cdot 0{,}45}{\sqrt{n \cdot 0{,}45 \cdot 0{,}55}}\right) =$$
$$= \Phi(\sqrt{n} \cdot 0{,}1005) - \Phi(-\sqrt{n} \cdot 0{,}1005) = 2\Phi(\sqrt{n} \cdot 0{,}1005) - 1,$$

und wir erhalten:

n	$P(0{,}4 < \hat{p} \leq 0{,}5 \mid p = 0{,}45)$
100	0,6850
200	0,8444
400	0,9556
800	0,9955

Das heißt, bei einem Stichprobenumfang von $n = 100$ besteht die Wahrscheinlichkeit 0,315, daß der Schätzer $\hat{p}$ um mehr als 0,05 von dem zu schätzenden Wert p abweicht. Bei $n = 200$ ist diese Wahrscheinlichkeit nur mehr 0,1556, bei $n = 400$ gar nur mehr 0,0444 und bei $n = 800$ oder mehr praktisch null.

Die bloße Angabe eines Schätzwertes $\hat{p}$ für den unbekannten Anteil p ist offensichtlich keine befriedigende Information. Man sieht diesem Wert nicht an, ob er genau oder ungenau ist. Information über die Genauigkeit erhält man durch ein **Schätzintervall** für p. Man spricht in der Statistik von **Vertrauens-** oder **Konfidenzintervallen**.

Man bestimmt dazu aus den beobachteten Daten — in unserem Fall aus x — eine untere Schranke $\underline{p} = \underline{p}(x)$ und eine obere Schranke $\overline{p} = \overline{p}(x)$ und gibt das Intervall $[\underline{p}, \overline{p}]$ als Schätzintervall für p an. Dabei soll das Rezept, nach dem die Schranken $\underline{p}$ und $\overline{p}$ berechnet wurden, so geartet sein, daß bei einer großen Anzahl gleichartiger Stichproben fast immer, z.B. bei 95 % der Stichproben, das nach diesem Rezept berechnete Schätzintervall $[\underline{p}, \overline{p}]$ den richtigen Wert p überdeckt. Präziser gesprochen:

- *Das Schätzintervall $[\underline{p}(x), \overline{p}(x)]$ ist ein* **Konfidenz-** *oder* **Vertrauensintervall** *zur* **Sicherheit** $S = 1 - \alpha$, *wenn $[\underline{p}(x), \overline{p}(x)]$ den richtigen Wert p mit der Wahrscheinlichkeit $1 - \alpha$ überdeckt:*

$$P([\underline{p}(x), \overline{p}(x)] \ni p) = 1 - \alpha.$$

Wegen der immer wieder auftretenden Fehlinterpretationen sei es noch einmal gesagt: Der Wert p ist unbekannt, aber fest. Das Schätzintervall $[\underline{p}(x), \overline{p}(x)]$ hängt von der Beobachtung x ab und ist damit zufällig. Manches Mal enthält (= überdeckt) es p, manches Mal nicht. Die Berechnungsvorschrift für $\underline{p}(x), \overline{p}(x)$ soll so sein, daß z.B. $S \cdot 100\% = 95\%$ aller Stichproben ein p überdeckendes Schätzintervall liefern.

11.1 Schätzen relativer Häufigkeiten

Erhalten wir dann bei einer konkreten Stichprobe etwa $[\underline{p}, \overline{p}] = [0{,}42; 0{,}48]$, dann sind wir subjektiv fast sicher, daß der unbekannte p-Wert zwischen 0,42 und 0,48 liegt.

Irreführend wäre es hingegen zu sagen: Der unbekannte p-Wert liegt mit der Wahrscheinlichkeit $S = 0{,}95$ zwischen 0,42 und 0,48. Denn p ist zwar unbekannt, aber fest; hat p z.B. den Wert 0,45, dann liegt es zwischen 0,42 und 0,48, hat es den Wert 0,50, dann eben nicht. Eine Wahrscheinlichkeitsaussage hat hier nichts mehr verloren. Diese hat ihren Platz **vor** der Datenbeobachtung und sagt aus: Mit der Sicherheitswahrscheinlichkeit S werde ich Daten beobachten, die, in die Berechnungsvorschrift $\underline{p}(x), \overline{p}(x)$ eingesetzt, ein p enthaltendes Schätzintervall liefern.

Bestimmung von p(x) und p̄(x)

Wir halten den Stichprobenumfang n fest und bestimmen für die Werte $p = 0; 0{,}1; 0{,}2; \ldots; 0{,}9; 1{,}0$ das $\alpha/2$- und das $(1-\alpha/2)$-Fraktil der Binomial-Verteilung $\mathbf{B}_{n,p}$. Für kleine n benötigt man dazu eine Tabelle der Binomial-Verteilung, für größere n (etwa ab $n = 100$) kann man die Normalapproximation $\mathbf{B}_{n,p} \approx \mathbf{N}(np, np(1-p))$ benützen. Es gilt:

$$\begin{array}{c} x_{1-\alpha/2}(\mathbf{B}_{n,p}) \\ x_{\alpha/2}(\mathbf{B}_{n,p}) \end{array} \approx np \pm u_{1-\alpha/2} \cdot \sqrt{np(1-p)},$$

wobei $x_{1-\alpha/2}(\mathbf{B}_{n,p})$ das $(1-\alpha/2)$-Fraktil der Binomial-Verteilung $\mathbf{B}_{n,p}$ und wie immer $u_{1-\alpha/2}$ das $(1-\alpha/2)$-Fraktil der $\mathbf{N}(0,1)$-Verteilung bezeichnet.

Tabelle 11.1.1 gibt diese Fraktile für den Stichprobenumfang $n = 200$ und für $\alpha/2 = 0{,}05$ an.

p	$x_{0{,}05}(\mathbf{B}_{200,p})$	$x_{0{,}95}(\mathbf{B}_{200,p})$
0,0	0	0
0,1	13	27
0,2	31	49
0,3	49	71
0,4	69	91
0,5	88	112
0,6	109	131
0,7	129	151
0,8	151	169
0,9	173	187
1,0	200	200

Tabelle 11.1.1: Fraktile der $\mathbf{B}_{200,p}$

Abbildung 11.1.4 zeigt diese Fraktilwerte in einem (x,p)-Koordinatensystem.

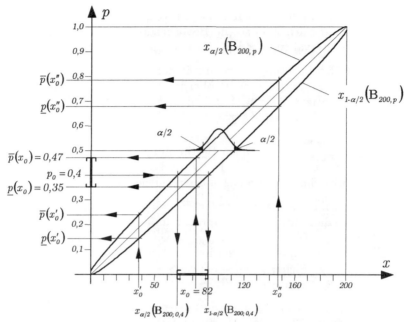

Abb. 11.1.4: $\alpha/2$- und $1 - \alpha/2$-Fraktilkurven der $\mathbf{B}_{200,p}$

Außerdem ist noch die Dichte der Verteilung $\mathbf{B}_{200;0,5}$ angedeutet, so daß die Entstehung der Fraktilkurven $x_{\alpha/2}(\mathbf{B}_{n,p})$ und $x_{1-\alpha/2}(\mathbf{B}_{n,p})$ erkennbar wird.

Das Rezept zur Bestimmung des Konfidenzintervalls $[\underline{p}(x), \overline{p}(x)]$ ist jetzt rasch erklärt:

- Ergibt die Stichprobe den Wert x_0 (d.h., enthält sie x_0 Einheiten mit der interessanten Eigenschaft), dann schneide man die $\alpha/2$- und $(1 - \alpha/2)$-Fraktilkurven mit der Koordinatenlinie durch x_0 wie in Abb. 11.1.4 für $x_0 = 82$. Die Schnittpunkte ergeben auf der p-Achse die gesuchten Konfidenzschranken $\underline{p}(x_0)$ und $\overline{p}(x_0)$, und das Intervall $[\underline{p}(x_0), \overline{p}(x_0)]$ ist ein Konfidenzintervall zur Sicherheit $S = 1 - \alpha = 0{,}90$. Im Fall $x_0 = 82$ ergibt sich: $[\underline{p}, \overline{p}] = [0{,}35; 0{,}47]$.

Um einzusehen, daß das nach diesem Verfahren bestimmte Intervall $[\underline{p}(x_0), \overline{p}(x_0)]$ den jeweils richtigen, aber unbekannten p-Wert mit der Sicherheit $S = 1 - \alpha$ überdeckt, nehmen wir an, etwa $p_0 = 0{,}4$ wäre dieser richtige Wert.

11.1 Schätzen relativer Häufigkeiten

An der Abb. 11.1.4 ist zu erkennen, daß das Schätzintervall $[\underline{p}(x_0), \overline{p}(x_0)]$ genau dann den Wert $p_0 = 0{,}4$ enthält, wenn die Beobachtung x_0 zwischen $x_{\alpha/2}(\mathbf{B}_{200;0,4})$ und $x_{1-\alpha/2}(\mathbf{B}_{200;0,4})$ fällt. Liegt x_0 außerhalb dieser Grenzen, dann überdeckt $[\underline{p}(x_0), \overline{p}(x_0)]$ den richtigen Wert $p_0 = 0{,}4$ nicht mehr. Abbildung 11.1.4 zeigt auch zwei solche Beobachtungen x'_0 und x''_0 mit den zugehörigen Schätzintervallen $[\underline{p}(x'_0), \overline{p}(x'_0)]$ bzw. $[\underline{p}(x''_0), \overline{p}(x''_0)]$.

Da aber die Beobachtung x genau mit der Wahrscheinlichkeit $1 - \alpha$ zwischen die Fraktile $x_{\alpha/2}, x_{1-\alpha/2}$ fällt, überdeckt schließlich das Schätzintervall $[\underline{p}(x), \overline{p}(x)]$ den richtigen Wert $p_0 = 0{,}4$ mit eben dieser Sicherheitswahrscheinlichkeit $S = 1 - \alpha$, womit wir am Ziel unserer Überlegungen angelangt sind.

Wie wir sehen, benötigt man zur Bestimmung des Konfidenzintervalls $[\underline{p}, \overline{p}]$ ein Kurvenblatt nach Art der Abb. 11.1.4, und zwar für jeden Stichprobenumfang n und für jede Sicherheit $S = 1 - \alpha$ ein eigenes.

Die Sache wird einfacher, wenn man die waagrechte Achse in $x/n = \hat{p}$ skaliert, denn $\hat{p}$ läuft dann für jeden Stichprobenumfang von 0 bis 1, und man kann die Fraktillinien $x_{\alpha/2}(\mathbf{B}_{n,p}), x_{1-\alpha/2}(\mathbf{B}_{n,p})$ für verschiedene Stichprobenumfänge in ein und dasselbe Kurvenblatt zeichnen. Man benötigt dann nur noch für verschiedene gängige Sicherheiten — etwa $S = 0{,}90; 0{,}95; 0{,}99$ — getrennte Kurvenblätter (sog. Nomogramme).

Das Nomogramm 1 im Anhang zeigt diese Fraktillinien für die Stichprobenumfänge $n = 8, 10, 12, 16, 20, 24, 30, 40, 60, 100, 200, 400, 1000$. Aus Symmetriegründen genügt es dabei, für $\hat{p} = x/n$ den Bereich $[0; 0{,}5]$ anzugeben. Wir erläutern die Anwendung an einigen Beispielen.

Beispiel 11.1.3: 1. Es sei $n = 200$ und $\hat{p} = 0{,}455$. Man bestimme ein Vertrauensintervall zur Sicherheitswahrscheinlichkeit $1 - \alpha = 0{,}95$ für p.

Man erhält: $[\underline{p}, \overline{p}] = [0{,}38; 0{,}52]$ bzw. $[\underline{P}, \overline{P}] = [38\,\%; 52\,\%]$.

2. Man löse die gleiche Aufgabe für $n = 1000$ und $\hat{p} = 0{,}455$.

Es ergibt sich: $[\underline{p}, \overline{p}] = [0{,}42; 0{,}48]$ bzw. $[\underline{P}, \overline{P}] = [42\,\%; 48\,\%]$.

3. Ist n größer als 1000, dann kann man $[\underline{p}, \overline{p}]$ nach der folgenden Näherungsformel berechnen (praktisch kann man schon ab $n = 100$ mit dieser Näherung arbeiten):

$$\genfrac{}{}{0pt}{}{\overline{p}}{\underline{p}} = \hat{p} \pm u_{1-\alpha/2} \cdot \sqrt{\frac{\hat{p}(1-\hat{p})}{n}}.$$

Dabei bezeichnet $u_{1-\alpha/2}$ das $(1 - \alpha/2)$-Fraktil der $\mathbf{N}(0,1)$-Verteilung.

Es gilt:

$1-\alpha$	0,90	0,95	0,99
$u_{1-\alpha/2}$	1,645	1,960	2,576

Wir lösen die gleiche Aufgabe für $n = 10^4$ und $\hat{p} = 0{,}455$.

Es folgt:
$$\begin{matrix}\bar{p}\\ \underline{p}\end{matrix} = 0{,}455 \pm 1{,}96 \cdot \sqrt{\frac{0{,}455 \cdot 0{,}545}{10^4}} = \begin{matrix}0{,}465\\ 0{,}445\end{matrix}$$

Somit $[\underline{p}, \bar{p}] = [0{,}445; 0{,}465]$ bzw. $[\underline{P}, \bar{P}] = [44{,}5\,\%; 46{,}5\,\%]$; d.h., bei einem Stichprobenumfang von $n = 10^4$ kann der Prozentsatz bei einer Sicherheitswahrscheinlichkeit von $1 - \alpha = 0{,}95$ auf $\pm 1\,\%$ genau geschätzt werden.

4. Wie groß hat man die Stichprobe zu wählen, wenn man p mit einer Sicherheit von $1 - \alpha$ auf $\pm \triangle$ abschätzen will?

Es muß gelten:
$$u_{1-\alpha/2} \cdot \sqrt{\frac{\hat{p}(1-\hat{p})}{n}} = \triangle.$$

Also:
$$n = \left(\frac{u_{1-\alpha/2}}{\triangle}\right)^2 \cdot \hat{p}(1-\hat{p}).$$

Da $\hat{p}$ im Stadium der Versuchsplanung nicht bekannt ist, ist der ungünstigste Wert $\hat{p} = 0{,}5$ oder, bei ungefährer Kenntnis des zu erwartenden Resultates, ein grober Schätzwert für $\hat{p}$ einzusetzen. Für $\hat{p} = 0{,}5$ folgt abschließend:

$$n = \left(\frac{u_{1-\alpha/2}}{2\triangle}\right)^2.$$

Zahlenbeispiel: Der Prozentsatz $P = 100p\,\%$ soll auf $\pm 2\,\%$ zur Sicherheit $S = 0{,}99$ geschätzt werden.

Es ist:
$$0{,}99 = 1 - \alpha \Rightarrow 1 - \alpha/2 = 0{,}995 \Rightarrow u_{1-\alpha/2} = 2{,}576,$$
$$\triangle = 2/100 = 0{,}02,$$

somit:
$$n = \left(\frac{2{,}576}{2 \cdot 0{,}02}\right)^2 = 4147,$$

man hat also rund $n = 4000$ zu wählen.

11.1 Schätzen relativer Häufigkeiten

Vertrauensschranken

Häufig benötigt man keine zweiseitige Abschätzung des unbekannten Parameters p in der Form $\underline{p}(x) \leq p \leq \overline{p}(x)$, sondern eine einseitige Abschätzung genügt. Man spricht dann von einseitigen **Vertrauensschranken** $\underline{p}(x)$ bzw. $\overline{p}(x)$.

Die Bestimmung einseitiger Schranken erfolgt genauso wie die zweiseitiger mit dem Nomogramm 1 bzw. mit der Näherungsformel für große Stichprobenumfänge. Die Sicherheit für Einzelschranken ist allerdings jetzt höher, nämlich: $S = 1 - \alpha/2$, wenn das Nomogramm für die Sicherheit $1 - \alpha$ bei zweiseitigen Schranken benützt wird.

Rechnet man mit der Näherungsformel ($n \geq 100$), dann ist:

$\overline{p}(x) = \hat{p} + u_{1-\alpha} \cdot \sqrt{\hat{p}(1-\hat{p})/n}$ ... eine **obere Vertrauensschranke** zur Sicherheit $S = 1 - \alpha$, und

$\underline{p}(x) = \hat{p} - u_{1-\alpha} \cdot \sqrt{\hat{p}(1-\hat{p})/n}$ ... eine **untere Vertrauensschranke** zur Sicherheit $S = 1 - \alpha$.

Beispiel 11.1.4: Eine Großpartei möchte vor einer Wahl feststellen, ob sie die 45 %-Marke überschreiten wird. Sie gibt einem Meinungsforschungsinstitut den Auftrag, diese Frage zu untersuchen.

Methode: Das Meinungsforschungsinstitut befragt n Personen und berechnet eine untere Vertrauensschranke $\underline{p}$ für den unbekannten Stimmenanteil p der fraglichen Partei. Ist $\underline{p} > 0{,}45$, dann hat man eine durch die Sicherheitswahrscheinlichkeit $1 - \alpha$ bewertete Gewißheit, daß man wirklich über der 45 %-Marke liegt.

Das Institut befragt $n = 1000$ Personen. $x_0 = 490$ davon wählen die fragliche Partei. Es ist $\hat{p} = 490/1000 = 0{,}49$. Aus dem Nomogramm 1 liest man ab: $\underline{p}(x_0) = 0{,}46$. Die Sicherheit ist $1 - \alpha = 0{,}975$.

Ergebnis: Falls sich die Wähler bis zur Wahl nicht noch anders entscheiden und falls die Stichprobe zufällig war, kann man praktisch sicher sein, daß die Partei die 45 %-Hürde nimmt.

11.2 Testen von Hypothesen über relative Häufigkeiten

Wir knüpfen an das vorige Beispiel an. Die Partei hofft, daß ihr Stimmenanteil p über 0,45 liegen möge, sie hätte das gerne bestätigt.

Der Statistiker spricht von einer **Hypothese** über p. Die Gegenhypothese lautet: $p \leq 0{,}45$.

Die Hypothese, die bestätigt werden soll, nennt man üblicherweise die Einshypothese H_1, ihr Gegenteil die Nullhypothese H_0.

Wir haben also:

$$H_0: \quad p \leq 0{,}45 \qquad H_1: \quad p > 0{,}45$$

Der Statistiker soll auf der Grundlage einer Stichprobe die Hypothese H_1 bestätigten. Die Entscheidungsregel, die er benützt, nennt man einen statistischen **Test** oder eine **Teststrategie**. Da die Daten zufällig sind, kann er sich irren.

- Ist H_0 richtig, und er sagt H_1 gilt, dann begeht er einen **Fehler 1. Art**.
- Ist H_1 richtig, und er sagt H_0 gilt, dann begeht er einen **Fehler 2. Art**.

Die maximale Wahrscheinlichkeit für einen Fehler 1. Art nennt man das **Fehler-Niveau** oder **Signifikanz-Niveau** des Tests und bezeichnet es mit α. Von einem vernünftigen Test verlangt man ein sehr niedriges Niveau α. Werte α zwischen 0,05 und 0,01 sind üblich.

Wir betrachten unser Beispiel:

$$H_0: \quad p \leq 0{,}45 \qquad H_1: \quad p > 0{,}45.$$

Die Teststrategie lautet:

- *Bestimme auf der Grundlage einer Stichprobe vom Umfang n die untere Vertrauensschranke $\underline{p}$ zur Sicherheit $1 - \alpha$ und entscheide auf H_1, falls $\underline{p} > 0{,}45$ ist, und auf H_0, falls $\underline{p} \leq 0{,}45$ ausfällt.*

Das Niveau dieses Tests:

Ist p_0 der richtige Wert, dann gilt $\underline{p} \leq p_0$ mit Wahrscheinlichkeit $1 - \alpha$. Ist also H_0 richtig, d.h., ist $p_0 \leq 0{,}45$, dann gilt erst recht $\underline{p} \leq 0{,}45$ mindestens mit Wahrscheinlichkeit $1 - \alpha$. Im Grenzfall, für $p_0 = 0{,}45$, gilt $\underline{p} \leq 0{,}45$ genau mit Wahrscheinlichkeit $1 - \alpha$ und $\underline{p} > 0{,}45$ ebenfalls genau mit Wahrscheinlichkeit α, d.h. also: Gilt H_0, dann ist die maximale Wahrscheinlichkeit für einen Fehler 1. Art exakt gleich α. α ist somit das Niveau dieses Tests.

11.2 Testen von Hypothesen über relative Häufigkeiten

Beispiel 11.2.1: Es wurden $n = 1000$ Personen befragt. 490 davon wählen die fragliche Partei. Es ergibt sich also $\hat{p} = 490/1000 = 0{,}49$ und aus Nomogramm 1: $\underline{p} = 0{,}46$ zur Sicherheit $1 - \alpha = 0{,}975$.

Wegen $\underline{p} = 0{,}46 > 0{,}45$ entscheidet der Statistiker auf $\mathbf{H}_1$.

Er formuliert sein Ergebnis im statistischen Technolekt etwa folgendermaßen:

„Der Stimmenanteil der Partei XPÖ liegt signifikant über 0,45."

Damit will er sagen, daß der Schätzer $\hat{p} = 0{,}49$ nicht rein zufällig über 0,45 liegt, sondern daß dies wirklich etwas zu bedeuten hat, also **signifikant** ist, im Hinblick auf die Hypothese $\mathbf{H}_1: p > 0{,}45$. Spricht der Statistiker zu einem Fachmann oder zu einem, den er dafür hält, dann gibt er auch noch das Niveau $\alpha = 0{,}025$ an. Der angesprochene Fachmann weiß dann, mit welchem Maß an Vorsicht er die Aussage aufzunehmen hat.

Zweiseitige Hypothesen

Wir besprechen an dem Beispiel des Wähleranteils p einen weiteren wichtigen Sonderfall der statistischen Hypothesenbildung und des Testens dieser Hypothese.

Angenommen die Partei hatte bei der letzten Wahl 45 % Wähleranteil, also $p_0 = 0{,}45$. Sie beauftragt von Zeit zu Zeit ein Umfrageinstitut, um herauszufinden, ob sich der Wähleranteil ändert. Die Änderung soll aufgezeigt werden, gleichgültig ob nach unten oder nach oben.

Der Statistiker übersetzt diese Fragestellung folgendermaßen in seine Hypothesensprache:

$$\mathbf{H}_0: \quad p = 0{,}45 \qquad \mathbf{H}_1: \quad p \neq 0{,}45$$

Das heißt ausführlich gelesen:

Nullhypothese: Der Anteil p ist nach wie vor 0,45 (oder kaum davon verschieden).

Einshypothese: Der Anteil p ist (deutlich) von 0,45 verschieden.

Die **Teststrategie** lautet:

1. *Befrage n Personen und bilde das Konfidenzintervall $[\underline{p}, \bar{p}]$ zur Sicherheit $1 - \alpha$.*

2. *Enthält das Intervall $[\underline{p}, \bar{p}]$ den Wert 0,45, dann entscheide auf $\mathbf{H}_0$, enthält es ihn nicht, entscheide auf $\mathbf{H}_1$. Kurz:*

$$[\underline{p}, \bar{p}] \quad \begin{matrix} \ni \\ \not\ni \end{matrix} \quad 0{,}45 \quad \Longrightarrow \quad \begin{matrix} \mathbf{H}_0 \\ \mathbf{H}_1 \end{matrix}$$

Beispiel 11.2.2: $n = 1000$ Personen werden befragt.

A. Ein Jahr nach der Wahl entscheiden sich $x = 430$ Personen für die Partei.

D.h.: $\hat{p} = 430/1000 = 0{,}43$ ... Punktschätzer,

$[\underline{p}, \bar{p}] = [0{,}40; 0{,}46]$ ... Konfidenzintervall zur Sicherheit $1 - \alpha = 0{,}95$.

Wegen $[\underline{p}, \bar{p}] \ni 0{,}45$ entscheidet man sich für $\mathbf{H_0}$.

Das bedeutet: Eine nennenswerte Veränderung des Wähleranteils kann nicht festgestellt werden (wenigstens nicht zum Niveau α).

B. Drei Jahre nach der Wahl entscheiden sich bei einer neuen Umfrage $x = 400$ Personen für die Partei.

D.h.: $\hat{p} = 400/1000 = 0{,}40$ ... Punktschätzer,

$[\underline{p}, \bar{p}] = [0{,}37; 0{,}43]$ ... Konfidenzintervall zur Sicherheit $1 - \alpha = 0{,}95$.

Wegen $[\underline{p}, \bar{p}] \not\ni 0{,}45$ entscheidet man sich für $\mathbf{H_1}$.

Das bedeutet: Eine Veränderung des Stimmenanteils (nach unten) ist signifikant (zum Niveau $\alpha = 0{,}05$) nachgewiesen.

Stichprobenumfang für gegebene Trennschärfe

Wählt man den Umfang n der Stichprobe der zu Befragenden größer, dann können kleinere Veränderungen des Wähleranteils signifikant aufgedeckt werden. Damit stellt sich die Frage, wie groß n zu wählen ist, damit man eine Veränderung von p um $\pm\Delta$ erkennt.

Antwort: Soll eine Veränderung von p um $\pm\Delta$ oder mehr mit der Sicherheit $1 - \alpha$ erkannt werden, dann muß

$$n \geq (u_{1-\alpha/2}/2\Delta)^2$$

gewählt werden.

Beispiel 11.2.3: Eine Veränderung des Wähleranteils p um $0{,}01$ nach oben oder nach unten soll mit Sicherheit $1 - \alpha = 0{,}95$ aufgedeckt werden. Wieviele Personen hat das Institut zu befragen?

Lösung: $\Delta = 0{,}01 \implies n \geq (1{,}96/0{,}02)^2 = 9604$.

Wir haben damit die wichtigsten statistischen Fragen, die sich im Zusammenhang mit einem unbekannten Anteilswert p stellen, behandelt und fassen die Ergebnisse noch einmal übersichtlich zusammen.

11.2 Testen von Hypothesen über relative Häufigkeiten

Zusammenfassung der Ergebnisse

Problem: Die relative Häufigkeit p einer Eigenschaft in einer gegebenen Grundgesamtheit $\mathcal{M}$ ist zu schätzen bzw. Hypothesen über p sind zu testen.

Daten: Eine Stichprobe vom Umfang n ist zu entnehmen, und die Anzahl x der Einheiten mit der fraglichen Eigenschaft ist zu bestimmen.

Punktschätzer: $\hat{p} = x/n$

Vertrauensintervall: $[\underline{p}, \overline{p}]$ aus Nomogramm 1 bzw. für große n nach der Formel:

$$\overline{\underline{p}} = \hat{p} \pm u_{1-\alpha/2} \cdot \sqrt{\frac{\hat{p}(1-\hat{p})}{n}}$$

($u_{1-\alpha/2} = (1 - \alpha/2)$-Fraktil der $N(0,1)$-Verteilung) ergibt ein Vertrauensintervall zur Sicherheit $1 - \alpha$.

Vertrauensschranken: $\underline{p}, \overline{p}$ sind untere bzw. obere Vertrauensschranken für p zur Sicherheit $1 - \alpha/2$, wenn $[\underline{p}, \overline{p}]$ ein Vertrauensintervall zur Sicherheit $1 - \alpha$ ist.

Stichprobenumfang: Soll p auf $\pm \Delta$ mit der Sicherheit $1 - \alpha$ genau geschätzt werden, d.h., soll $\overline{p} - \underline{p} \leq 2\Delta$ sein, dann muß gelten:

$$n \geq (u_{1-\alpha/2}/2\Delta)^2.$$

Testen einseitiger Hypothesen:

$$\textbf{A. H}_0\text{:} \quad p \leq p_0 \qquad \textbf{H}_1\text{:} \quad p > p_0$$

Niveau-α-Test: Bestimme $\underline{p}$ zur Sicherheit $1 - \alpha$.

Gilt $\underline{p} > p_0$, entscheide auf $\textbf{H}_1$,

gilt $\underline{p} \leq p_0$, entscheide auf $\textbf{H}_0$.

Stichprobenumfang: Soll eine Abweichung $p > p_0 + \Delta$ mit der Sicherheit $1 - \alpha$ erkannt werden, dann ist zu wählen:

$$n \geq (u_{1-\alpha}/2\Delta)^2.$$

B. H_0: $p \geq p_0$ **H_1:** $p < p_0$.

Niveau-α-Test: Bestimme $\overline{p}$ zur Sicherheit $1 - \alpha$.

Gilt $\overline{p} < p_0$, entscheide auf H_1,

gilt $\overline{p} \geq p_0$, entscheide auf H_0.

Stichprobenumfang: Soll eine Abweichung $p < p_0 - \Delta$ mit der Sicherheit $1 - \alpha$ erkannt werden, dann ist zu wählen:

$$n \geq (u_{1-\alpha}/2\Delta)^2.$$

Testen zweiseitiger Hypothesen:

H_0: $p = p_0$ H_1: $p \neq p_0$.

Niveau-α-Test: Bestimme $[\underline{p}, \overline{p}]$ zur Sicherheit $1 - \alpha$.

Gilt $[\underline{p}, \overline{p}] \not\ni p_0$, entscheide auf H_1,

gilt $[\underline{p}, \overline{p}] \ni p_0$, entscheide auf H_0.

Stichprobenumfang: Soll eine Abweichung von p um $\pm\Delta$ von p_0 mit der Sicherheit $1 - \alpha$ erkannt werden, dann ist zu wählen:

$$n \geq (u_{1-\alpha/2}/2\Delta)^2.$$

11.3 Vergleich zweier relativer Häufigkeiten

Als typisches Anwendungsbeispiel betrachten wir die Anteile p_1 und p_2 der XPÖ-Wähler in zwei verschiedenen Grundgesamtheiten $\mathcal{M}_1$ und $\mathcal{M}_2$ (z.B. in zwei verschiedenen Städten oder unter den männlichen bzw. den weiblichen Wahlberechtigten einer Stadt). Es interessiert die Differenz $p_1 - p_2$, sie soll aus zwei Stichproben, die jeweils $\mathcal{M}_1$ und $\mathcal{M}_2$ entnommen werden, geschätzt werden, bzw. sollen Hypothesen über $p_1 - p_2$ getestet werden.

Daten: Zwei Zufallsstichproben mit den Umfängen n_1 und n_2 werden aus $\mathcal{M}_1$ bzw. $\mathcal{M}_2$ entnommen. x_1, x_2 seien die jeweiligen Anzahlen der XPÖ-Wähler in diesen Stichproben.

Punktschätzer für $p_1 - p_2$: Man benützt naheliegenderweise

$$\widehat{p_1 - p_2} = \hat{p}_1 - \hat{p}_2 = \frac{x_1}{n_1} - \frac{x_2}{n_2}$$

als Punktschätzer.

11.3 Vergleich zweier relativer Häufigkeiten

Bereichschätzer für $p_1 - p_2$: In dem für die Anwendungen wichtigsten Fall größerer Stichprobenumfänge ($n_1, n_2 \geq 100$) kann man mit Normalapproximation rechnen und erhält:

$$\begin{array}{c}\overline{p_1 - p_2} \\ \underline{p_1 - p_2}\end{array} = (\hat{p}_1 - \hat{p}_2) \pm u_{1-\alpha/2} \cdot \sqrt{\frac{\hat{p}_1(1-\hat{p}_1)}{n_1} + \frac{\hat{p}_2(1-\hat{p}_2)}{n_2}}$$

als obere und untere Grenzen eines Vertrauensintervalls $[\underline{p_1 - p_2}, \overline{p_1 - p_2}]$ zur Sicherheit $S = 1 - \alpha$.

$\overline{p_1 - p_2}$ und $\underline{p_1 - p_2}$ sind, nach der obigen Formel berechnet, für sich allein obere und untere Vertrauensschranken für $p_1 - p_2$ zur Sicherheit $S = 1 - \alpha/2$.

Stichprobenumfang: Soll $p_1 - p_2$ auf $\pm\triangle_p$ genau mit der Sicherheit $S = 1 - \alpha$ abgeschätzt werden und unterstellt man gleiche Stichprobenumfänge $n_1 = n_2 = n$, dann muß gelten:

$$\triangle_p = u_{1-\alpha/2} \cdot \sqrt{\frac{\hat{p}_1(1-\hat{p}_1)}{n} + \frac{\hat{p}_2(1-\hat{p}_2)}{n}}$$

Ohne Kenntnis von p_1 und p_2 bzw. $\hat{p}_1, \hat{p}_2$ setzen wir die ungünstigsten Werte, nämlich $\hat{p}_1 = \hat{p}_2 = 1/2$ ein und erhalten:

$$\triangle_p = u_{1-\alpha/2} \cdot \sqrt{\frac{1}{2n}}$$

und damit:

$$n = \frac{1}{2}\left(\frac{u_{1-\alpha/2}}{\triangle_p}\right)^2.$$

Beispiel 11.3.1: 1. Die in zwei Städten erhobenen Stichproben mit den Umfängen $n_1 = 1000$ und $n_2 = 800$ enthielten $x_1 = 455$ bzw. $x_2 = 320$ Wähler der Partei XPÖ. Daraus errechnen sich die Punktschätzer:

$$\hat{p}_1 = 0{,}455, \ \hat{p}_2 = 0{,}400, \qquad \widehat{p_1 - p_2} = \hat{p}_1 - \hat{p}_2 = 0{,}055$$

und das Konfidenzintervall für die Differenz $p_1 - p_2$ zur Sicherheit $S = 1 - \alpha = 0{,}90$:

$$\begin{array}{c}\overline{p_1 - p_2} \\ \underline{p_1 - p_2}\end{array} = 0{,}055 \pm 1{,}645 \cdot \sqrt{\frac{0{,}455 \cdot 0{,}545}{1000} + \frac{0{,}4 \cdot 0{,}6}{800}} = \begin{array}{c}0{,}094 \\ 0{,}016\end{array}.$$

In Prozentpunkten ausgedrückt bedeutet das:

$$\widehat{P_1 - P_2} = 5{,}5\,\% \quad \text{und} \quad [\underline{P_1 - P_2}, \overline{P_1 - P_2}] = [1{,}6\,\%, 9{,}4\,\%].$$

2. Wie groß sind die Stichprobenumfänge $n_1 = n_2 = n$ zu wählen, damit $P_1 - P_2$ auf $\pm 2\,\%$ genau mit der Sicherheit $S = 1 - \alpha = 0{,}90$ geschätzt werden kann?

Es ist $\triangle_p = 0{,}02$ und $u_{1-\alpha/2} = 1{,}645$. Das ergibt einen Stichprobenumfang von:

$$n = \frac{1}{2} \cdot \left(\frac{1{,}645}{0{,}02}\right)^2 = 3382 \approx 3400.$$

Bei der Sicherheit $S = 0{,}95$ benötigt man bereits einen Stichprobenumfang von $n = 4800$.

12 Die Parameter der Normalverteilung

Stetige Merkmale sind sehr häufig angenähert normalverteilt. Die Aufgabe des Statistikers ist in diesem Fall die Schätzung der Parameter μ und σ^2, also von Mittel und Varianz der Normalverteilung, denn kennt man diese Parameter, dann kennt man die Verteilung vollständig.

Wir treffen daher die Annahme, das beobachtete Merkmal x wäre normalverteilt: $x \sim \mathbf{N}(\mu, \sigma^2)$ mit unbekannten, zu schätzenden Parametern μ und σ^2. Man spricht von einer **Modellannahme** oder von einem **statistischen Modell**.

Wie man prüfen kann, ob eine derartige Modellannahme gerechtfertigt ist, werden wir in Kapitel 14 kennenlernen.

12.1 Der Mittelwert

Aufgabe ist es, Punkt- und Bereichschätzer für den unbekannten Mittelwert μ anzugeben und Hypothesen über μ zu testen.

Daten: Es stehen die Beobachtungen $x_1, \ldots, x_n$ einer Zufallsstichprobe vom Umfang n zur Verfügung.

Punktschätzer für μ: Es liegt nahe, das Stichprobenmittel $\bar{x} = (x_1 + \ldots + x_n)/n$ als Punktschätzer zu benutzen. In der Tat läßt sich zeigen, daß $\bar{x}$ der in vieler Hinsicht optimale Schätzer ist (insbesondere streut $\bar{x}$ unter allen Schätzern am wenigsten um den zu schätzenden Wert μ). Wir setzen also:

$$\hat{\mu} = \bar{x} = \frac{1}{n}(x_1 + \ldots + x_n) \ \ldots \text{ Punktschätzer für } \mu.$$

Bereichschätzer für μ: Wir bestimmen aus den Daten $x_1, \ldots, x_n$ die Stichprobenvarianz

$$s^2 = \frac{1}{n-1} \sum_{j=1}^{n} (x_j - \bar{x})^2$$

und berechnen die Grenzen $\underline{\mu}$ und $\overline{\mu}$ des Vertrauensintervalls zur Sicherheit $S = 1 - \alpha$ nach der Formel:

$$\overline{\underline{\mu}} = \bar{x} \pm \frac{s}{\sqrt{n}} \cdot t_{n-1; 1-\alpha/2}.$$

Dabei bezeichnet $t_{n-1; 1-\alpha/2}$ das $(1 - \alpha/2)$-Fraktil der Student-Verteilung mit $(n-1)$ Freiheitsgraden. Man entnimmt diesen Wert einer Tabelle der Student-Verteilung (siehe Tabelle 7 im Anhang).

Beispiel 12.1.1: Bei einer automatischen Abfüllanlage ist das Füllgewicht x gemessen in Gramm in guter Näherung normalverteilt. Aus einer Stichprobe vom Umfang $n = 50$ ergaben sich:

$$\overline{x} = 957\,\text{g}, \quad s^2 = (18{,}7\,\text{g})^2.$$

Wir erhalten:

$$\hat{\mu} = \overline{x} = 957\,\text{g} \quad \ldots \text{ den Punktschätzer für das}$$
$$\text{mittlere Abfüllgewicht } \mu,$$

und zur Sicherheit $S = 1 - \alpha = 0{,}95$ mit dem aus Tabelle 7 entnommenen Wert $t_{49;0,975} = 2{,}01$ die Grenzen des Vertrauensintervalls:

$$\genfrac{}{}{0pt}{}{\overline{\mu}}{\underline{\mu}} = 957 \pm \frac{18{,}7}{\sqrt{50}} \cdot 2{,}01 = 957 \pm 5{,}32 = \genfrac{}{}{0pt}{}{962{,}32}{951{,}68},$$

somit, gerundet auf 0,5 g:

$$[\underline{\mu}, \overline{\mu}] = [951{,}5; 962{,}5] \ldots \text{ das Vertrauensintervall für}$$
$$\mu \text{ zur Sicherheit } S = 0{,}95.$$

Wir wollen die Herleitung der Formel für $\underline{\mu}, \overline{\mu}$ kurz skizzieren. Man kann zeigen, daß die Statistik

$$y = \frac{\overline{x} - \mu}{s/\sqrt{n}}$$

nach Student mit $(n-1)$ Freiheitsgraden, also nach $\mathbf{t}_{n-1}$ verteilt ist, soferne das beobachtete Merkmal x die Normalverteilung $\mathbf{N}(\mu, \sigma^2)$ besitzt. Somit gilt die Wahrscheinlichkeitsaussage:

$$P(t_{n-1;\alpha/2} \leq \frac{\overline{x} - \mu}{s/\sqrt{n}} \leq t_{n-1;1-\alpha/2}) = 1 - \alpha$$

Gleichwertig mit der obigen Doppelungleichung ist die umgerechnete Doppelungleichung:

$$\overline{x} - \frac{s}{\sqrt{n}} \cdot t_{n-1;1-\alpha/2} \leq \mu \leq \overline{x} - \frac{s}{\sqrt{n}} \cdot t_{n-1;\alpha/2},$$

die somit auch mit Wahrscheinlichkeit $1 - \alpha$ eintritt. Beachtet man noch die Symmetriebeziehung für die t-Verteilung:

$$t_{n-1;\alpha/2} = -t_{n-1;1-\alpha/2},$$

dann folgt die Aussage:

$$P(\overline{x} - \frac{s}{\sqrt{n}} \cdot t_{n-1;1-\alpha/2} \leq \mu \leq \overline{x} + \frac{s}{\sqrt{n}} \cdot t_{n-1;1-\alpha/2}) = 1 - \alpha.$$

Sie bedeutet, daß das Zufallsintervall $[\underline{\mu}, \overline{\mu}] = [\overline{x} - \frac{s}{\sqrt{n}} t_{n-1;1-\alpha/2}, \overline{x} + \frac{s}{\sqrt{n}} t_{n-1;1-\alpha/2}]$ den Mittelwert μ mit der Wahrscheinlichkeit $1 - \alpha$ überdeckt und damit ein Vertrauensintervall zur Sicherheit $S = 1 - \alpha$ ist.

12.1 Der Mittelwert

Stichprobenumfang: Die Länge des $(1-\alpha)$-Konfidenzintervalls $[\underline{\mu}, \overline{\mu}]$ beträgt:

$$l = 2 \cdot \frac{s}{\sqrt{n}} \cdot t_{n-1;1-\alpha/2}.$$

Sie hängt über s von den Daten ab und ist somit zufällig. Die durchschnittliche Länge, gemittelt über viele Stichproben, beträgt:

$$\bar{l} = 2 \cdot \frac{\sigma}{\sqrt{n}} \cdot t_{n-1;1-\alpha/2}.$$

Aus der Bedingung $\bar{l} = 2\triangle_\mu$, d.h., man möchte μ auf $\pm\triangle_\mu$ genau schätzen, erhält man eine Bedingung für den Stichprobenumfang n:

$$2\triangle_\mu = 2 \cdot \frac{\sigma}{\sqrt{n}} \cdot t_{n-1;1-\alpha/2} \quad\Longrightarrow\quad n = \left(\frac{\sigma}{\triangle_\mu} \cdot t_{n-1;1-\alpha/2}\right)^2.$$

Diese Gleichung wird freilich erst brauchbar, wenn man erstens die Näherung $t_{n-1;1-\alpha/2} \approx u_{1-\alpha/2}$ benutzt (sie gilt ab $n = 20$ bereits mit ausgezeichneter Genauigkeit) und wenn man zweitens schon über eine Grobschätzung $\hat{\sigma}$ für die Standardabweichung σ verfügt. Es ergibt sich abschließend:

$$n \approx \left(\frac{\hat{\sigma}}{\triangle_\mu} \cdot u_{1-\alpha/2}\right)^2.$$

Beispiel 12.1.2: Im vorigen Beispiel soll die mittlere Füllmenge μ auf $\pm 2\,\text{g}$ genau geschätzt werden, und zwar zur Sicherheit $S = 1 - \alpha = 0{,}95$. Eine Grobschätzung für σ sei bekannt: $\hat{\sigma} = 20\,\text{g}$.
Wir erhalten:

$$n \approx \left(\frac{20}{2} \cdot 1{,}96\right)^2 = 384.$$

Man wird also etwa $n = 400$ wählen, um auf der sicheren Seite zu sein.

Testen von Hypothesen über μ

Generell merken wir uns für Hypothesen über irgendwelche Verteilungsparameter (μ, σ^2 etc.):

- *Diejenige Aussage über den fraglichen Parameter, die mit Hilfe der Stichprobe bestätigt werden soll, ist immer als Eins-Hypothese $\mathbf{H_1}$ zu nehmen.*

- *Liefert der Test (auf der Grundlage der beobachteten Daten $x_1, \ldots, x_n$) eine Entscheidung auf $\mathbf{H_1}$, dann ist man praktisch sicher, daß $\mathbf{H_1}$ wirklich gilt. Irrtumswahrscheinlichkeit ist das Niveau α. Liefert der Test hingegen eine Entscheidung auf $\mathbf{H_0}$, dann besteht keinerlei Sicherheit, daß $\mathbf{H_0}$ gilt. Wollte man $\mathbf{H_0}$ „beweisen", dann müßte man die Hypothesen vertauschen und den für diese neue Hypothesensituation angemessenen Test benützen.*

Einseitige Hypothesen:

$$\text{A.} \quad \text{H}_0: \quad \mu \leq \mu_0 \qquad \text{H}_1: \quad \mu > \mu_0$$

Test zum Niveau α: Bestimme die **untere** Vertrauensschranke $\underline{\mu}$ zur Sicherheit $1 - \alpha$:

$$\underline{\mu} = \bar{x} - \frac{s}{\sqrt{n}} \cdot t_{n-1;1-\alpha}.$$

Entscheide gemäß:

$$\underline{\mu} \begin{array}{c} > \\ \leq \end{array} \mu_0 \quad \Longrightarrow \quad \begin{array}{c} \text{H}_1 \\ \text{H}_0 \end{array}$$

$$\text{B.} \quad \text{H}_0: \quad \mu \geq \mu_0 \qquad \text{H}_1: \quad \mu < \mu_0$$

Test zum Niveau α: Bestimme die **obere** Vertrauensschranke $\bar{\mu}$ zur Sicherheit $1 - \alpha$:

$$\bar{\mu} = \bar{x} + \frac{s}{\sqrt{n}} \cdot t_{n-1;1-\alpha}.$$

Entscheide gemäß:

$$\bar{\mu} \begin{array}{c} < \\ \geq \end{array} \mu_0 \quad \Longrightarrow \quad \begin{array}{c} \text{H}_1 \\ \text{H}_0 \end{array}$$

Stichprobenumfang: Soll im Fall A eine Überschreitung des Mittels μ über den Vergleichswert μ_0 um $\triangle_\mu$ oder mehr mit der Sicherheit $1 - \beta$ aufgedeckt werden, dann benötigt man einen Stichprobenumfang von:

$$n \approx \left(\frac{u_{1-\alpha} + u_{1-\beta}}{\triangle_\mu / \hat{\sigma}} \right)^2.$$

$\hat{\sigma}$ ist eine Grobschätzung der Standardabweichung σ.

Der gleiche Stichprobenumfang ist notwendig, um im Fall B eine Unterschreitung von μ unter $\mu_0 - \triangle_\mu$ mit der Sicherheit $1 - \beta$ aufzudecken.

Zweiseitige Hypothesen:

$$\text{H}_0: \quad \mu = \mu_0 \qquad \text{H}_1: \quad \mu \neq \mu_0$$

Test zum Niveau α: Bestimme das Vertrauensintervall $[\underline{\mu}, \bar{\mu}]$ zur Sicherheit $1 - \alpha$:

$$\overline{\underline{\mu}} = \bar{x} \pm \frac{s}{\sqrt{n}} \cdot t_{n-1;1-\alpha/2}.$$

12.1 Der Mittelwert

Entscheide gemäß:

$$[\underline{\mu},\overline{\mu}] \begin{array}{c}\not\ni\\ \ni\end{array} \mu_0 \implies \begin{array}{c}\mathbf{H}_1\\ \mathbf{H}_0\end{array}$$

Stichprobenumfang: Soll eine Abweichung des Mittels μ vom Vergleichswert μ_0 um $\triangle_\mu$ oder mehr mit der Wahrscheinlichkeit $1-\beta$ aufgedeckt werden, dann benötigt man einen Stichprobenumfang von:

$$n \approx \left(\frac{u_{1-\alpha/2} + u_{1-\beta}}{\triangle_\mu/\hat{\sigma}}\right)^2.$$

$\hat{\sigma}$ ist auch hier eine Grobschätzung der Standardabweichung σ.

Beispiel 12.1.3: (Fortsetzung der Beispiele 12.1.1 und 12.1.2)
Der Sollwert für die Abfüllmenge beträgt $\mu_0 = 950\,\text{g}$. Es ist zum Niveau $\alpha = 0{,}05$ zu testen, ob der Mittelwert μ darüber liegt. Die Hypothesen lauten:

$$\mathbf{H}_0\text{:}\quad \mu \leq 950\,\text{g} \qquad \mathbf{H}_1\text{:}\quad \mu > 950\,\text{g}.$$

Eine Stichprobe vom Umfang $n = 50$ ergab: $\overline{x} = 957\,\text{g}$ und $s = 18{,}7\,\text{g}$. Daraus folgt die untere Vertrauensschranke $\underline{\mu}$ zur Sicherheit $S = 1-\alpha = 0{,}95$:

$$\underline{\mu} = \overline{x} - \frac{s}{\sqrt{n}}\cdot t_{n-1;1-\alpha} = 957 - \frac{18{,}7}{\sqrt{50}}\cdot 1{,}677 = 952{,}57$$

Es ist somit $\underline{\mu} > \mu_0 = 950$, und die Hypothese $\mathbf{H}_1 : \mu > 950$ kann als erwiesen gelten (zur Sicherheit $S = 0{,}95$).

Hätten die Daten ein Mittel $\overline{x} = 954$ ergeben, dann wäre $\underline{\mu} = 949{,}57 < \mu_0 = 950$ gewesen, und die Testentscheidung wäre auf $\mathbf{H}_0\text{:}\,\mu \leq 950$ gefallen. In diesem Fall kann man jedoch **nicht** schließen, daß $\mathbf{H}_0$ erwiesen ist. Man kann lediglich sagen, daß sich $\mathbf{H}_1$ mit diesen Daten nicht bestätigen läßt. Es wäre ja auch geradezu absurd, aus $\overline{x} = 954$ auf $\mu \leq 950$ schließen zu wollen.

Wollte man $\mu \leq 950$ bestätigen, hätte man die Hypothesen folgendermaßen anzusetzen:

$$\mathbf{H}_0\text{:}\quad \mu > 950 \qquad \mathbf{H}_1\text{:}\quad \mu \leq 950,$$

und ein Schluß auf $\mathbf{H}_1$ zur Sicherheit $S = 1-\alpha$ (bzw. zum Signifikanzniveau α) wäre möglich, wenn $\overline{\mu} = \overline{x} + s/\sqrt{n}\cdot t_{n-1;1-\alpha} < 950$ ausfiele, was aber bei $\overline{x} = 954$ ganz unmöglich ist.

Soll unser Test eine Überschreitung von $\mu_0 + 5 = 955$ durch das Mittel μ mit der Wahrscheinlichkeit $1-\beta = 0{,}90$ anzeigen, dann benötigt man einen Stichprobenumfang von

$$n \approx \left(\frac{u_{1-\alpha} + u_{1-\beta}}{\triangle/\hat{\sigma}}\right)^2 = \left(\frac{1{,}645 + 1{,}282}{5/20}\right)^2 = 137,$$

wenn die Grobschätzung $\hat{\sigma} = 20\,\text{g}$ bekannt ist.

Beispiel 12.1.4: Ein Drehautomat ist auf einen Durchmesser von 12,3 mm eingestellt. Zur Überwachung der Fertigung werden in regelmäßigen Abständen Stichproben vom Umfang $n = 10$ entnommen und gemessen. Der Automat ist anzuhalten und zu überprüfen, falls sich der mittlere Durchmesser signifikant von 12,3 entfernt.

In die Sprache der Statistiker übersetzt, bedeutet die obige Aufgabe, daß die Alternative

$$\mathbf{H_0}: \quad \mu = \mu_0 = 12{,}3\,\text{mm} \qquad \mathbf{H_1}: \quad \mu \neq \mu_0 = 12{,}3\,\text{mm}$$

zu testen ist. Bei Entscheidung auf $\mathbf{H_1}$ ist die Maschine anzuhalten. Wir nehmen an, bei einer konkreten Stichprobe hätte sich $\bar{x} = 12{,}35\,\text{mm}$ und $s = 0{,}03\,\text{mm}$ ergeben und wählen als Fehlerniveau $\alpha = 0{,}05$. Es ergibt sich:

$$\underline{\overline{\mu}} = \bar{x} \pm s/\sqrt{n} \cdot t_{n-1; 1-\alpha/2} = 12{,}35 \pm \frac{0{,}03}{\sqrt{10}} \cdot 2{,}262 = 12{,}35 \pm 0{,}02,$$

also $[\underline{\mu}, \overline{\mu}] = [12{,}33; 12{,}37]$.

Dieses Vertrauensintervall enthält $\mu_0 = 12{,}3$ nicht, also ist auf $\mathbf{H_1}$ zu entscheiden, d.h., die Maschine ist anzuhalten.

Ähnlicher Methoden bedient man sich in der **Statistischen Qualitätskontrolle** zur Steuerung von Fertigungsprozessen.

12.2 Die Varianz

Analog zum Mittelwert μ ist auch hier die Aufgabe, die Punkt- und Bereichschätzer für σ^2 zu bestimmen sowie Hypothesen über σ^2 zu testen.

Daten: Es steht eine Stichprobe $x_1, \ldots, x_n$ zur Verfügung.

Punktschätzer für σ^2: Der in vieler Hinsicht optimale Punktschätzer ist

$$\hat{\sigma}^2 = s^2 = \frac{1}{n-1} \cdot \sum_{j=1}^{n} (x_j - \bar{x})^2 \quad \ldots \text{ die Stichprobenvarianz.}$$

Bereichschätzer für σ^2: Es läßt sich zeigen, daß die Statistik $(n-1)s^2/\sigma^2$ nach Chi-Quadrat mit $(n-1)$ Freiheitsgraden verteilt ist:

$$\frac{(n-1)s^2}{\sigma^2} = \frac{1}{\sigma^2} \sum_{j=1}^{n} (x_j - \bar{x})^2 \sim \chi^2_{n-1},$$

12.2 Die Varianz

soferne die beobachtete Zufallsgröße x die Normalverteilung $\mathbf{N}(\mu, \sigma^2)$ besitzt. Aus dieser Tatsache folgt zunächst:

$$P(\chi^2_{n-1;\alpha/2} \leq \frac{(n-1)s^2}{\sigma^2} \leq \chi^2_{n-1;1-\alpha/2}) = 1-\alpha.$$

Die obige Doppelungleichung ist aber gleichwertig mit der Doppelungleichung:

$$\frac{(n-1)s^2}{\chi^2_{n-1;1-\alpha/2}} \leq \sigma^2 \leq \frac{(n-1)s^2}{\chi^2_{n-1;\alpha/2}},$$

und das bedeutet, daß das Zufallsintervall

$$\left[\frac{(n-1)s^2}{\chi^2_{n-1;1-\alpha/2}}, \frac{(n-1)s^2}{\chi^2_{n-1;\alpha/2}}\right]$$

den Punkt σ^2, d.h. den richtigen aber unbekannten Wert der Varianz, mit der Wahrscheinlichkeit $1-\alpha$ überdeckt:

$$P\left(\left[\frac{(n-1)s^2}{\chi^2_{n-1;1-\alpha/2}}, \frac{(n-1)s^2}{\chi^2_{n-1;\alpha/2}}\right] \ni \sigma^2\right) = 1-\alpha.$$

Ergebnis: Das obige Zufallsintervall ist der gesuchte Bereichschätzer zur Sicherheit $S = 1 - \alpha$:

$$[\underline{\sigma}^2, \overline{\sigma}^2] = \left[\frac{(n-1)s^2}{\chi^2_{n-1;1-\alpha/2}}, \frac{(n-1)s^2}{\chi^2_{n-1;\alpha/2}}\right] \quad \ldots \quad \text{Vertrauensintervall für } \sigma^2$$
$$\text{zur Sicherheit } S = 1 - \alpha$$

Benötigt man nur einseitige Abschätzungen für σ^2, dann ist

$$\overline{\sigma}^2 = \frac{(n-1)s^2}{\chi^2_{n-1;\alpha}} \quad \ldots \quad \text{eine obere Vertrauensschranke für } \sigma^2$$
$$\text{zur Sicherheit } S = 1 - \alpha,$$

$$\underline{\sigma}^2 = \frac{(n-1)s^2}{\chi^2_{n-1;1-\alpha}} \quad \ldots \quad \text{eine untere Vertrauensschranke für } \sigma^2$$
$$\text{zur Sicherheit } S = 1 - \alpha$$

Beispiel 12.2.1: Bei Fertigungsprozessen ist die Streuung σ^2 eines wesentlichen Merkmals x (z.B. einer wichtigen Längenabmessung, einer Dicke, eines Durchmessers) ein Maß für die „Beherrschung" der benützten Fertigungsmethode.

Eine Stichprobe vom Umfang $n = 50$ ergab die Stichprobenvarianz $s^2 = (0{,}024\,\text{mm})^2$. Wir bestimmen ein Vertrauensintervall für σ^2 zur Sicherheit $S = 1 - \alpha = 0{,}95$.

Aus Tabelle 8 für die Chi-Quadrat-Verteilung im Anhang entnimmt man zunächst die Fraktilwerte (Interpolation!):

$$\chi^2_{n-1;\alpha/2} = \chi^2_{49;0{,}025} = 31{,}6,$$
$$\chi^2_{n-1;1-\alpha/2} = \chi^2_{49;0{,}975} = 70{,}2.$$

Daraus folgt:

$$[\underline{\sigma}^2, \overline{\sigma}^2] = \left[\frac{(n-1)s^2}{\chi^2_{n-1;1-\alpha/2}}, \frac{(n-1)s^2}{\chi^2_{n-1;\alpha/2}}\right] = [(0{,}02\,\text{mm})^2, (0{,}03\,\text{mm})^2].$$

Für die Standardabweichung σ erhalten wir zur gleichen Sicherheit $S = 0{,}95$ das Vertrauensintervall

$$[\underline{\sigma}, \overline{\sigma}] = [0{,}02\,\text{mm}; 0{,}03\,\text{mm}].$$

Stichprobenumfang: Die für die Anwendungen wichtigste Fragestellung ist die Abschätzung von σ^2 nach oben. Stellen wir die Bedingung, daß (im Mittel)

$$\frac{\overline{\sigma}^2}{\sigma^2} \leq 1 + q$$

gelten soll, dann muß der Stichprobenumfang mindestens sein:

$$n = 2 \cdot \left(u_{1-\alpha} \cdot \frac{1+q}{q}\right)^2.$$

Beispiel 12.2.2: (Fortsetzung von Beispiel 12.2.1)
Die Varianz σ^2 soll auf 10 % genau nach oben abgeschätzt werden — so könnte die Aufgabe in anwendungsnaher Sprache formuliert sein. Wir wählen die Sicherheit $S = 1 - \alpha = 0{,}95$. Die Aufgabenstellung bedeutet, daß im Mittel gelten soll:

$$\frac{\overline{\sigma}^2}{\sigma^2} \leq 1 + q = 1{,}1.$$

Es ergibt sich somit:

$$n = 2 \cdot (1{,}645 \cdot \frac{1{,}1}{0{,}1})^2 = 655.$$

Stellt man die Aufgabe, daß die Standardabweichung σ auf 10 % genau nach oben abgeschätzt werden soll, d.h. $\overline{\sigma}/\sigma \leq 1{,}1$, dann bedeutet das: $\overline{\sigma}^2/\sigma^2 \leq 1{,}21 = 1 + q$. Es sind dann nur

$$n = 2 \cdot (1{,}645 \cdot \frac{1{,}21}{0{,}21})^2 = 180$$

Beobachtungen notwendig.

12.2 Die Varianz

Testen von Hypothesen über σ^2

Einseitige Hypothesen

$$\text{A.} \quad H_0: \quad \sigma^2 \leq \sigma_0^2 \qquad H_1: \quad \sigma^2 > \sigma_0^2$$

Test zum Niveau α: Bestimme die **untere** Vertrauensschranke $\underline{\sigma}^2$ zur Sicherheit $S = 1 - \alpha$:

$$\underline{\sigma}^2 = (n-1) \cdot s^2 / \chi^2_{n-1;1-\alpha}$$

Entscheide gemäß:

$$\underline{\sigma}^2 \begin{array}{c} > \\ \leq \end{array} \sigma_0^2 \quad \Longrightarrow \quad \begin{array}{c} H_1 \\ H_0 \end{array}$$

$$\text{B.} \quad H_0: \quad \sigma^2 \geq \sigma_0^2 \qquad H_1: \quad \sigma^2 < \sigma_0^2$$

Test zum Niveau α: Bestimme die **obere** Vertrauensschranke $\overline{\sigma}^2$ zur Sicherheit $S = 1 - \alpha$:

$$\overline{\sigma}^2 = (n-1) \cdot s^2 / \chi^2_{n-1;\alpha}$$

Entscheide gemäß:

$$\overline{\sigma}^2 \begin{array}{c} < \\ \geq \end{array} \sigma_0^2 \quad \Longrightarrow \quad \begin{array}{c} H_1 \\ H_0 \end{array}$$

Zweiseitige Hypothesen

$$H_0: \quad \sigma^2 = \sigma_0^2 \qquad H_1: \quad \sigma^2 \neq \sigma_0^2$$

Test zum Niveau α: Bestimme das Vertrauensintervall $[\underline{\sigma}^2, \overline{\sigma}^2]$ zur Sicherheit $S = 1 - \alpha$:

$$[\underline{\sigma}^2, \overline{\sigma}^2] = \left[\frac{(n-1) \cdot s^2}{\chi^2_{n-1;1-\alpha/2}} ; \frac{(n-1) \cdot s^2}{\chi^2_{n-1;\alpha/2}} \right]$$

Entscheide gemäß:

$$[\underline{\sigma}^2, \overline{\sigma}^2] \begin{array}{c} \not\ni \\ \ni \end{array} \sigma_0^2 \quad \Longrightarrow \quad \begin{array}{c} H_1 \\ H_0 \end{array}$$

Beispiel 12.2.3: Wir betrachten den Prozeß der elektrolytischen Verzinkung von Stahlblechen. x bezeichne die Dicke der aufgebrachten Zinkschicht. Angestrebt wird eine Schichtdicke von 0,02 mm. Eine Standardabweichung σ_0 von 0,001 mm ist zulässig.

Zum Zweck einer Qualitätskontrolle werden $n = 30$ Bleche gemessen. Es ergab sich eine Stichprobenstandardabweichung von $s = 0,0014$ mm. Mit welcher Sicherheit kann daraus geschlossen werden, daß die zulässige Standardabweichung $\sigma_0 = 0,001$ überschritten wurde? Wir haben die folgende Hypothesensituation zu testen:

$$H_0: \quad \sigma \leq \sigma_0 \qquad H_1: \quad \sigma > \sigma_0$$

Wir bestimmen untere Vertrauensschranken $\underline{\sigma}$ zu verschiedenen Sicherheiten $1 - \alpha$:

$1-\alpha$	$\underline{\sigma}$
0,90	0,00121
0,95	0,00116
0,975	0,00112
0,99	0,00107

Ergebnis: $\sigma > \sigma_0$ kann mit einer Sicherheit $1 - \alpha > 0,99$ (d.h. mit einem Fehlerniveau $\alpha < 0,01$) aus den Daten geschlossen werden. Eine Überschreitung der zulässigen Standardabweichung ist damit praktisch erwiesen.

12.3 Vergleich zweier Normalverteilungen

Eine wichtige Aufgabe der Statistik ist der Vergleich der Mittelwerte und der Varianzen zweier Normalverteilungen. Wir betrachten zwei Experimente $\mathcal{E}_x$ mit Ausgang x verteilt nach $N(\mu_x, \sigma_x^2)$ und $\mathcal{E}_y$ mit Ausgang y verteilt nach $N(\mu_y, \sigma_y^2)$. Zu schätzen sind die Mittelwert-Differenz $\delta = \mu_y - \mu_x$ und der Varianz-Quotient $\rho^2 = \sigma_y^2/\sigma_x^2$. Außerdem sollen Hypothesen über δ und ρ^2 getestet werden. An Daten stehen zwei Stichproben $x_1, \ldots, x_m$ und $y_1, \ldots, y_n$ zur Verfügung.

Vergleich der Mittelwerte

Punktschätzer: Der naheliegende und auch optimale Schätzer für die Differenz $\delta = \mu_y - \mu_x$ ist:

$$\hat{\delta} = \hat{\mu}_y - \hat{\mu}_x = \bar{y} - \bar{x} = \frac{1}{n}\sum_{j=1}^{n} y_j - \frac{1}{m}\sum_{j=1}^{m} x_j.$$

Bereichschätzer: Man muß hier zwei Fälle unterscheiden. Der erste Fall liegt vor, wenn man weiß oder annehmen kann, daß die beiden Varianzen σ_x^2 und σ_y^2 zwar unbekannt, aber gleich sind: $\sigma_x^2 = \sigma_y^2 = \sigma^2$. Man spricht von **Varianzhomogenität**. Für diese Situation gibt es eine exakte Lösung. Der zweite, allgemeine Fall liegt vor, wenn die Varianzen σ_x^2 und σ_y^2 völlig beliebig sein können. Hier gibt es nur Näherungslösungen für große Stichprobenumfänge m, n.

12.3 Vergleich zweier Normalverteilungen

1. $\sigma_x^2 = \sigma_y^2 = \sigma^2$ **ist bekannt:** Man berechnet aus den Daten zunächst die Stichprobenmittel und Stichprobenvarianzen:

$$\bar{x} = \frac{1}{m}\sum_{j=1}^{m} x_j, \quad s_x^2 = \frac{1}{m-1}\sum_{j=1}^{m}(x_j - \bar{x})^2,$$

$$\bar{y} = \frac{1}{n}\sum_{j=1}^{n} y_j, \quad s_y^2 = \frac{1}{n-1}\sum_{j=1}^{n}(y_j - \bar{y})^2.$$

Anschließend berechnet man den Punktschätzer für die unbekannte Standardabweichung σ:

$$\hat{\sigma} = \sqrt{\frac{(m-1)s_x^2 + (n-1)s_y^2}{m+n-2}}$$

Das Vertrauensintervall $[\underline{\delta}, \overline{\delta}]$ zur Sicherheit $S = 1 - \alpha$ erhält man schließlich nach der Formel:

$$\frac{\overline{\delta}}{\underline{\delta}} = \hat{\delta} \pm \hat{\sigma} \cdot \sqrt{\frac{m+n}{mn}} \cdot t_{m+n-2; 1-\alpha/2}$$

Die Größen $\underline{\delta}$ und $\overline{\delta}$ sind für sich allein untere bzw. obere Vertrauensschranken zur Sicherheit $S = 1 - \alpha/2$.

Stichprobenumfang: Soll $\delta = \mu_y - \mu_x$ auf $\pm \Delta$ genau zur Sicherheit $S = 1 - \alpha$ geschätzt werden, dann benötigt man einen Stichprobenumfang von:

$$m = n = 2 \cdot \left(\frac{\hat{\sigma}}{\Delta} u_{1-\alpha/2}\right)^2.$$

Dabei ist $\hat{\sigma}$ eine Grobschätzung für die Standardabweichung $\sigma_x = \sigma_y = \sigma$, die bekannt sein muß.

2. σ_x^2, σ_y^2 **beliebig:** Wir berechnen ebenfalls $\bar{x}, \bar{y}, s_x^2$ und s_y^2 und anschließend die Statistik

$$s = \sqrt{\frac{s_x^2}{m} + \frac{s_y^2}{n}}.$$

Ein Vertrauensintervall $[\underline{\delta}, \overline{\delta}]$ zur Sicherheit $S \approx 1 - \alpha$ erhält man dann nach der Formel:

$$\frac{\overline{\delta}}{\underline{\delta}} = \hat{\delta} \pm s \cdot u_{1-\alpha/2}.$$

Wieder sind $\underline{\delta}, \overline{\delta}$ für sich allein Vertrauensschranken zur Sicherheit $S \approx 1 - \alpha/2$.

Bemerkung: Für $m = n$ gilt im ersten Fall:

$$\hat{\sigma} \cdot \sqrt{\frac{m+n}{m \cdot n}} = \sqrt{\frac{s_x^2}{n} + \frac{s_y^2}{n}} = s,$$

und wegen $t_{m+n-2;1-\alpha/2} \approx u_{1-\alpha/2}$ stimmen die Formeln für beide Fälle bei größeren Stichprobenumfängen praktisch überein.

Stichprobenumfang: Soll $\delta = \mu_y - \mu_x$ auf $\pm\Delta$ genau zur Sicherheit $S = 1 - \alpha$ geschätzt werden, dann benötigt man einen Stichprobenumfang von:

$$m = n = \left(\frac{\sqrt{\hat{\sigma}_x^2 + \hat{\sigma}_y^2}}{\Delta} \cdot u_{1-\alpha/2}\right)^2.$$

Dabei sind $\hat{\sigma}_x^2$ und $\hat{\sigma}_y^2$ Grobschätzungen für σ_x^2 und σ_y^2, die bekannt sein müssen.

Testen von Hypothesen

Einseitige Hypothesen

A. $\mathbf{H_0}$: $\delta \leq \delta_0$ $\mathbf{H_1}$: $\delta > \delta_0$

Test zum Niveau α: Bestimme die **untere** Vertrauensschranke $\underline{\delta}$ zur Sicherheit $S = 1 - \alpha$ (siehe: Bereichschätzung von δ) und entscheide gemäß:

$$\underline{\delta} \begin{array}{c} > \\ \leq \end{array} \delta_0 \quad \Longrightarrow \quad \begin{array}{c} \mathbf{H_1} \\ \mathbf{H_0} \end{array}$$

B. $\mathbf{H_0}$: $\delta \geq \delta_0$ $\mathbf{H_1}$: $\delta < \delta_0$

Test zum Niveau α: Bestimme die **obere** Vertrauensschranke $\overline{\delta}$ zur Sicherheit $S = 1 - \alpha$ (siehe: Bereichschätzung von δ) und entscheide gemäß:

$$\overline{\delta} \begin{array}{c} < \\ \geq \end{array} \delta_0 \quad \Longrightarrow \quad \begin{array}{c} \mathbf{H_1} \\ \mathbf{H_0} \end{array}$$

Stichprobenumfang: Soll im Fall A ein Überschreiten von δ_0 um Δ und im Fall B ein Unterschreiten von δ_0 um Δ mit der Wahrscheinlichkeit $1-\beta$ entdeckt werden, dann benötigt man einen Stichprobenumfang von

$$m = n = 2 \cdot \left(\frac{\hat{\sigma}}{\Delta} \cdot (u_{1-\alpha} + u_{1-\beta})\right)^2$$

Dabei ist $\hat{\sigma}$ eine Grobschätzung der Standardabweichung $\sigma_x = \sigma_y = \sigma$, die bekannt sein muß.

12.3 Vergleich zweier Normalverteilungen

Zweiseitige Hypothesen

$$\mathbf{H_0}: \quad \delta = \delta_0 \qquad \mathbf{H_1}: \quad \delta \neq \delta_0$$

Test zum Niveau α: Bestimme das Vertrauensintervall $[\underline{\delta}, \overline{\delta}]$ zur Sicherheit $S = 1 - \alpha$ (siehe: Bereichschätzung von δ) und entscheide gemäß:

$$[\underline{\delta}, \overline{\delta}] \begin{array}{c} \not\ni \\ \ni \end{array} \delta_0 \implies \begin{array}{c} \mathbf{H_1} \\ \mathbf{H_0} \end{array}$$

Stichprobenumfang: Soll eine Abweichung $|\delta - \delta_0| > \Delta$ mit der Wahrscheinlichkeit $1 - \beta$ entdeckt werden, dann benötigt man einen Stichprobenumfang von

$$m = n = 2 \cdot \left(\frac{\hat{\sigma}}{\Delta} (u_{1-\alpha/2} + u_{1-\beta}) \right)^2.$$

Wieder ist $\hat{\sigma}$ eine Grobschätzung der Standardabweichung $\sigma_x = \sigma_y = \sigma$, die bekannt sein muß.

Beispiel 12.3.1: Eine neue biologische Anbaumethode soll mit einer herkömmlichen, die mit mineralischem Dünger arbeitet, verglichen werden. Dazu werden je n Versuchsflächen nach den beiden Methoden bearbeitet und die Erträge, gemessen in Kilogramm pro Quadratmeter, verglichen. $x_1, \ldots, x_n$ bezeichne die Erträge nach der alten Methode, $y_1, \ldots, y_n$ diejenigen, die mit der biologischen Methode erzielt wurden.

Die Modellannahmen $x \sim \mathbf{N}(\mu_x, \sigma_x^2)$, $y \sim \mathbf{N}(\mu_y, \sigma_y^2)$ und $\sigma_x^2 = \sigma_y^2 = \sigma^2$ sind bei derartigen Aufgaben meistens gerechtfertigt. Die Prüfung der Varianzhomogenität wird im Anschluß an dieses Beispiel besprochen (siehe auch Beispiel 12.3.2).

Zwei Proben von je $n = 20$ Versuchsflächen ergaben die Statistiken:

$$\bar{x} = 0{,}44 \,\text{kg/m}^2, \quad \bar{y} = 0{,}40 \,\text{kg/m}^2;$$
$$s_x = 0{,}06 \,\text{kg/m}^2, \quad s_y = 0{,}08 \,\text{kg/m}^2.$$

Wir berechnen daraus:

1. $\hat{\delta} = \bar{y} - \bar{x} = -0{,}04 \,\text{kg/m}^2$ ... den Punktschätzer für $\delta = \mu_y - \mu_x$.

2. $\hat{\sigma} = \sqrt{\frac{s_x^2 + s_y^2}{2}} = 0{,}071 \,\text{kg/m}^2$ und für die Sicherheit $S = 1 - \alpha = 0{,}95$:

$$\begin{array}{c} \overline{\delta} \\ \underline{\delta} \end{array} = \hat{\delta} \pm \hat{\sigma} \cdot \sqrt{\frac{2}{n}} \cdot t_{2n-2;1-\alpha/2} = -0{,}04 \pm 0{,}071 \cdot \sqrt{\frac{2}{20}} \cdot 2{,}025 = \begin{array}{c} 0{,}005 \\ -0{,}085 \end{array}.$$

Damit ist $[\underline{\delta}, \overline{\delta}] = [-0{,}085 \,\text{kg/m}^2; 0{,}005 \,\text{kg/m}^2]$ das Vertrauensintervall für δ zur Sicherheit $S = 0{,}95$.

Wir testen die Hypothese, ob ein Unterschied im Ertrag zum Niveau $\alpha = 0{,}05$ nachweisbar ist. Die Hypothesen lauten:

$$\mathbf{H_0}: \delta = 0 = \delta_0 \qquad \mathbf{H_1}: \delta \neq 0 = \delta_0$$

Da das Konfidenzintervall $[\underline{\delta}, \overline{\delta}] = [-0{,}085; 0{,}005]$ den Wert $\delta_0 = 0$ enthält, kann $\mathbf{H_1}$ zum Niveau $\alpha = 0{,}05$ **nicht** bestätigt werden; ein nennenswerter Unterschied in den Erträgen läßt sich somit aus den beobachteten Daten zum gewählten Fehlerniveau α nicht nachweisen.

Vergleich der Varianzen

Als Vergleichsmaß für die Varianzen σ_x^2 und σ_y^2 wählt man nicht deren Differenz, sondern den Quotienten $\rho^2 = \sigma_y^2 / \sigma_x^2$.

Punktschätzer: Naheliegenderweise nimmt man als Punktschätzer für ρ^2 den Quotienten der Stichprobenvarianzen s_y^2 und s_x^2:

$$\hat{\rho}^2 = \frac{\hat{\sigma}_y^2}{\hat{\sigma}_x^2} = \frac{s_y^2}{s_x^2} \quad \ldots \text{ Punktschätzer für } \rho^2.$$

Bereichschätzer: Die Statistiken $(m-1)s_x^2/\sigma_x^2$ und $(n-1)s_y^2/\sigma_y^2$ sind, wie sich zeigen läßt, unabhängig nach χ_{m-1}^2 bzw. χ_{n-1}^2 verteilt. Folglich ist die Statistik

$$F = \frac{s_x^2/\sigma_x^2}{s_y^2/\sigma_y^2} = \frac{s_x^2}{s_y^2} \cdot \frac{\sigma_y^2}{\sigma_x^2} = \frac{s_x^2}{s_y^2} \cdot \rho^2$$

nach $\mathbf{F}(m-1, n-1)$ verteilt (siehe Abschnitt 9.6). Bezeichnet man das p-Fraktil der $\mathbf{F}(m-1, n-1)$-Verteilung mit $F_p(m-1, n-1)$, dann haben wir die Wahrscheinlichkeitsaussage:

$$P(F_{\alpha/2}(m-1, n-1) \leq \frac{s_x^2}{s_y^2} \cdot \rho^2 \leq F_{1-\alpha/2}(m-1, n-1)) = 1 - \alpha.$$

Da die obige Doppelungleichung äquivalent ist zu der Doppelungleichung:

$$\frac{s_y^2}{s_x^2} \cdot F_{\alpha/2}(m-1, n-1) \leq \rho^2 \leq \frac{s_y^2}{s_x^2} \cdot F_{1-\alpha/2}(m-1, n-1)$$

gewinnen wir das

Ergebnis: Das Zufallsintervall

$$[\underline{\rho}^2, \overline{\rho}^2] = \left[\frac{s_y^2}{s_x^2} \cdot F_{\alpha/2}(m-1, n-1), \frac{s_y^2}{s_x^2} \cdot F_{1-\alpha/2}(m-1, n-1)\right] =$$
$$= [\hat{\rho}^2 \cdot F_{\alpha/2}(m-1, n-1), \hat{\rho}^2 \cdot F_{1-\alpha/2}(m-1, n-1)]$$

12.3 Vergleich zweier Normalverteilungen

ist ein Vertrauensintervall für $\rho^2 = \sigma_y^2/\sigma_x^2$ zur Sicherheit $S = 1 - \alpha$, und $\underline{\rho}^2, \overline{\rho}^2$ sind untere bzw. obere Vertrauensschranken zur Sicherheit $S = 1 - \alpha/2$.

Bemerkung: Es gilt stets: $F_{\alpha/2}(m-1, n-1) = 1/F_{1-\alpha/2}(n-1, m-1)$. Dieser Umstand ist für die Benützung der Tabellen der F-Verteilung wichtig.

Stichprobenumfang: Soll (im Mittel) $\overline{\rho}^2/\rho^2 \leq 1 + q$ sein, dann benötigt man einen Stichprobenumfang von

$$n \approx \left(\frac{2 \cdot u_{1-\alpha}}{q}\right)^2,$$

sofern die obere Vertrauensschranke $\overline{\rho}^2$ zur Sicherheit $S = 1 - \alpha$ bestimmt werden soll. Der gleiche Stichprobenumfang ist notwendig, wenn (im Mittel) $\underline{\rho}^2/\rho^2 \geq 1/(1+q)$ ausfallen soll.

Testen von Hypothesen

Einseitige Hypothesen

A. $\mathbf{H}_0$: $\rho^2 \leq \rho_0^2$ $\mathbf{H}_1$: $\rho^2 > \rho_0^2$

Test zum Niveau α: Bestimme die **untere** Vertrauensschranke $\underline{\rho}^2$ zur Sicherheit $S = 1 - \alpha$ und entscheide gemäß:

$$\underline{\rho}^2 = \frac{s_y^2}{s_x^2} \cdot F_\alpha(m-1, n-1) \quad \begin{matrix} > \\ \leq \end{matrix} \quad \rho_0^2 \implies \begin{matrix} \mathbf{H}_1 \\ \mathbf{H}_0 \end{matrix}.$$

B. $\mathbf{H}_0$: $\rho^2 \geq \rho_0^2$ $\mathbf{H}_1$: $\rho^2 < \rho_0^2$

Test zum Niveau α: Bestimme die **obere** Vertrauensschranke $\overline{\rho}^2$ zur Sicherheit $S = 1 - \alpha$ und entscheide gemäß:

$$\overline{\rho}^2 = \frac{s_y^2}{s_x^2} \cdot F_{1-\alpha}(m-1, n-1) \quad \begin{matrix} < \\ \geq \end{matrix} \quad \rho_0^2 \implies \begin{matrix} \mathbf{H}_1 \\ \mathbf{H}_0 \end{matrix}.$$

Stichprobenumfang: Soll im Fall A $\rho^2 > \rho_0^2 \cdot (1+q)$ bzw. im Fall B $\rho^2 < \rho_0^2/(1+q)$ mit der Sicherheit $1 - \beta$ erkannt werden, dann benötigt man einen Stichprobenumfang von

$$m = n \approx 4 \cdot \left(\frac{(1+q)u_{1-\beta} + u_{1-\alpha}}{q}\right)^2.$$

Zweiseitige Hypothesen

$\mathbf{H}_0$: $\rho^2 = \rho_0^2$ $\mathbf{H}_1$: $\rho^2 \neq \rho_0^2$

Test zum Niveau α: Bestimme das Vertrauensintervall $[\underline{\rho}^2, \overline{\rho}^2]$ zur Sicherheit $S = 1 - \alpha$ und entscheide gemäß:

$$[\underline{\rho}^2, \overline{\rho}^2] = \left[\frac{s_y^2}{s_x^2} \cdot F_{\alpha/2}(m-1, n-1); \frac{s_y^2}{s_x^2} \cdot F_{1-\alpha/2}(m-1, n-1) \right] \begin{array}{c} \not\ni \\ \ni \end{array} \rho_0^2 \Longrightarrow \begin{array}{c} \mathbf{H_1} \\ \mathbf{H_0} \end{array}.$$

Stichprobenumfang: Soll eine Unterschreitung $\rho^2 < \rho_0^2/(1+q)$ oder eine Überschreitung $\rho^2 > \rho_0^2 \cdot (1+q)$ mit der Sicherheit $1 - \beta$ erkannt werden, dann benötigt man einen Stichprobenumfang von

$$m = n \approx 4 \cdot \left(\frac{(1+q)u_{1-\beta} + u_{1-\alpha/2}}{q} \right)^2.$$

Beispiel 12.3.2: Zwei verschiedene Methoden der Herstellung ein und desselben Produktes sollen miteinander verglichen werden. Es interessiert die Streuung eines für das Endprodukt wichtigen Merkmals.

Zu diesem Zweck sollen je n Werkstücke nach Methode 1 bzw. Methode 2 hergestellt und ein Streuungsvergleich durchgeführt werden.

Wir bestimmen zunächst den Stichprobenumfang n, der notwendig ist, damit das Streuungsverhältnis $\rho^2 = \sigma_y^2/\sigma_x^2$ um höchstens 25 % über- oder unterschätzt wird, d.h., daß gilt: $\rho^2/(1+q) < \underline{\rho}^2 < \overline{\rho}^2 < \rho^2 \cdot (1+q)$, mit $1 + q = 1{,}25$. Wir wählen eine Sicherheit $S = 1 - \alpha = 0{,}95$ und erhalten:

$$n \approx \left(\frac{2u_{1-\alpha/2}}{q} \right)^2 = \left(\frac{2 \cdot 1{,}96}{0{,}25} \right)^2 = 246.$$

Die Messung von je 250 Werkstücken ergab: $s_x^2 = (0{,}018\,\text{mm})^2$ und $s_y^2 = (0{,}021\,\text{mm})^2$. Wir erhalten:

$$\hat{\rho}^2 = \frac{s_y^2}{s_x^2} = \left(\frac{0{,}021}{0{,}018} \right)^2 = 1{,}36 \quad \ldots \quad \text{Punktschätzer für } \rho^2 = \sigma_y^2/\sigma_x^2.$$

$$[\underline{\rho}^2, \overline{\rho}^2] = [\hat{\rho}^2 \cdot F_{0{,}025}(249, 249); \hat{\rho}^2 \cdot F_{0{,}975}(249, 249)] =$$
$$= [1{,}36/1{,}29; 1{,}36 \cdot 1{,}29] = [1{,}05; 1{,}76] \ldots \text{Vertrauensintervall für } \rho^2$$
$$\text{zur Sicherheit } S = 0{,}95.$$

Die Hypothese, daß kein wesentlicher Unterschied zwischen den beiden Fertigungsmethoden hinsichtlich der Streuung des betrachteten Merkmals besteht, d.h., die Nullhypothese $\mathbf{H_0}$: $\rho^2 = 1$ kann somit zum Niveau $\alpha = 1 - S = 0{,}05$ verworfen werden. Anders formuliert: Die Hypothese $\mathbf{H_1}$: $\rho^2 \neq 1$ ist zum Niveau $\alpha = 0{,}05$ gesichert.

13 Verteilungsunabhängige Verfahren

Die im Kapitel 12 angegebenen Formeln für die Berechnung von Vertrauensintervallen und Schranken für $\mu, \sigma^2, \delta = \mu_y - \mu_x$ und $\rho^2 = \sigma_y^2/\sigma_x^2$ und die davon abgeleiteten Testverfahren sind eng an die Voraussetzung normal-verteilter Daten gebunden. Sind die Daten nicht normal-verteilt und berechnet man die Vertrauensschranken nach diesen Formeln, dann weichen im allgemeinen die tatsächlichen Sicherheiten S von den der Berechnung zugrundegelegten Werten $1 - \alpha$ erheblich ab, z.B. überdeckt das Zufallsintervall $[\overline{x} \pm s/\sqrt{n} \cdot t_{n-1, 1-\alpha/2}]$ den unbekannten Mittelwert μ der Datenverteilung unter Umständen mit einer weit geringeren Wahrscheinlichkeit als $1 - \alpha$. Unglücklicherweise hängt die Überdeckungswahrscheinlichkeit in sehr empfindlicher Weise von der Gestalt der Datenverteilung ab, und sehr kleine, aber ungünstige Abweichungen von der Normalität können die Überdeckungswahrscheinlichkeit fast auf null reduzieren.

Es ist daher von höchstem praktischen Interesse, Schätz- und Testverfahren zu entwickeln, die von der speziellen Art der Datenverteilung unabhängig sind. Man nennt solche statistische Verfahren **verteilungsunabhängig**. Es handelt sich dabei, um präzise zu sprechen, einerseits um Bereichschätzer für gewisse Verteilungsparameter (z.B. Lageparameter, Streuungsparameter), deren Sicherheit (= Überdeckungswahrscheinlichkeit) nicht von der Datenverteilung abhängt, und andererseits um Testverfahren für Hypothesen über solche Verteilungsparameter, deren Niveau unabhängig von der Datenverteilung ist.

Da keineswegs für alle interessanten Verteilungsparameter solche Schätz- und Testverfahren existieren — beispielsweise gibt es weder für das Mittel μ noch für die Varianz σ^2 verteilungsunabhängige Bereichschätzer —, ist es umso bemerkenswerter, daß für Fraktile x_p und insbesondere für den Median $x_{0,5}$ solche Bereichschätzer und zugehörige Testverfahren sehr leicht angegeben werden können. Es ist damit möglich, sowohl die Lage als auch die Streuung der Grundgesamtheit verteilungsunabhängig zu schätzen und zu testen.

13.1 Schätzen und Testen von Fraktilen

Vertrauensschranken für Fraktile

Sei x_p das p-Fraktil der Datenverteilung, d.h., $P(x \leq x_p) = p$. Ist $x_1, \ldots, x_n$ eine Stichprobe vom Umfang n, dann bezeichne

$z \ldots$ die Anzahl der Beobachtungen $x_j \leq x_p$.

z ist nach $\mathbf{B}_{n,p}$ verteilt, denn bei jeder der n Versuchswiederholungen wird das Ereignis $x \leq x_p$ mit Wahrscheinlichkeit p realisiert.

Bezeichnet wie üblich $x_{(1)},\ldots,x_{(n)}$ die Ordnungsreihe der gegebenen Stichprobe, dann gilt:

$$x_{(k)} \leq x_p \quad \Longleftrightarrow \quad z \geq k$$

und somit:

$$P(x_{(k)} \leq x_p) = P(z \geq k | z \sim \mathbf{B}_{n,p}).$$

Das bedeutet:

- Die Ordnungsstatistik $x_{(k)}$ ist eine **untere Vertrauensschranke** $\underline{x_p}$ für x_p zur Sicherheit

$$S = 1 - \alpha = P(z \geq k | z \sim \mathbf{B}_{n,p}).$$

Analog folgt aus

$$x_p < x_{(l)} \quad \Longleftrightarrow \quad z < l$$

die Aussage:

$$P(x_p < x_{(l)}) = P(z < l | z \sim \mathbf{B}_{n,p})$$

und damit:

- Die Ordnungsstatistik $x_{(l)}$ ist eine **obere Vertrauensschranke** $\overline{x_p}$ für x_p zur Sicherheit

$$S = 1 - \alpha = P(z < l | z \sim \mathbf{B}_{n,p}).$$

Schließlich folgt aus

$$x_{(k)} \leq x_p < x_{(l)} \quad \Longleftrightarrow \quad k \leq z < l$$

- Das Intervall $[x_{(k)}, x_{(l)}]$ ist ein Vertrauensintervall $[\underline{x_p}, \overline{x_p}]$ für x_p zur Sicherheit

$$S = 1 - \alpha = P(k \leq z < l | z \sim \mathbf{B}_{n,p}).$$

Der Median

Vertrauensintervalle für den Verteilungsmedian $x_{0,5}$ setzt man immer in der symmetrischen Form $[x_{(k)}, x_{(l)}] = [x_{(k)}, x_{(n+1-k)}]$ an. Es gilt dann:

$$S = 1 - \alpha = P(k \leq z < n+1-k | z \sim \mathbf{B}_{n;0,5})$$

oder gleichwertig, da die Verteilung $\mathbf{B}_{n;0,5}$ selbst symmetrisch ist:

$$\alpha/2 = P(z < k | z \sim \mathbf{B}_{n;0,5}).$$

13.1 Schätzen und Testen von Fraktilen

Aus dieser Gleichung bestimmt man für gegebenes α die Nummer k mittels einer Tabelle der $\mathbf{B}_{n;0,5}$-Verteilung oder für größere n mittels der Normalapproximation $\mathbf{B}_{n;0,5} \approx \mathbf{N}(np = n/2, np(1-p) = n/4)$. Es ist dann

$$\alpha/2 = P(z \leq k-1) \approx \Phi\Big(\underbrace{\frac{(k-1) - n/2}{\sqrt{n/4}}}_{=-u_{1-\alpha/2}}\Big)$$

und damit:

$$k \approx \frac{n}{2} + 1 - u_{1-\alpha/2} \cdot \sqrt{\frac{n}{4}}.$$

Beispiel 13.1.1: Die Fernsehgewohnheiten einer bestimmten Bevölkerungsschicht sollen untersucht werden. Dazu werden n zufällig ausgewählte Personen unter anderem nach der Zeitdauer x (gemessen in Minuten) befragt, die sie am Tag vor der Befragung vor dem Fernsehgerät verbracht haben. Um keine unnötigen und schwer begründbaren Annahmen über die Verteilung von x treffen zu müssen, soll ein Vertrauensintervall für den Median $x_{0,5}$ als Lageparameter bestimmt werden.

Wir wählen den Stichprobenumfang $n = 100$ und die Sicherheit $S = 1 - \alpha = 0{,}95$. Das Vertrauensintervall setzt man zweckmäßig symmetrisch innerhalb der Ordnungsreihe in der Form $[x_{(k)}, x_{(n+1-k)}]$ an. Etwa für $k = 10$ reicht es dann von $x_{(10)}$ bis $x_{(91)}$, also in der Ordnungsreihe vom zehnten Wert von unten bis zum zehnten Wert von oben. Die Sicherheit beträgt:

$$S = 1 - \alpha = P(k \leq z < n+1-k | z \sim \mathbf{B}_{n;0,5}),$$

und wegen der Symmetrie der Verteilung $\mathbf{B}_{n;0,5}$ gilt auch

$$\alpha/2 = P(z < k | z \sim \mathbf{B}_{n;0,5}).$$

Bei dem Stichprobenumfang $n = 100$ kann man ohne weiteres mit der Normalapproximation $\mathbf{B}_{n;0,5} \approx \mathbf{N}(np = n/2; np(1-p) = n/4)$ arbeiten und erhält für k:

$$k = \frac{n}{2} + 1 - u_{1-\alpha/2} \cdot \sqrt{\frac{n}{4}} = 51 - 1{,}96 \cdot 5 \approx 41.$$

Das gesuchte Vertrauensintervall zur Sicherheit $S = 0{,}95$ ist damit: $[x_{(41)}, x_{(60)}]$.

Testen von Hypothesen über Fraktile
Einseitige Hypothesen

A. $\quad$ **H$_0$:** $\quad x_p \leq \overset{\circ}{x}_p \quad$ **H$_1$:** $\quad x_p > \overset{\circ}{x}_p$

Test zum Niveau α: Bestimme die untere Vertrauensschranke $\underline{x_p} = x_{(k)}$ zur Sicherheit $S = 1 - \alpha$ und entscheide gemäß:

$$\underline{x_p} = x_{(k)} \quad \begin{matrix} > \\ \leq \end{matrix} \quad \overset{\circ}{x}_p \quad \Longrightarrow \quad \begin{matrix} \mathbf{H_1} \\ \mathbf{H_0} \end{matrix}.$$

B. $\quad$ **H$_0$:** $\quad x_p \geq \overset{\circ}{x}_p \quad$ **H$_1$:** $\quad x_p < \overset{\circ}{x}_p$

Test zum Niveau α: Bestimme die obere Vertrauensschranke $\overline{x_p} = x_{(l)}$ zur Sicherheit $S = 1 - \alpha$ und entscheide gemäß:

$$\overline{x_p} = x_{(l)} \quad \begin{matrix} < \\ \geq \end{matrix} \quad \overset{\circ}{x}_p \quad \Longrightarrow \quad \begin{matrix} \mathbf{H_1} \\ \mathbf{H_0} \end{matrix}.$$

Zweiseitige Hypothesen

$$\mathbf{H_0}: \quad x_p = \overset{\circ}{x}_p \qquad \mathbf{H_1}: \quad x_p \neq \overset{\circ}{x}_p$$

Test zum Niveau α: Bestimme die untere und die obere Vertrauensschranke $\underline{x_p} = x_{(k)}$ bzw. $\overline{x_p} = x_{(l)}$ jeweils zur Sicherheit $S = 1 - \alpha/2$ und entscheide gemäß:

$$[\underline{x_p}, \overline{x_p}] = [x_{(k)}, x_{(l)}] \quad \begin{matrix} \not\ni \\ \ni \end{matrix} \quad \overset{\circ}{x}_p \quad \Longrightarrow \quad \begin{matrix} \mathbf{H_1} \\ \mathbf{H_0} \end{matrix}.$$

Beispiel 13.1.2: (Fortsetzung von Beispiel 13.1.1)
Bei den letzten Untersuchungen der Fernsehgewohnheiten hatte sich ein Median von $\overset{\circ}{x}_{0,5} = 85 \min$ ergeben. Es ist zum Niveau $\alpha = 0{,}05$ zu prüfen, ob sich der Verteilungsmedian nennenswert verändert hat; es sind daher die Hypothesen

$$\mathbf{H_0}: \quad x_{0,5} = 85 \min \qquad \mathbf{H_1}: \quad x_{0,5} \neq 85 \min$$

zu testen.

Bei einem Stichprobenumfang von $n = 100$ haben wir zur Sicherheit $S = 0{,}95$ das symmetrische Vertrauensintervall $[x_{(41)}, x_{(60)}]$ für den Median $x_{0,5}$ gefunden. Die Teststrategie lautet daher:

$$[x_{(41)}, x_{(60)}] \quad \begin{matrix} \not\ni \\ \ni \end{matrix} \quad 85 \quad \Longrightarrow \quad \begin{matrix} \mathbf{H_1} \\ \mathbf{H_0} \end{matrix}.$$

Eine Entscheidung auf $\mathbf{H_1}$ bedeutet, daß eine Veränderung des Medians zum Niveau $\alpha = 0{,}05$ signifikant nachgewiesen ist.

13.2 Statistische Toleranzintervalle

Zur Charakterisierung der Streuung einer unbekannten Verteilung gibt man am besten ein **statistisches Toleranzintervall** an. Es ist dies ein aus den Daten $x_1, \ldots, x_n$ der Stichprobe berechnetes Zufallsintervall $[\hat{T}_u, \hat{T}_o]$, das mit einer vorgegebenen Sicherheitswahrscheinlichkeit $1 - \alpha$ mindestens P Prozent der Merkmalswerte der Grundgesamtheit enthält.

Man bestimmt aus den Daten $x_1, \ldots, x_n$ zuerst die Ordnungsreihe $x_{(1)}, \ldots, x_{(n)}$. Dann enthält das Intervall

$$[\hat{T}_u, \hat{T}_o] = [x_{(k)}, x_{(n+1-k)}]$$

mindestens $P\% = p \cdot 100\,\%$ der Grundgesamtheit mit der Sicherheitswahrscheinlichkeit

$$1 - \alpha \approx \Phi\left(\frac{n(1-p) - 2k}{\sqrt{np(1-p)}}\right).$$

Bemerkung: Dies ist eine Näherungsformel, die für $n \geq 30$ brauchbar ist.

Beispiel 13.2.1: Sei der Stichprobenumfang $n = 100$ und $p = 0{,}80$ gewählt. Wir bestimmen die Sicherheit $1 - \alpha$ für verschiedene Werte von k.

k	$1 - \alpha$
5	0,9938
6	0,9773
7	0,9332
8	0,8413
9	0,6915
10	0,5000
11	0,3085

Es enthält also z.B. $[x_{(7)}, x_{(94)}]$ mit einer Sicherheit von $1 - \alpha = 0{,}9332$ mindestens 80 % der x-Werte der Grundgesamtheit.
Hingegen enthält $[x_{(11)}, x_{(90)}]$, das Intervall, das 80 % der Stichprobenwerte enthält, nur mit der Sicherheitswahrscheinlichkeit $1 - \alpha = 0{,}3085$ auch 80 % der Werte der Grundgesamtheit!

14 Der Chi-Quadrat-Test

Die in den Kapiteln 11, 12 und 13 behandelten statistischen Hypothesen waren **Parameterhypothesen** in dem Sinne, daß Aussagen über einzelne Verteilungsparameter (z.B.: $\mu \lessgtr \mu_0$ oder $\sigma^2 \lessgtr \sigma_0^2$) geprüft werden sollten. Häufig hat man aber allgemeinere Aussagen über die den Daten zugrundeliegende Verteilung zu testen. Man möchte zum Beispiel wissen, ob die Annahme, daß die Daten normal-verteilt sind, haltbar ist, oder ob zwei Verteilungen deutlich oder kaum verschieden sind.

Zur Prüfung derart allgemeiner Hypothesen benützt man zweckmäßig den Chi-Quadrat-Test. Er ist einfach handhabbar und kann den verschiedensten Testsituationen gut angepaßt werden. Wir besprechen zwei besonders wichtige Anwendungsfälle:

- den Chi-Quadrat-Anpassungstest zum Prüfen der Verteilungsform und
- den Chi-Quadrat-Homogenitätstest zum Prüfen der Gleichheit zweier oder mehrerer Verteilungen.

14.1 Der Chi-Quadrat-Anpassungstest

Will man ein statistisches Verfahren sinnvoll anwenden, d.h., sollen die Ergebnisse, die man erhält, wenn man die Daten durch die Mühle des betreffenden Verfahrens dreht — diese Mühle ist meist ein fertiges Computerprogramm in irgendeinem statistischen Programmpaket —, auch wirklich etwas aussagen, dann müssen stets irgendwelche allgemeine Voraussetzungen erfüllt sein.

Zum Beispiel muß eine Zufallsstichprobe gezogen werden, und nicht eine systematische. Oder die einzelnen Beobachtungen eines Merkmals x müssen unabhängig voneinander sein. Ganz wichtig sind auch Voraussetzungen über die Form der Verteilung des beobachteten Merkmals x.

Will man etwa die im Kapitel 12 besprochenen Schätz- und Testverfahren für Mittelwert μ und Varianz σ^2 der Verteilung eines Merkmals x anwenden, dann muß diese Verteilung wenigstens näherungsweise normal sein. Ist sie das nicht, dann erhält man zwar Zahlen, aber sie bedeuten nichts und führen, unkritisch hingenommen, in die Irre.

Man hat also zunächst zu prüfen, ob die Grundannahme, daß das beobachtete Merkmal näherungsweise normal-verteilt ist, vertretbar ist.

Diese Aufgabe, nämlich die Verteilungsform einer unbekannten Verteilung zu überprüfen, ist eine der wichtigsten in der mathematischen Statistik, denn fast jedem Verfahren liegt irgendeine Verteilungsannahme zugrunde.

14.1 Der Chi-Quadrat-Anpassungstest

Das klassische und universell anwendbare Verfahren zur Überprüfung der Verteilungsform ist der Chi-Quadrat-Anpassungstest. Ihn wollen wir in diesem Abschnitt besprechen.

Die Aufgabe ist also, zunächst etwas salopp formuliert, zu prüfen, ob die den Daten zugrundeliegende Wahrscheinlichkeitsverteilung zu einer vermuteten Verteilungsfamilie $\mathcal{P}$ gehört.

Beispiel 14.1.1: **1.** Sei z die Anzahl der Oberflächenfehler auf einer produzierten Einheit. Man vermutet, daß z nach Poisson verteilt ist. Diese Vermutung ist zu prüfen. $\mathcal{P}$ ist hier die Familie der Poisson-Verteilungen: $\mathcal{P} = (\mathbf{P}_\mu : \mu \geq 0)$.
2. Sei t die Lebensdauer eines bestimmten Gerätes. Es wird vermutet, daß t normalverteilt ist. $\mathcal{P}$ ist hier die Familie der Normalverteilungen: $\mathcal{P} = (\mathbf{N}(\mu, \sigma^2): \mu \ldots$ beliebig, $\sigma^2 > 0)$.

Die richtige Übersetzung der Aufgabe in die Hypothesen-Sprache der Statistik lautet:

$\mathbf{H}_0$: Die Datenverteilung P gehört zur Familie $\mathcal{P}$,

$\mathbf{H}_1$: Die Datenverteilung P gehört **nicht** zur Familie $\mathcal{P}$.

Ein Nachweis mit kleiner Irrtumswahrscheinlichkeit (= Niveau) α kann nur für die negative Aussage: „P gehört nicht zu $\mathcal{P}$" geführt werden. Man sagt in diesem Fall: „Die Daten widersprechen der Vermutung, daß P zu $\mathcal{P}$ gehört, signifikant."

Entscheidet der Test hingegen auf $\mathbf{H}_0$, dann kann man daraus natürlich nicht folgern, daß die Datenverteilung P wirklich zu $\mathcal{P}$ gehört. Man kann nur feststellen, daß die Daten keinen signifikanten Hinweis auf das Gegenteil enthalten. Bei aller gebotenen Vorsicht wird man dann mit der Verteilungsannahme $P \in \mathcal{P}$ (z.B. P ist eine Poisson- oder eine Normalverteilung) weiter arbeiten.

Einen statistischen Test für die umgekehrte Hypothesenzuordnung, also:

$\mathbf{H}_0$: $\quad P$ gehört nicht zu $\mathcal{P}$,

$\mathbf{H}_1$: $\quad P$ gehört zu $\mathcal{P}$,

gibt es nicht.

Wir erläutern das Verfahren an einem konkreten Beispiel: Es soll überprüft werden, ob ein Merkmal x (etwa die Körpergröße eines Kollektivs von Studenten) näherungsweise normal-verteilt ist. Man verfährt nach folgendem Plan, dessen theoretische Begründung ein Thema für den Fachstatistiker ist:

1. Man entnimmt eine Zufallsstichprobe vom Umfang n. n darf für diesen Zweck nicht zu klein sein. $n = 200$ stellt bereits eine untere Schranke dar, soll das Ergebnis des χ^2-Tests etwas bedeuten. Es ergeben sich die Daten: $x_1, \ldots, x_n$.

2. Man schätzt die beiden unbekannten Parameter μ und σ^2 der Normalverteilung aus den Daten:

$$\hat{\mu} = \bar{x} = \frac{1}{n}\sum_{j=1}^{n} x_j; \quad \hat{\sigma}^2 = s^2 = \frac{1}{n-1}\sum_{j=1}^{n}(x_j - \bar{x})^2.$$

3. Man teilt die x-Achse in ca. $k = \sqrt{n}$ Teilintervalle, wie in Abb. 14.1.1 gezeigt.

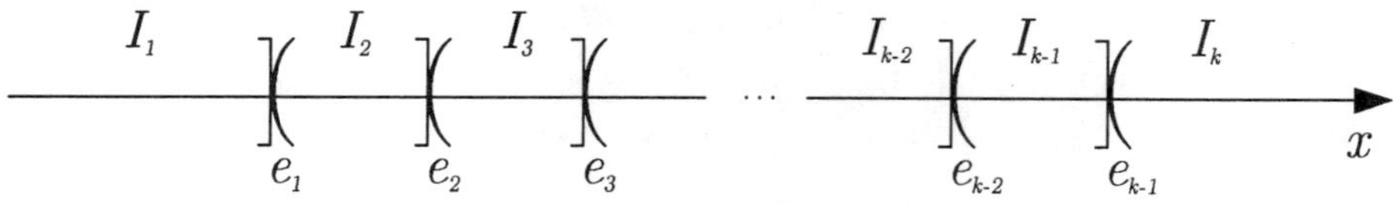

Abb. 14.1.1: Teilung der x-Achse für den χ^2-Test

Dabei wählt man die Teilungspunkte e_j so, daß die Intervalle I_j ungefähr gleich viele x_j-Werte der Stichprobe enthalten.

4. Man bestimmt die **beobachteten** Häufigkeiten h_j^b der einzelnen Intervalle I_j in der Stichprobe:

$$h_j^b = \text{Anzahl der } x_j \text{ in } I_j.$$

5. Man bestimmt die **erwarteten** Häufigkeiten h_j^e der Intervalle I_j unter der Annahme, daß x nach $N(\hat{\mu}, \hat{\sigma}^2)$ verteilt ist:

$$h_1^e = n \cdot \Phi(\tfrac{e_1 - \hat{\mu}}{\hat{\sigma}}),$$
$$h_j^e = n \cdot \left(\Phi(\tfrac{e_j - \hat{\mu}}{\hat{\sigma}}) - \Phi(\tfrac{e_{j-1} - \hat{\mu}}{\hat{\sigma}})\right) \quad j = 2, \ldots, k-1,$$
$$h_k^e = n \cdot \left(1 - \Phi(\tfrac{e_{k-1} - \hat{\mu}}{\hat{\sigma}})\right).$$

6. Man berechnet die **Testgröße** χ^2, die dem Verfahren den Namen gibt:

$$\chi^2 = \sum_{j=1}^{k} \frac{(h_j^b - h_j^e)^2}{h_j^e}.$$

χ^2 ist offenbar ein Maß für die Abweichung der erwarteten von den beobachteten Häufigkeiten und fällt umso größer aus, je schlechter die Übereinstimmung ist.

7. Man vergleicht den obigen Wert χ^2 mit dem $(1-\alpha)$-Fraktil der χ^2-Verteilung mit $k-3$ Freiheitsgraden. Gilt:

$$\chi^2 > \chi^2_{k-3;1-\alpha},$$

dann ist die Hypothese, daß das Merkmal x normal-verteilt ist, zu verwerfen. Für α wählt man je nach Problemstellung $\alpha = 0{,}10; 0{,}05; 0{,}01$.

14.1 Der Chi-Quadrat-Anpassungstest

Bemerkung: Ist $\mathcal{P}$ eine r-parametrische Verteilungsfamilie, dann hat man im Schritt 2 die r Verteilungsparameter zu schätzen und im Schritt 5 die erwarteten Häufigkeiten h_j^e unter der Annahme zu berechnen, daß den Daten diejenige Verteilung aus $\mathcal{P}$ mit den geschätzten Parameterwerten zugrunde liegt.

Im abschließenden Schritt 7 ist die Testgröße χ^2 dann mit dem $(1-\alpha)$-Fraktil der χ^2-Verteilung mit $k-r-1$ Freiheitsgraden zu vergleichen. Gilt

$$\chi^2 > \chi^2_{k-r-1;1-\alpha},$$

dann ist die Nullhypothese, daß die Datenverteilung P der Familie $\mathcal{P}$ angehört, zu verwerfen.

Beispiel 14.1.2: **1.** Wir wählen eine Stichprobe von $n = 50$ Studentinnen aus einem Jahrgang und prüfen, ob die Annahme der Normalverteilung für die Körpergröße x verworfen werden muß. Es wurden folgende Werte x_i gemessen (in Zentimeter):

165	160	159	148	149	169	172	152	149	175
152	164	164	157	155	176	196	155	185	172
162	173	173	164	158	179	178	164	190	184
170	155	177	166	164	182	169	157	167	192
172	147	168	176	172	155	181	163	170	149

2. Es ergeben sich die Punktschätzer:
$$\hat{\mu} = \bar{x} = 167\,\text{cm}; \quad \hat{\sigma}^2 = s^2 = 144{,}14\,\text{cm}^2, \quad \hat{\sigma} = s = 12{,}01\,\text{cm}.$$

3. 4. 5. Wir teilen die x-Achse in $k = 7$ Teilintervalle. Die Teilungspunkte $e_1,\ldots,e_6$ sollen runde Zahlen sein, und die entstehenden Teilintervalle sollen in etwa gleich viele Beobachtungen, also etwa sieben Werte enthalten.

Die tieferstehende Tabelle zeigt die getroffene Wahl für die Teilungspunkte e_j und enthält alle zur Berechnung von h_j^b und h_j^e notwendigen Informationen.

j	e_j	I_j	h_j^b	$\Phi(\frac{e_j-\bar{x}}{s})$	h_j^e
1	155	$x \leq 155$	11	0,16	8,0
2	160	$155 < x \leq 160$	5	0,28	6,0
3	165	$160 < x \leq 165$	8	0,43	7,5
4	170	$165 < x \leq 170$	7	0,60	8,5
5	175	$170 < x \leq 175$	7	0,75	7,54
6	180	$175 < x \leq 180$	5	0,86	5,5
7		$180 < x$	7		7,0
			50		50,0

6. Wir berechnen die Testgröße $\chi^2 = \sum_{j=1}^{7}(h_j^b - h_j^e)^2/h_j^e$. Es ergibt sich:

$$\chi^2 = 1{,}67$$

7. Zum Vergleich bestimmen wir einige Fraktile der χ^2-Verteilung mit $7 - 3 = 4$ Freiheitsgraden.

$1-\alpha$	$\chi^2_{4;1-\alpha}$
0,90	7,78
0,95	9,49
0,975	11,1

Der beobachtete Wert $\chi^2 = 1{,}67$ ist wesentlich kleiner als selbst $\chi^2_{4;0,9}$, so daß die Hypothese der Normalverteilung **nicht** zu verwerfen ist.

Freilich muß klar sein, daß damit, insbesondere bei so kleinem Stichprobenumfang, kein *Beweis* für die Normalität der Verteilung der Körpergrößen erbracht ist. Es kann lediglich gesagt werden, daß die Daten *keinen signifikanten Hinweis auf Nichtnormalität* enthalten.

14.2 Der Chi-Quadrat-Homogenitätstest

Mit dem χ^2-Homogenitätstest prüft man, ob zwei oder mehrere Verteilungen im wesentlichen gleich oder deutlich verschieden sind. Wir geben einige typische Beispiele für diese Fragestellung.

Beispiel 14.2.1: **1.** Ein Test zur Bestimmung der Reaktionszeit t wird an je einer Gruppe von Frauen und Männern ausgeführt. Es soll festgestellt werden, ob die Verteilung der Reaktionszeiten bei Frauen und Männern verschieden ist oder nicht.

2. Bei einer Abschlußklausur in Mathematik treten Betriebswirte, Volkswirte, Wirtschaftspädagogen und Sozialwirte an. Es soll überprüft werden, ob die Notenverteilung bei den einzelnen Gruppen von Studenten im wesentlichen gleich oder deutlich verschieden ist.

3. In zwei Großstädten wurden die Wohnungsmieten in Schilling pro Quadratmeter für Wohnungen gleicher Ausstattungskategorie stichprobenweise erhoben. Es soll auch hier festgestellt werden, ob die Verteilung der Mieten in beiden Städten gleich oder verschieden ist.

Modell: Das statistische Modell für die obigen Fragestellungen ist das folgende:

- Gegeben ist ein Merkmal x (Reaktionszeit, Note, Miete, ...) und zwei oder mehrere Grundgesamtheiten $\mathcal{M}_1, \mathcal{M}_2, \ldots$, deren Einheiten das Merkmal x besitzen.

- Das Merkmal x hat in den Grundgesamtheiten $\mathcal{M}_1, \mathcal{M}_2, \ldots$ die Verteilungen $P_1, P_2, \ldots$

- Die statistischen Hypothesen lauten:

    H$_0$: Die Verteilungen $P_1, P_2, \ldots$ sind gleich,
    H$_1$: Die Verteilungen $P_1, P_2, \ldots$ sind verschieden.

14.2 Der Chi-Quadrat-Homogenitätstest

Die umgekehrte Hypothesenzuordnung hat keinen Sinn, denn die Gleichheit der Verteilungen $P_1, P_2, \ldots$ kann mit Mitteln der Statistik nicht bewiesen werden. In der Praxis hält man aber an dieser Annahme fest, wenn die Verschiedenheit der Verteilungen nicht erwiesen ist.

Beispiel 14.2.2: Wir beschreiben die Methode des χ^2-Homogenitätstests am Beispiel des Mietenvergleichs.

In der Stadt **A** wurde eine Stichprobe von $n_A = 70$ Wohnungen der besten Ausstattungskategorie und in der Stadt **B** eine Stichprobe von $n_B = 120$ Wohnungen des gleichen Standards ausgewählt. Das erhobene Merkmal x ist die Grundmiete in Schilling je Quadratmeter Wohnfläche.

Da die Mieten, österreichischen Verhältnissen entsprechend, fast alle zwischen ÖS 20,- und ÖS 60,- pro Quadratmeter liegen, teilen wir dieses Intervall in acht gleiche Teilintervalle und fügen noch zwei Randintervalle $\{x \leq 20\}$ und $\{x > 60\}$ an.

Die Tabelle 14.2.1 enthält die zur Berechnung der Teststatistik notwendigen Informationen. Dabei sind folgende Bezeichnungen verwendet:

h^b_{Aj}, h^b_{Bj} ... **beobachtete** Häufigkeit des Mietenintervalls I_j in den Stichproben **A** bzw. **B**,

$h^b_{+j} = h^b_{Aj} + h^b_{Bj}$ ... **kumulierte** Häufigkeit des Mietenintervalls I_j,

h^e_{Aj}, h^e_{Bj} ... **erwartete** Häufigkeit des Mietenintervalls I_j in den Grundgesamtheiten **A** bzw. **B** für den Fall, daß die Hypothese H_0 richtig ist.

Es gilt:

$$h^e_{Aj} = \frac{n_A}{n_A + n_B} \cdot h^b_{+j} \quad \text{und} \quad h^e_{Bj} = \frac{n_B}{n_A + n_B} \cdot h^b_{+j}.$$

Zur Kontrolle: $h^e_{Aj} + h^e_{Bj} = h^b_{+j}$.

Die Teststatistik χ^2 lautet:

$$\chi^2 = \sum_{\substack{i=A,B \\ j=1,\ldots,k}} \frac{(h^b_{ij} - h^e_{ij})^2}{h^e_{ij}};$$

sie ist die Summe der gewogenen, quadrierten Abweichungen der beobachteten von den erwarteten Häufigkeiten.

j	I_j	h^b_{Aj}	h^e_{Aj}	h^b_{Bj}	h^e_{Bj}	h^b_{+j}
1	$x \leq 20$	2	1,84	3	3,16	5
2	$20 < x \leq 25$	5	3,32	4	5,68	9
3	$25 < x \leq 30$	7	7,00	12	12,00	19
4	$30 < x \leq 35$	15	12,89	20	22,11	35
5	$35 < x \leq 40$	10	9,21	15	15,79	25
6	$40 < x \leq 45$	7	9,95	20	17,05	27
7	$45 < x \leq 50$	8	11,79	24	20,21	32
8	$50 < x \leq 55$	7	7,00	12	12,00	19
9	$55 < x \leq 60$	4	4,42	8	7,58	12
10	$60 < x$	5	2,58	2	4,42	7
		70	70,00	120	120,00	190

Tabelle 14.2.1: Arbeitstabelle für den χ^2-Homogenitätstest.

Niveau-α-Test: Wurde die x-Achse in k Intervalle I_j geteilt, und hat man l Verteilungen $P_1, P_2, \ldots, P_l$ zu vergleichen, dann besitzt unter der Nullhypothese $\mathbf{H}_0\colon P_1 = P_2 = \ldots = P_l$ die Teststatistik

$$\chi^2 = \sum_{\substack{i=1,\ldots,l \\ j=1,\ldots,k}} \frac{(h^b_{ij} - h^e_{ij})^2}{h^e_{ij}}$$

in guter Näherung die χ^2-Verteilung mit $(k-1)(l-1)$ Freiheitsgraden. Man erhält somit die Entscheidungsregel:

$$\chi^2 \begin{array}{c} > \\ \leq \end{array} \chi^2_{(k-1)(l-1); 1-\alpha} \implies \begin{array}{c} \mathbf{H}_1 \\ \mathbf{H}_0 \end{array},$$

d.h., die Verschiedenheit der Verteilungen $P_1, P_2, \ldots, P_l$ kann als erwiesen gelten, wenn der aus den Daten errechnete χ^2-Wert größer als $\chi^2_{(k-1)(l-1); 1-\alpha}$ ist.

In unserem Fall errechnet man aus Tabelle 14.2.1:

$$\chi^2 = 9{,}00.$$

Der Vergleichswert $\big((k-1)(l-1) = 9 \cdot 1 = 9\big)$ für das Niveau $\alpha = 0{,}05$ beträgt:

$$\chi^2_{9; 0{,}95} = 16{,}9.$$

Ein Unterschied der Verteilungen P_A und P_B kann also aus den beobachteten Daten **nicht** signifikant erschlossen werden.

15 Regressionsrechnung

Häufig steht man vor dem Problem, den Wert einer Variablen y aus den bekannten Werten anderer Variablen $x_1, \ldots, x_k$, von denen y abhängt, zu bestimmen.

Man nennt y die **zu erklärende** oder **zu prognostizierende** Variable und $x_1, \ldots, x_k$ die **erklärenden, Prognose-** oder **Regressor-Variablen.**

Kennt man das Gesetz, nach dem y von $x_1, \ldots, x_k$ abhängt, also etwa $y = f(x_1, \ldots, x_k)$, dann braucht man nur die Werte $x_1, \ldots, x_k$ einzusetzen und y auszurechnen. Das mag zwar im Einzelfall schwierig genug sein, ein Problem der Statistik ist es nicht.

Unangenehmer wird die Aufgabe, wenn das Gesetz $y = f(x_1, \ldots, x_k)$ nicht bekannt ist. Wie soll man dann verfahren? Wir wollen zwei Fälle unterscheiden.

Fall 1: Das Gesetz $y = f(x_1, \ldots, x_k)$ ist der Form nach bekannt, enthält aber einige unbekannte Parameter.

Beispiele: $y = \beta_0 \cdot \sin \beta_1 (x - \beta_2)$ $\quad \beta_0, \beta_1, \beta_2 \quad \ldots$ unbekannt,
$\qquad\qquad y = \beta_0 x_1^{\beta_1} + \gamma_0 x_2^{\gamma_1}$ $\quad \beta_0, \beta_1; \gamma_0, \gamma_1 \ldots$ unbekannt,
$\qquad\qquad y = \beta_0 + \beta_1 x_1 x_2 \cdots x_k$ $\quad \beta_0, \beta_1 \qquad\qquad \ldots$ unbekannt.

In dieser Situation ist man meistens in der Physik oder der Chemie, wo auf Grund einer Theorie die Form des Gesetzes bekannt ist, die einzelnen Parameter aber erst durch Messungen bestimmt werden müssen.

Fall 2: Man kennt das Gesetz $y = f(x_1, \ldots, x_k)$ auch hinsichtlich seiner Form nicht, sondern hat höchstens einige vage Vermutungen. In diesem Fall, der in den Sozial- und Wirtschaftswissenschaften meistens vorliegt, versucht man es mit einem **Ansatz** für $y = f(x_1, \ldots, x_k)$, d.h., man nimmt eine plausible Form für $f(x_1, \ldots, x_k)$ an, die einige Parameter enthält, und trachtet diese Parameter auf der Grundlage beobachteter Daten zu schätzen.

Der einfachste und am häufigsten benützte Ansatz ist der lineare:

$$y = \beta_0 + \beta_1 \cdot z_1(x_1, \ldots, x_k) + \beta_2 \cdot z_2(x_1, \ldots, x_k) + \ldots + \beta_l \cdot z_l(x_1, \ldots, x_k),$$

in dem die Parameter $\beta_0, \ldots, \beta_l$ unbekannt und die Funktionen $z_1(x_1, \ldots, x_k), \ldots$
$\ldots, z_l(x_1, \ldots, x_k)$ bekannt sind. Der Ansatz, das ist entscheidend, ist in den unbekannten Parametern, den **Regressionskonstanten** $\beta_0, \ldots, \beta_l$ linear.

Beispiele:

$y = \beta_0 + \beta_1 x_1 + \ldots + \beta_k x_k \ldots$ der Ansatz ist auch in den Regressor-Variablen $x_1, \ldots, x_k$ linear,

$$y = \beta_0 + \beta_1 x + \beta_2 x^2 + \ldots + \beta_k x^k \ldots \text{ sog. } \textbf{Polynomansatz} \text{ vom Grad } k$$
$$\text{bei einer Regressor-Variablen } x,$$
$$y = \beta_0 + \beta_1 x_1 + \beta_2 x_2 + \beta_{11} x_1^2 + \beta_{12} x_1 x_2 + \beta_{22} x_2^2 \ldots \text{ quadratischer Ansatz}$$
$$\text{bei zwei Regressor-Variablen } x_1, x_2,$$
$$y = \beta_0 + \beta_1 \sin x + \gamma_1 \cos x + \beta_2 \sin 2x + \gamma_2 \cos 2x + \ldots + \beta_k \sin kx + \gamma_k \cos kx$$
$$\ldots \text{ trigonometrischer Ansatz}.$$

Es hängt vom konkreten Problem ab, welchen Ansatz man wählt. Auch wird im allgemeinen nicht gleich der erste Versuch zum Ziel führen, nämlich ein brauchbares Gesetz $y = f(x_1, \ldots, x_k)$ zu finden.

Wir können hier nicht alle Aspekte dieser Aufgabe untersuchen, eine eingehende Beschäftigung damit bleibt dem Fachstatistiker vorbehalten, wir wollen aber zeigen, wie man bei einem gegebenen Ansatz, der in den Regressionskonstanten $\beta_0, \ldots, \beta_l$ linear ist, diese Parameter mit Hilfe der **Methode der kleinsten Quadrate** bestimmen kann.

Wir wählen, um das Verfahren zu demonstrieren, ein Beispiel, das in unserer Zeit der Zivilisations- und Wohlstandserkrankungen auch für jüngere Semester zunehmend an Interesse gewinnt, nämlich den Zusammenhang zwischen Blutdruck ($\hat{=}y$), Alter ($\hat{=}x_1$), Gewicht ($\hat{=}x_2$), Körpergröße ($\hat{=}x_3$) und Triglyceriden ($\hat{=}x_4$). Die Medizin besitzt keine Theorie, die die theoretische Form dieses Zusammenhanges anzugeben gestattet. Man versucht es daher zunächst einmal mit dem einfachsten Ansatz:

$$y = \beta_0 + \beta_1 x_1 + \beta_2 x_2 + \beta_3 x_3 + \beta_4 x_4 + \varepsilon.$$

Da man natürlich keinen exakten Zusammenhang zwischen y und $x_1, \ldots, x_4$ in der Form $y = \beta_0 + \beta_1 x_1 + \beta_2 x_2 + \beta_3 x_3 + \beta_4 x_4$ erwarten kann, haben wir noch einen **Fehlerterm** ε hinzugefügt.

Die Parameter $\beta_0, \ldots, \beta_4$ sind zu bestimmen. Dafür stehen uns die Daten von n (z.B. $n = 100$ oder $n = 200$) gesunden Personen zur Verfügung.

Wir fassen diese Daten in zwei Datenmatrizen zusammen:

$$\mathbf{y} = \begin{pmatrix} y_1 \\ y_2 \\ \vdots \\ y_n \end{pmatrix} \quad \text{und} \quad \mathbf{X} = \begin{pmatrix} 1 & x_{11} \ldots x_{14} \\ 1 & x_{21} \ldots x_{24} \\ \vdots & \vdots \vdots \vdots \\ 1 & x_{n1} \ldots x_{n4} \end{pmatrix}.$$

Dabei erweist es sich als nützlich, die 1-Spalte bei der **X**-Matrix mitzuführen. Außerdem führen wir noch den Vektor $\boldsymbol{\beta}$ der Regressionskonstanten ein:

$$\boldsymbol{\beta} = \begin{pmatrix} \beta_0 \\ \beta_1 \\ \vdots \\ \beta_4 \end{pmatrix}.$$

15 Regressionsrechnung

Setzen wir für die Parameter $\beta_0, \ldots, \beta_4$ versuchsweise irgendwelche Werte $\hat{\beta}_0, \ldots, \hat{\beta}_4$ ein, dann erhalten wir für die i-te Versuchsperson einen **prognostizierten** Blutdruckwert $\hat{y}_i$ aus den Größen $x_{i1}, \ldots, x_{i4}$, nämlich:

$$\hat{y}_i = \hat{\beta}_0 + \hat{\beta}_1 x_{i1} + \ldots + \hat{\beta}_4 x_{i4}.$$

Dieser Wert $\hat{y}_i$ wird mit dem tatsächlich gemessenen Blutdruck y_i i.allg. nicht übereinstimmen. Die Idee der Methode der kleinsten Quadrate besteht nun darin, die Parameterwerte $\hat{\beta}_0, \ldots, \hat{\beta}_4$ gerade so zu wählen, daß die Summe der Abweichungsquadrate $(y_i - \hat{y}_i)^2$ aller n Versuchspersonen:

$$\triangle = \sum_{i=1}^{n}(y_i - \hat{y}_i)^2 = \sum_{i=1}^{n}(y_i - \hat{\beta}_0 - \hat{\beta}_1 x_{i1} - \ldots - \hat{\beta}_4 x_{i4})^2$$

zum Minimum wird.

Die Lösung dieser Extremwertaufgabe (Übung!) führt auf folgendes lineare Gleichungssystem für den Vektor $\boldsymbol{\beta}$, das wir in Matrizenform schreiben:

$$\mathbf{X'X} \cdot \hat{\boldsymbol{\beta}} = \mathbf{X'y},$$

die sogenannten **Gauß'schen Normalgleichungen** für $\hat{\boldsymbol{\beta}}$. Nach $\hat{\boldsymbol{\beta}}$ aufgelöst ergibt sich:

$$\hat{\boldsymbol{\beta}} = (\mathbf{X'X})^{-1} \cdot \mathbf{X'y}.$$

Man nennt $\hat{\boldsymbol{\beta}}$ den **Kleinst-Quadrat-Schätzer** für $\boldsymbol{\beta}$.

An dieser Stelle ist ein prinzipielles Wort angebracht. Kaum jemand, der heute derartige Aufgaben zu lösen hat, wird auf die Verwendung fertiger Computerprogramme verzichten, wie sie in den diversen Sammlungen von Statistikprogrammen (z.B. SPSS, BMDP, COMPSTAT, SAS, ...) vorliegen. Man braucht daher etwa das obige Normalgleichungssystem für $\hat{\boldsymbol{\beta}}$ nicht selbst zu lösen, es genügt die Eingabe der Datenmatrizen $\mathbf{y}$ und $\mathbf{X}$.

Beispiel 15.1: Für $n = 100$ Versuchspersonen wurden die folgenden Merkmale bestimmt:

y ... systolischer Blutdruck gemessen in mm-Quecksilbersäule,

x_1 ... Alter in Jahren,

x_2 ... Gewicht in kg,

x_3 ... Körpergröße in cm,

x_4 ... Cholesterin in mg/dl (= Milligramm/Deziliter).

Der Ansatz für die Prognosefunktion lautet:

$$y = \beta_0 + \beta_1 x_1 + \beta_2 x_2 + \beta_3 x_3 + \beta_4 x_4 + \varepsilon.$$

Die Datenmatrizen **y** und **X**, von denen wir aus Platzgründen nur die ersten beiden und die letzte Zeile angeben, haben die Form:

Nummer	Blutdruck	Konstante	Alter	Gewicht	Größe	Cholesterin
i	y_i	$x_{i0}=1$	x_{i1}	x_{i2}	x_{i3}	x_{i4}
1	183	1	70	78	168	212
2	179	1	63	87	176	219
⋮	⋮	⋮	⋮	⋮	⋮	⋮
100	164	1	55	82	173	212

Tabelle 15.1: Datenmatrizen

Daraus errechnet man die Matrizen:

$$\mathbf{X'y} = \begin{pmatrix} \sum_{i=1}^n x_{i0} \cdot y_i \\ \vdots \\ \sum_{i=1}^n x_{i4} \cdot y_i \end{pmatrix} \quad \ldots \quad \begin{array}{l} \text{Vektor der Skalarprodukte} \\ \text{von } \mathbf{y} \text{ mit den fünf Spalten von } \mathbf{X}, \end{array}$$

$$\mathbf{X'X} = \begin{pmatrix} \sum_i x_{i0}x_{i0} & \cdots & \sum_i x_{i0}x_{i4} \\ \vdots & & \vdots \\ \sum_i x_{i4}x_{i0} & \cdots & \sum_i x_{i4}x_{i4} \end{pmatrix} \quad \ldots \quad \begin{array}{l} \text{symmetrische } 5 \times 5\text{-Matrix} \\ \text{der Skalarprodukte je} \\ \text{zweier Spalten von } \mathbf{X}, \end{array}$$

$(\mathbf{X'X})^{-1}$ ... Inverse von $\mathbf{X'X}$.

Den Kleinst-Quadrat-Schätzer für $\boldsymbol{\beta} = (\beta_0, \beta_1, \ldots, \beta_4)'$ erhält man dann nach der Formel

$$\hat{\boldsymbol{\beta}} = (\mathbf{X'X})^{-1} \cdot \mathbf{X'y}$$

als Matrix-Produkt von $(\mathbf{X'X})^{-1}$ und $\mathbf{X'y}$.

In unserem Fall ergaben sich folgende Matrizen:

$$\mathbf{X'y} = \begin{pmatrix} 15799{,}56 \\ 790503{,}41 \\ 1238187{,}94 \\ 2683648{,}05 \\ 3194553{,}35 \end{pmatrix},$$

$$\mathbf{X'X} = \begin{pmatrix} 100{,}00 & 4919{,}35 & 7805{,}72 & 16985{,}27 & 20098{,}56 \\ 4919{,}35 & 252238{,}33 & 384693{,}60 & 835016{,}25 & 996944{,}49 \\ 7805{,}72 & 384693{,}60 & 615567{,}03 & 1329595{,}30 & 1575190{,}22 \\ 16985{,}27 & 835016{,}25 & 1329595{,}30 & 2888407{,}67 & 3414575{,}43 \\ 20098{,}56 & 996944{,}49 & 1575190{,}22 & 3414575{,}43 & 4059546{,}97 \end{pmatrix},$$

15 Regressionsrechnung

$$(\mathbf{X'X})^{-1} = \begin{pmatrix} 63{,}4412 & 0{,}0516 & 0{,}3503 & -0{,}3994 & -0{,}1267 \\ 0{,}0516 & 0{,}0002 & 0{,}0003 & -0{,}0003 & -0{,}0002 \\ 0{,}3503 & 0{,}0003 & 0{,}0023 & -0{,}0023 & -0{,}0008 \\ -0{,}3994 & -0{,}0003 & -0{,}0023 & 0{,}0026 & 0{,}0008 \\ -0{,}1267 & -0{,}0002 & -0{,}0008 & 0{,}0008 & 0{,}0003 \end{pmatrix},$$

und damit:

$$\hat{\boldsymbol{\beta}} = (\mathbf{X'X})^{-1}\mathbf{X'y} = \begin{pmatrix} 128{,}36 \\ 0{,}92 \\ 0{,}88 \\ -0{,}88 \\ 0{,}32 \end{pmatrix}.$$

Wir erhalten damit die geschätzte Prognosefunktion:

$$\hat{y} = \hat{\beta}_0 + \hat{\beta}_1 x_1 + \hat{\beta}_2 x_2 + \hat{\beta}_3 x_3 + \hat{\beta}_4 x_4 =$$
$$= 128{,}36 + 0{,}92 x_1 + 0{,}88 x_2 - 0{,}88 x_3 + 0{,}32 x_4.$$

Setzen wir in diese Funktion die Daten $x_1, \ldots, x_4$ der einzelnen Versuchspersonen ein, dann erhalten wir die geschätzen Blutdruckwerte $\hat{y}_1, \ldots, \hat{y}_{100}$. Beispielsweise ergibt sich für $i = 1, 2$ und 100:

i	y_i	$\hat{y}_i$	$\hat{\varepsilon}_i = y_i - \hat{y}_i$
1	183	181,40	1,60
2	179	178,08	0,92
⋮	⋮	⋮	⋮
100	164	166,72	−2,72

Tabelle 15.2: Prognostizierte und gemessene Werte; Residuen

Die letzte Spalte enthält die Abweichungen zwischen den gemessenen und den prognostizierten Werten: $\hat{\varepsilon}_i = y_i - \hat{y}_i$, die sogenannten **Residuen**, und Abb. 15.1 zeigt ein Histogramm für diese $n = 100$ Abweichungen, wie man es sich immer anlegen wird. Man gewinnt daraus einen ersten Eindruck von der Güte der Prognosefunktion.

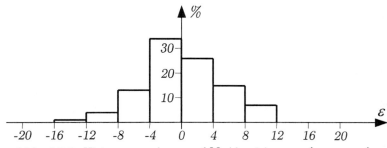

Abb. 15.1: Histogramm der $n = 100$ Abweichungen $\hat{\varepsilon}_i = y_i - \hat{y}_i$.

Bereichschätzung der Regressionskonstanten

Die Methode der kleinsten Quadrate liefert zunächst nur Punktschätzer $\hat{\beta}_0$, $\hat{\beta}_1, \ldots, \hat{\beta}_k$ für die Regressionskonstanten $\beta_0, \beta_1, \ldots, \beta_k$. Um auch Bereichschätzer angeben zu können, benötigt man zusätzliche Informationen über die statistische Struktur der Daten. Diese Informationen betreffen die Verteilung der Zielgröße y bei gegebenen Werten der Regressorvariablen $x_1, \ldots, x_k$.

Denken wir an das Blutdruck-Beispiel. Faßt man in einer großen Grundgesamtheit $\mathcal{M}$ (etwa der Bevölkerung eines Landes) alle Personen mit festem Alter x_1 (z.B. $x_1 = 50$ Jahre), festem Gewicht x_2 (z.B. $x_2 = 80$ kg), fester Körpergröße x_3 (z.B. $x_3 = 175$ cm) und festem Cholesterinwert x_4 (z.B. $x_4 = 210$ mg/dl) zu einem Kollektiv zusammen, dann wird der Blutdruck y dieser Personen natürlich kein fester Wert sein, sondern es wird sich für y eine Häufigkeitsverteilung ergeben. Wählt man für die Variablen (x_1, x_2, x_3, x_4) andere Werte, etwa (60 Jahre, 70 kg, 170 cm, 220 mg/dl) und greift man aus $\mathcal{M}$ alle Personen mit diesen Ausprägungen der erklärenden Regressorvariablen $(x_1, \ldots, x_4)$ heraus, dann wird die Verteilung der Blutdruckwerte y bei diesem Teilkollektiv durchaus anders aussehen. Abbildung 15.2 zeigt zwei Verteilungen, wie sie hier auftreten könnten.

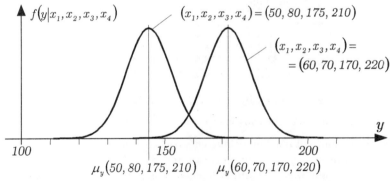

Abb. 15.2: Verteilung des Blutdruckes y in Abhängigkeit von (x_1, x_2, x_3, x_4).

Die Verteilungsdichten in Abb. 15.2 erinnern stark an Normalverteilungen, und in der Tat ist diese Situation typisch für sehr viele Anwendungen. Es ist somit naheliegend, die folgenden Annahmen — man spricht von statistischen Modellannahmen — über die Verteilung der Variablen y in Abhängigkeit von $(x_1, \ldots, x_n)$ zu treffen.

Modellannahmen:

1. Bei festen Werten der Regressorvariablen $(x_1, \ldots, x_k)$ besitzt die zu erklärende Variable y eine Normalverteilung mit dem Mittelwert $\mu_y = \mu_y(x_1, \ldots, x_k)$ und der Varianz $\sigma_y^2 = \sigma_y^2(x_1, \ldots, x_k)$. In Zeichen:

$$y|(x_1, \ldots, x_k) \sim \mathbf{N}(\mu_y(x_1, \ldots, x_k); \sigma_y^2(x_1, \ldots, x_k))$$

15 Regressionsrechnung

2. Die Mittelwertfunktion (auch **Regressionsfunktion**) $\mu_y(x_1,\ldots,x_k)$ hat die Gestalt:

$$\mu_y(x_1,\ldots,x_k) = \beta_0 + \beta_1 x_1 + \ldots + \beta_k x_k$$

mit unbekannten Regressionskonstanten $\beta_0, \beta_1, \ldots, \beta_k$.

3. Die Varianzfunktion $\sigma_y^2(x_1,\ldots,x_k)$ ist konstant:

$$\sigma_y^2(x_1,\ldots,x_k) = \sigma^2.$$

Man spricht von **Varianzhomogenität** der Daten. Die Varianz σ^2 geht als weiterer unbekannter Parameter in das Modell ein.

Die in 3 formulierte Annahme der Varianzhomogenität stellt den einfachstmöglichen Fall dar, der aber in der Tat, namentlich bei nicht zu großem Variationsbereich der Regressorvariablen, häufig in guter Näherung gegeben ist. Man wird, wenn man keinen Hinweis auf die Art der Funktion $\sigma_y^2(x_1,\ldots,x_k)$ besitzt, bei einer ersten Datenauswertung die Annahme der Varianzhomogenität treffen.

Unter den obigen Modellannahmen lassen sich für die Regressionskonstanten nicht nur Punktschätzer, sondern auch Vertrauensintervalle angeben. Wir stellen die benötigten Bezeichnungen und Formeln zusammen:

Datenmatrizen

$$\mathbf{y} = \begin{pmatrix} y_1 \\ \vdots \\ y_n \end{pmatrix}, \quad \mathbf{X} = \begin{pmatrix} 1 & x_{11} & \ldots & x_{1k} \\ \vdots & \vdots & & \vdots \\ 1 & x_{n1} & \ldots & x_{nk} \end{pmatrix}.$$

Unbekannte Modellparameter

$$\boldsymbol{\beta} = \begin{pmatrix} \beta_0 \\ \beta_1 \\ \vdots \\ \beta_k \end{pmatrix} \quad \ldots \text{Vektor der Regressionskonstanten,}$$

$\sigma_y^2 \quad \ldots$ Restvarianz.

Punktschätzer

$\hat{\boldsymbol{\beta}} = (\mathbf{X}'\mathbf{X})^{-1} \cdot \mathbf{X}'\mathbf{y} \quad \ldots$ Punktschätzer der Regressionskonstanten,

$\hat{\mathbf{y}} = \mathbf{X} \cdot \hat{\boldsymbol{\beta}} \quad \ldots$ geschätzte Regressionsfunktion,

$\hat{\mathbf{e}} = \mathbf{y} - \hat{\mathbf{y}} \quad \ldots$ geschätzte Reste,

$\hat{\sigma}_y^2 = \frac{1}{n-(k+1)} \cdot \sum_{j=1}^{n} \hat{\varepsilon}_j^2 \quad \ldots$ Punktschätzer der Restvarianz.

Bereichschätzer

Wir führen folgende Abkürzung ein:

$$(\mathbf{X'X})^{-1} = \mathbf{C} = (c_{ij})_{i,j=0,1,\ldots,k}$$

Dann ist $[\underline{\beta}_j, \overline{\beta}_j]$ mit:

$$\begin{matrix}\overline{\beta}_j \\ \underline{\beta}_j\end{matrix} = \hat{\beta}_j \pm \hat{\sigma}_y \cdot \sqrt{c_{jj}} \cdot t_{n-(k+1);1-\alpha/2}$$

ein Vertrauensintervall für den Regressionsparameter β_j zur Sicherheit $S = 1 - \alpha$. $\underline{\beta}_j$ und $\overline{\beta}_j$ sind Vertrauensschranken zur Sicherheit $S = 1 - \alpha/2$.

Testen von Hypothesen

Mit Hilfe der obigen Vertrauensschranken lassen sich Hypothesen über die Regressionsparameter β_j testen. Wir listen die einzelnen Fälle auf:

A. $\mathbf{H_0}: \beta_j \leq \overset{\circ}{\beta}_j$ $\mathbf{H_1}: \beta_j > \overset{\circ}{\beta}_j$

Niveau-α-Test: Bestimme die **untere** Vertrauensschranke $\underline{\beta}_j$ zur Sicherheit $S = 1 - \alpha$ und entscheide gemäß:

$$\underline{\beta}_j \begin{matrix}>\\\leq\end{matrix} \overset{\circ}{\beta}_j \implies \begin{matrix}\mathbf{H_1}\\\mathbf{H_0}\end{matrix}.$$

B. $\mathbf{H_0}: \beta_j \geq \overset{\circ}{\beta}_j$ $\mathbf{H_1}: \beta_j < \overset{\circ}{\beta}_j$

Niveau-α-Test: Bestimme die **obere** Vertrauensschranke $\overline{\beta}_j$ zur Sicherheit $S = 1 - \alpha$ und entscheide gemäß:

$$\overline{\beta}_j \begin{matrix}<\\\geq\end{matrix} \overset{\circ}{\beta}_j \implies \begin{matrix}\mathbf{H_1}\\\mathbf{H_0}\end{matrix}.$$

C. $\mathbf{H_0}: \beta_j = \overset{\circ}{\beta}_j$ $\mathbf{H_1}: \beta_j \neq \overset{\circ}{\beta}_j$

Niveau-α-Test: Bestimme das Vertrauensintervall $[\underline{\beta}_j, \overline{\beta}_j]$ zur Sicherheit $S = 1 - \alpha$ und entscheide gemäß:

$$[\underline{\beta}_j, \overline{\beta}_j] \begin{matrix}\not\ni\\\ni\end{matrix} \overset{\circ}{\beta}_j \implies \begin{matrix}\mathbf{H_1}\\\mathbf{H_0}\end{matrix}.$$

15 Regressionsrechnung

Beispiel 15.1 (Fortsetzung): Wir zeigen die Anwendung dieser Formeln an unserem Blutdruck-Beispiel. Für den Punktschätzer $\hat{\boldsymbol{\beta}}$ und die Matrix $\mathbf{C} = (\mathbf{X}'\mathbf{X})^{-1}$ haben wir folgende Werte erhalten:

$$\hat{\boldsymbol{\beta}} = \begin{pmatrix} \hat{\beta}_0 \\ \hat{\beta}_1 \\ \hat{\beta}_2 \\ \hat{\beta}_3 \\ \hat{\beta}_4 \end{pmatrix} = \begin{pmatrix} 128{,}36 \\ 0{,}92 \\ 0{,}88 \\ -0{,}88 \\ 0{,}32 \end{pmatrix},$$

$$\mathbf{C} = (\mathbf{X}'\mathbf{X})^{-1} = \begin{pmatrix} \mathbf{63{,}4412} & 0{,}0516 & 0{,}3503 & -0{,}3994 & -0{,}1267 \\ 0{,}0516 & \mathbf{0{,}0002} & 0{,}0003 & -0{,}0003 & -0{,}0002 \\ 0{,}3503 & 0{,}0003 & \mathbf{0{,}0023} & -0{,}0023 & -0{,}0008 \\ -0{,}3994 & -0{,}0003 & -0{,}0023 & \mathbf{0{,}0026} & 0{,}0008 \\ -0{,}1267 & -0{,}0002 & -0{,}0008 & 0{,}0008 & \mathbf{0{,}0003} \end{pmatrix}.$$

Die Diagonalelemente c_{jj} sind fett gedruckt. Tabelle 15.2 enthält die geschätzten y-Werte $\hat{y}_j$ und die Reste $\hat{\varepsilon}_j = y_j - \hat{y}_j$ für $j = 1, 2$ und 100. Aus der vollständigen Liste der geschätzten Reste $\hat{\varepsilon}_1, \ldots, \hat{\varepsilon}_{100}$ ergibt sich der Punktschätzer für die Varianz σ_y^2:

$$\hat{\sigma}_y^2 = \frac{1}{95} \cdot \sum_{j=1}^{100} \hat{\varepsilon}_j^2 = (4{,}9341)^2.$$

Wir erhalten damit, etwa zur Sicherheit $S = 1 - \alpha = 0{,}95$ (d.h., $t_{95;0{,}975} = 1{,}9855$), die in Tabelle 15.3 angegebenen Konfidenzschranken $\underline{\beta_i}$ und $\overline{\beta_i}$ für $i = 0, 1, \ldots, 4$.

i	$\hat{\beta}_i$	$\underline{\beta_i}$	$\overline{\beta_i}$
0	128,36	50,3	206,4
1	0,92	0,79	1,06
2	0,88	0,41	1,35
3	−0,88	−1,39	−0,39
4	0,32	0,15	0,51

Tabelle 15.3: Schätzwerte und Konfidenzschranken für die Regressionskonstanten $\beta_0, \ldots, \beta_4$;

Modellanpassung

Man ist immer an möglichst einfachen Modellen zur Erklärung der in den Daten enthaltenen Zusammenhänge und Variabilitäten interessiert. Aus diesem Grund prüft man, ob nicht einzelne Terme aus dem Regressionsansatz $y = \beta_0 + \beta_1 x_1 + \ldots + \beta_k x_k + \epsilon$ weggelassen werden können. D.h., man testet die Hypothesen:

$$\mathbf{H}_{i,0}: \beta_i = 0 \qquad \mathbf{H}_{i,1}: \beta_i \neq 0 \qquad \text{für } i = 1, \ldots, k$$

(die Konstante β_0 wird man immer beibehalten) mittels der Teststrategien:

$$[\underline{\beta}_i, \overline{\beta}_i] \not\ni 0 \implies \begin{matrix} \mathbf{H}_{i,1} \\ \mathbf{H}_{i,0} \end{matrix}$$

zu einem vorgegebenen Niveau α, etwa $\alpha = 0{,}05$, und läßt bei einer Entscheidung auf $\mathbf{H}_{i,0}$ den Term mit β_i weg.

Beispiel 15.1 (Fortsetzung)
In unserem Beispiel enthalten die zur Sicherheit $S = 1 - \alpha = 0{,}95$ bestimmten Konfidenzintervalle $[\underline{\beta}_i, \overline{\beta}_i]$ sämtlich den Wert 0 nicht (siehe Tabelle 15.3). Eine Vereinfachung des Modells, durch Weglassen einzelner Terme, ist somit nicht möglich.

Die Fähigkeit eines Modells, die Variabilität der Daten zu erklären, mißt man mit dem **multiplen Bestimmtheitsmaß** R^2. Man setzt:

$$R^2(\text{Modell}) = 1 - \frac{\sum_{i=1}^n (y_i - \hat{y}_i)^2}{\sum_{i=1}^n (y_i - \overline{y})^2}$$

Interpretation von R^2: Es ist:

$\sum_{i=1}^n (y_i - \overline{y})^2$ ... die Summe der Restquadrate bei dem „trivialen" Modell $y = \beta_0 + \epsilon$, das keine erklärenden Variablen enthält,

$\sum_{i=1}^n (y_i - \hat{y}_i)^2$ ... die Summe der Restquadrate bei dem zu bewertenden Modell $y = \beta_0 + \beta_1 x_1 + \ldots + \beta_k x_k + \epsilon$.

$R^2(\text{Modell})$ ist somit der durch das Modell erklärte Anteil an der Gesamtvariabilität der y-Beobachtungen.

Beispiel 15.1 (Fortsetzung)
In unserem Blutdruck-Beispiel beträgt R^2:

$$R^2(\beta_0, \beta_1, \ldots, \beta_4) = 1 - \frac{2312}{25114} = 0{,}91,$$

d.h., rund 91 % der Variabilität der Blutdruckwerte y_i können durch das benützte Modell erklärt werden — ein sehr hoher Wert, von dem man häufig nur träumen kann.

Die Suche nach einem befriedigenden Modell verläuft in der Regel nicht so einfach wie in diesem Beispiel. Im allgemeinen führt erst eine mehr oder weniger systematische Modellsuche, für die verschiedene Verfahren entwickelt wurden (z.B. die Methoden der Vorwärtsselektion und der Rückwärtselimination), zum Ziel. Für eine genauere Darstellung dieser Prozeduren muß auf die Fachliteratur (siehe z.B. Draper und Smith) verwiesen werden. Der Sozial- und Wirtschaftswissenschafter wird für solche Aufgaben wohl den Fachmann konsultieren müssen.

Prüfung der Modellannahmen

Bei einer seriösen Untersuchung sollten auch die getroffenen Modellannahmen — insbesondere die Annahme der Normalität der Datenverteilung und die Annahme der Varianzhomogenität — überprüft werden. Dafür dient die **Residualanalyse**, das heißt eine nähere Untersuchung der Reste $\hat{\varepsilon}_i = y_i - \hat{y}_i$ für $i = 1, \ldots, n$. Das in Abb. 15.1 gezeigte Histogramm ist ein wichtiger Bestandteil dieser Analyse. Deutliche Abweichungen vom glockenförmigen Verlauf signalisieren bereits verletzte Modellannahmen.

Wir gehen auf die Details dieser Fragen nicht ein und verweisen erneut auf das zitierte Buch von Draper und Smith.

Tabellen

Tabelle 1: Dichte der hypergeometrischen Verteilung

$$p(k|\mathbf{H}_{N,A,n}) = \frac{\binom{A}{k}\binom{N-A}{n-k}}{\binom{N}{n}}$$

N A n = 10 1 1
k=0 .9000
1 .1000

N A n = 10 2 1
k=0 .8000
1 .2000

N A n = 10 2 2
k=0 .6222
1 .3556
2 .0222

N A n = 10 3 1
k=0 .7000
1 .3000

N A n = 10 3 2
k=0 .4667
1 .4667
2 .0667

N A n = 10 3 3
k=0 .2917
1 .5250
2 .1750
3 .0083

N A n = 10 4 1
k=0 .6000
1 .4000

N A n = 10 4 2
k=0 .3333
1 .5333
2 .1333

N A n = 10 4 3
k=0 .1667
1 .5000
2 .3000
3 .0333

N A n = 10 4 4
k=0 .0714
1 .3810
2 .4286
3 .1143
4 .0048

N A n = 10 5 1
k=0 .5000
1 .5000

N A n = 10 5 2
k=0 .2222
1 .5556
2 .2222

N A n = 10 5 3
k=0 .0833
1 .4167
2 .4167
3 .0833

N A n = 10 5 4
k=0 .0238
1 .2381
2 .4762
3 .2381
4 .0238

N A n = 10 5 5
k=0 .0040
1 .0992
2 .3968
3 .3968
4 .0992
5 .0040

N A n = 11 1 1
k=0 .9091
1 .0909

N A n = 11 2 1
k=0 .8182
1 .1818

N A n = 11 2 2
k=0 .6545
1 .3273
2 .0182

N A n = 11 3 1
k=0 .7273
1 .2727

N A n = 11 3 2
k=0 .5091
1 .4364
2 .0545

N A n = 11 3 3
k=0 .3394
1 .5091
2 .1455
3 .0061

N A n = 11 4 1
k=0 .6364
1 .3636

N A n = 11 4 2
k=0 .3818
1 .5091
2 .1091

N A n = 11 4 3
k=0 .2121
1 .5091
2 .2545
3 .0242

N A n = 11 4 4
k=0 .1061
1 .4242
2 .3818
3 .0848
4 .0030

N A n = 11 5 1
k=0 .5455
1 .4545

N A n = 11 5 2
k=0 .2727
1 .5455
2 .1818

N A n = 11 5 3
k=0 .1212
1 .4545
2 .3636
3 .0606

N A n = 11 5 4
k=0 .0455
1 .3030
2 .4545
3 .1818
4 .0152

N A n = 11 5 5
k=0 .0130
1 .1623
2 .4329
3 .3247
4 .0649
5 .0022

N A n = 11 6 1
k=0 .4545
1 .5455

N A n = 11 6 2
k=0 .1818
2 .2727

N A n = 11 6 3
k=0 .0606
1 .3636
2 .4545
3 .1212

N A n = 11 6 4
k=0 .0152
1 .1818
2 .4545
3 .3030
4 .0455

N A n = 11 6 5
k=0 .0022
1 .0649
2 .3247
3 .4329
4 .1623
5 .0130

N A n = 11 6 6
k=2 .1623
3 .4329
4 .3247
5 .0649
6 .0022

N A n = 12 1 1
k=0 .9167
1 .0833

N A n = 12 2 1
k=0 .8333
1 .1667

N A n = 12 2 2
k=0 .6818
1 .3030
2 .0152

N A n = 12 3 1
k=0 .7500
1 .2500

N A n = 12 3 2
k=0 .5455
1 .4091
2 .0455

N A n = 12 3 3
k=0 .3818
1 .4909
2 .1227
3 .0045

N A n = 12 4 1
k=0 .6667
1 .3333

N A n = 12 4 2
k=0 .4242
1 .4848
2 .0909

N A n = 12 4 3
k=0 .2545
1 .5091
2 .2182
3 .0182

N A n = 12 4 4
k=0 .1414
1 .4525
2 .3394
3 .0646
4 .0020

N A n = 12 5 1
k=0 .5833
1 .4167

N A n = 12 5 2
k=0 .3182
1 .5303
2 .1515

N A n = 12 5 3
k=0 .1591
1 .4773
2 .3182
3 .0455

N A n = 12 5 4
k=0 .0707
1 .3535
2 .4242
3 .1414
4 .0101

N A n = 12 5 5
k=0 .0265
1 .2210
2 .4419
3 .2652
4 .0442
5 .0013

N A n = 12 6 1
k=0 .5000
1 .5000

N A n = 12 6 2
k=0 .2273
1 .5455
2 .2273

N A n = 12 6 3
k=0 .0909
1 .4091
2 .4091
3 .0909

N A n = 12 6 4
k=0 .0303
1 .2424
2 .4545
3 .2424
4 .0303

N A n = 12 6 5
k=0 .0076
1 .1136
2 .3788
3 .3788
4 .1136
5 .0076

N A n = 12 6 6
k=0 .0011
1 .0390
2 .2435
3 .4329
4 .2435
5 .0390
6 .0011

N A n = 13 1 1
k=0 .9231
1 .0769

N A n = 13 2 1
k=0 .8462
1 .1538

N A n = 13 2 2
k=0 .7051
1 .2821
2 .0128

N A n = 13 3 1
k=0 .7692
1 .2308

N A n = 13 3 2
k=0 .5769
1 .3846
2 .0385

N A n = 13 3 3
k=0 .4196
1 .4720
2 .1049
3 .0035

N A n = 13 4 1
k=0 .6923
1 .3077

N A n = 13 4 2
k=0 .4615
1 .4615
2 .0769

N A n = 13 4 3
k=0 .2937
1 .5035
2 .1888
3 .0140

N A n = 13 4 4
k=0 .1762
1 .4699
2 .3021
3 .0503
4 .0014

N A n = 13 5 1
k=0 .6154
1 .3846

N A n = 13 5 2
k=0 .3590
1 .5128
2 .1282

N A n = 13 5 3
k=0 .1958
1 .4895
2 .2797
3 .0350

N A n = 13 5 4
k=0 .0979
1 .3916
2 .3916
3 .1119
4 .0070

N A n = 13 5 5
k=0 .0435
1 .2720
2 .4351
3 .2176
4 .0311
5 .0008

N A n = 13 6 1
k=0 .5385
1 .4615

N A n = 13 6 2
k=0 .2692
1 .5385
2 .1923

Tabelle 2: Dichte der Binomial-Verteilung

$$p(i|\mathbf{B}_{n,p}) = \binom{n}{i}p^i(1-p)^{n-i}$$

$p =$

n	i	0.01	0.02	0.04	0.06	0.08	0.1	0.2	0.3	0.4	0.5		
5	0	.95099	.90392	.81537	.73390	.65908	.59049	.32768	.16807	.07776	.03125	5	
	1	.04803	.09224	.16987	.23422	.28656	.32805	.40960	.36015	.25920	.15625	4	
	2	.00097	.00376	.01416	.02990	.04984	.07290	.20480	.30870	.34560	.31250	3	5
	3	.00001	.00008	.00059	.00191	.00433	.00810	.05120	.13230	.23040	.31250	2	
	4	.	.	.00001	.00006	.00019	.00045	.00640	.02835	.07680	.15625	1	
	5	.	.	.	.	.	.00001	.00032	.00243	.01024	.03125	0	
10	0	.90438	.81707	.66483	.53862	.43439	.34868	.10737	.02825	.00605	.00098	10	
	1	.09135	.16675	.27701	.34380	.37773	.38742	.26844	.12106	.04031	.00977	9	
	2	.00415	.01531	.05194	.09875	.14781	.19371	.30199	.23347	.12093	.04395	8	
	3	.00011	.00083	.00577	.01681	.03427	.05740	.20133	.26683	.21499	.11719	7	
	4	.	.00003	.00042	.00188	.00522	.01116	.08808	.20012	.25082	.20508	6	
	5	.	.	.00002	.00014	.00054	.00149	.02642	.10292	.20066	.24609	5	10
	6	.	.	.	.00001	.00004	.00014	.00551	.03676	.11148	.20508	4	
	7	.	.	.	.	.	.00001	.00079	.00900	.04247	.11719	3	
	8	.	.	.	.	.	.	.00007	.00145	.01062	.04395	2	
	9	.	.	.	.	.	.	.	.00014	.00157	.00977	1	
	10	.	.	.	.	.	.	.	.00001	.00010	.00098	0	
15	0	.86006	.73857	.54209	.39529	.28630	.20589	.03518	.00475	.00047	.00003	15	
	1	.13031	.22609	.33880	.37847	.37343	.34315	.13194	.03052	.00470	.00046	14	
	2	.00921	.03230	.09882	.16910	.22731	.26690	.23090	.09156	.02194	.00320	13	
	3	.00040	.00286	.01784	.04677	.08565	.12851	.25014	.17004	.06339	.01389	12	
	4	.00001	.00017	.00223	.00896	.02234	.04284	.18760	.21862	.12678	.04166	11	
	5	.	.00001	.00020	.00126	.00427	.01047	.10318	.20613	.18594	.09164	10	
	6	.	.	.00001	.00013	.00062	.00194	.04299	.14724	.20660	.15274	9	
	7	.	.	.	.00001	.00007	.00028	.01382	.08113	.17708	.19638	8	15
	8	.	.	.	.	.00001	.00003	.00345	.03477	.11806	.19638	7	
	9	.	.	.	.	.	.	.00067	.01159	.06121	.15274	6	
	10	.	.	.	.	.	.	.00010	.00298	.02449	.09164	5	
	11	.	.	.	.	.	.	.00001	.00058	.00742	.04166	4	
	12	.	.	.	.	.	.	.	.00008	.00165	.01389	3	
	13	.	.	.	.	.	.	.	.00001	.00025	.00320	2	
	14	.	.	.	.	.	.	.	.	.00002	.00046	1	
	15	.	.	.	.	.	.	.	.	.	.00003	0	
20	0	.81791	.66761	.44200	.29011	.18869	.12158	.01153	.00080	.00004	.	20	
	1	.16523	.27249	.36834	.37035	.32816	.27017	.05765	.00684	.00049	.00002	19	
	2	.01586	.05283	.14580	.22457	.27109	.28518	.13691	.02785	.00309	.00018	18	
	3	.00096	.00647	.03645	.08601	.14144	.19012	.20536	.07160	.01235	.00109	17	
	4	.00004	.00056	.00645	.02333	.05227	.08978	.21820	.13042	.03499	.00462	16	
	5	.	.00004	.00086	.00477	.01454	.03192	.17456	.17886	.07465	.01479	15	
	6	.	.	.00009	.00076	.00316	.00887	.10910	.19164	.12441	.03696	14	
	7	.	.	.00001	.00010	.00055	.00197	.05455	.16426	.16588	.07393	13	
	8	.	.	.	.00001	.00008	.00036	.02216	.11440	.17971	.12013	12	
	9	.	.	.	.	.00001	.00005	.00739	.06537	.15974	.16018	11	
	10	.	.	.	.	.	.00001	.00203	.03082	.11714	.17620	10	20
	11	.	.	.	.	.	.	.00046	.01201	.07099	.16018	9	
	12	.	.	.	.	.	.	.00009	.00386	.03550	.12013	8	
	13	.	.	.	.	.	.	.00001	.00102	.01456	.07393	7	
	14	.	.	.	.	.	.	.	.00022	.00485	.03696	6	
	15	.	.	.	.	.	.	.	.00004	.00129	.01479	5	
	16	.	.	.	.	.	.	.	.00001	.00027	.00462	4	
	17	.	.	.	.	.	.	.	.	.00004	.00109	3	
	18	.	.	.	.	.	.	.	.	.	.00018	2	
	19	.	.	.	.	.	.	.	.	.	.00002	1	
	20	.	.	.	.	.	.	.	.	.	.	0	
		0.99	0.98	0.96	0.94	0.92	0.9	0.8	0.7	0.6	0.5	i	n

Tabellen

Tabelle 3: Verteilungsfunktion der Binomial-Verteilung

$$F(k|\mathbf{B}_{n,p}) = \sum_{i=0}^{k} \binom{n}{i} p^i (1-p)^{n-i}$$

						$p=$					
n	k	0.01	0.02	0.04	0.06	0.08	0.1	0.2	0.3	0.4	0.5
5	0	.95099	.90392	.81537	.73390	.65908	.59049	.32768	.16807	.07776	.03125
	1	.99902	.99616	.98524	.96813	.94564	.91854	.73728	.52822	.33696	.18750
	2	.99999	.99992	.99940	.99803	.99547	.99144	.94208	.83692	.68256	.50000
	3	.	.	.99999	.99999	.99994	.99981	.99954	.99328	.96922	.91296	.81250
	4	.	.	.	.	.	.	.99999	.99968	.99757	.98976	.96875
	5	.	.	.	.	.	.	.	.	.	.
10	0	.90438	.81707	.66483	.53862	.43439	.34868	.10737	.02825	.00605	.00098
	1	.99573	.98382	.94185	.88241	.81212	.73610	.37581	.14931	.04636	.01074
	2	.99989	.99914	.99379	.98116	.95992	.92981	.67780	.38278	.16729	.05469
	3	.	.99997	.99956	.99797	.99420	.98720	.87913	.64961	.38228	.17188
	4	.	.	.99998	.99985	.99941	.99837	.96721	.84973	.63310	.37695
	5	.	.	.	.99999	.99996	.99985	.99363	.95265	.83376	.62305
	6	.	.	.	.	.	.99999	.99914	.98941	.94524	.82812
	7	.	.	.	.	.	.	.99992	.99841	.98771	.94531
	8	.	.	.	.	.	.	.	.99986	.99832	.98926
	9	.	.	.	.	.	.	.	.99999	.99990	.99902
	10	.	.	.	.	.	.	.	.	.	.
15	0	.86006	.73857	.54209	.39529	.28630	.20589	.03518	.00475	.00047	.00003
	1	.99037	.96466	.88089	.77376	.65973	.54904	.16713	.03527	.00517	.00049
	2	.99958	.99696	.97971	.94287	.88703	.81594	.39802	.12683	.02711	.00369
	3	.99999	.99982	.99755	.98964	.97269	.94444	.64816	.29687	.09050	.01758
	4	.	.99999	.99978	.99860	.99503	.98728	.83577	.51549	.21728	.05923
	5	.	.	.99999	.99985	.99930	.99775	.93895	.72162	.40322	.15088
	6	.	.	.	.99999	.99992	.99969	.98194	.86886	.60981	.30362
	7	.	.	.	.	.99999	.99997	.99576	.94999	.78690	.50000
	8	.	.	.	.	.	.	.99922	.98476	.90495	.69638
	9	.	.	.	.	.	.	.99989	.99635	.96617	.84912
	10	.	.	.	.	.	.	.99999	.99933	.99065	.94077
	11	.	.	.	.	.	.	.	.99991	.99807	.98242
	12	.	.	.	.	.	.	.	.99999	.99972	.99631
	13	.	.	.	.	.	.	.	.	.99997	.99951
	14	.	.	.	.	.	.	.	.	.	.99997
	15	.	.	.	.	.	.	.	.	.	.
20	0	.81791	.66761	.44200	.29011	.18869	.12158	.01153	.00080	.00004	.
	1	.98314	.94010	.81034	.66045	.51686	.39175	.06918	.00764	.00052	.00002
	2	.99900	.99293	.95614	.88503	.78795	.67693	.20608	.03548	.00361	.00020
	3	.99996	.99940	.99259	.97103	.92938	.86705	.41145	.10709	.01596	.00129
	4	.	.99996	.99904	.99437	.98166	.95683	.62965	.23751	.05095	.00591
	5	.	.	.99990	.99913	.99620	.98875	.80421	.41637	.12560	.02069
	6	.	.	.99999	.99989	.99936	.99761	.91331	.60801	.25001	.05766
	7	.	.	.	.99999	.99991	.99958	.96786	.77227	.41589	.13159
	8	.	.	.	.	.99999	.99994	.99002	.88667	.59560	.25172
	9	.	.	.	.	.	.99999	.99741	.95204	.75534	.41190
	10	.	.	.	.	.	.	.99944	.98286	.87248	.58810
	11	.	.	.	.	.	.	.99990	.99486	.94347	.74828
	12	.	.	.	.	.	.	.99998	.99872	.97897	.86841
	13	.	.	.	.	.	.	.	.99974	.99353	.94234
	14	.	.	.	.	.	.	.	.99996	.99839	.97931
	15	.	.	.	.	.	.	.	.99999	.99968	.99409
	16	.	.	.	.	.	.	.	.	.99995	.99871
	17	.	.	.	.	.	.	.	.	.99999	.99980
	18	.	.	.	.	.	.	.	.	.	.99998
	19	.	.	.	.	.	.	.	.	.	.
	20	.	.	.	.	.	.	.	.	.	.

Tabelle 4: Dichte der Poisson-Verteilung

$$p(i|\mathbf{P}_\mu) = \frac{\mu^i}{i!}e^{-\mu}$$

$\mu =$

i	0.1	0.2	0.3	0.4	0.5	0.6	0.7	0.8	0.9	1.0	i
0	.904837	.818731	.740818	.670320	.606531	.548812	.496585	.449329	.406570	.367879	0
1	.090484	.163746	.222245	.268128	.303265	.329287	.347610	.359463	.365913	.367879	1
2	.004524	.016375	.033337	.053626	.075816	.098786	.121663	.143785	.164661	.183940	2
3	.000151	.001092	.003334	.007150	.012636	.019757	.028388	.038343	.049398	.061313	3
4	.000004	.000055	.000250	.000715	.001580	.002964	.004968	.007669	.011115	.015328	4
5	.	.000002	.000015	.000057	.000158	.000356	.000696	.001227	.002001	.003066	5
6	.	.	.000001	.000004	.000013	.000036	.000081	.000164	.000300	.000511	6
7	.	.	.	.	.000001	.000003	.000008	.000019	.000039	.000073	7
8	.	.	.	.	.	.	.000001	.000002	.000004	.000009	8
9	.	.	.	.	.	.	.	.	.	.000001	9

μ	1.1	1.2	1.3	1.4	1.5	1.6	1.7	1.8	1.9	2.0	μ
0	.332871	.301194	.272532	.246597	.223130	.201897	.182684	.165299	.149569	.135335	0
1	.366158	.361433	.354291	.345236	.334695	.323034	.310562	.297538	.284180	.270671	1
2	.201387	.216860	.230289	.241665	.251021	.258428	.263978	.267784	.269971	.270671	2
3	.073842	.086744	.099792	.112777	.125511	.137828	.149587	.160671	.170982	.180447	3
4	.020307	.026023	.032432	.039472	.047067	.055131	.063575	.072302	.081216	.090224	4
5	.004467	.006246	.008432	.011052	.014120	.017642	.021615	.026029	.030862	.036089	5
6	.000819	.001249	.001827	.002579	.003530	.004705	.006124	.007809	.009773	.012030	6
7	.000129	.000214	.000339	.000516	.000756	.001075	.001487	.002008	.002653	.003437	7
8	.000018	.000032	.000055	.000090	.000142	.000215	.000316	.000452	.000630	.000859	8
9	.000002	.000004	.000008	.000014	.000024	.000038	.000060	.000090	.000133	.000191	9
10	.	.000001	.000001	.000002	.000004	.000006	.000010	.000016	.000025	.000038	10
11	.	.	.	.	.	.000001	.000002	.000003	.000004	.000007	11
12	.	.	.	.	.	.	.	.	.000001	.000001	12

μ	2.1	2.2	2.3	2.4	2.5	2.6	2.7	2.8	2.9	3.0	μ
0	.122456	.110803	.100259	.090718	.082085	.074274	.067206	.060810	.055023	.049787	0
1	.257158	.243767	.230595	.217723	.205212	.193111	.181455	.170268	.159567	.149361	1
2	.270016	.268144	.265185	.261268	.256516	.251045	.244964	.238375	.231373	.224042	2
3	.189011	.196639	.203308	.209014	.213763	.217572	.220468	.222484	.223660	.224042	3
4	.099231	.108151	.116902	.125408	.133602	.141422	.148816	.155739	.162154	.168031	4
5	.041677	.047587	.053775	.060196	.066801	.073539	.080360	.087214	.094049	.100819	5
6	.014587	.017448	.020614	.024078	.027834	.031867	.036162	.040700	.045457	.050409	6
7	.004376	.005484	.006773	.008255	.009941	.011836	.013948	.016280	.018832	.021604	7
8	.001149	.001508	.001947	.002477	.003106	.003847	.004708	.005698	.006827	.008102	8
9	.000268	.000369	.000498	.000660	.000863	.001111	.001412	.001773	.002200	.002701	9
10	.000056	.000081	.000114	.000159	.000216	.000289	.000381	.000496	.000638	.000810	10
11	.000011	.000016	.000024	.000035	.000049	.000068	.000094	.000126	.000168	.000221	11
12	.000002	.000003	.000005	.000007	.000010	.000015	.000021	.000029	.000041	.000055	12
13	.	.000001	.000001	.000001	.000002	.000003	.000004	.000006	.000009	.000013	13
14	.	.	.	.	.	.000001	.000001	.000001	.000002	.000003	14
15	.	.	.	.	.	.	.	.	.	.000001	15

μ	3.1	3.2	3.3	3.4	3.5	3.6	3.7	3.8	3.9	4.0	μ
0	.045049	.040762	.036883	.033373	.030197	.027324	.024724	.022371	.020242	.018316	0
1	.139653	.130439	.121714	.113469	.105691	.098365	.091477	.085009	.078943	.073263	1
2	.216461	.208702	.200829	.192898	.184959	.177058	.169233	.161517	.153940	.146525	2
3	.223677	.222616	.220912	.218617	.215785	.212469	.208720	.204588	.200122	.195367	3
4	.173350	.178093	.182252	.185825	.188812	.191222	.193066	.194359	.195119	.195367	4
5	.107477	.113979	.120286	.126361	.132169	.137680	.142869	.147713	.152193	.156293	5
6	.055530	.060789	.066158	.071604	.077098	.082608	.088103	.093551	.098925	.104196	6
7	.024592	.027789	.031189	.034779	.038549	.042484	.046568	.050785	.055115	.059540	7
8	.009529	.011116	.012865	.014781	.016865	.019118	.021538	.024123	.026869	.029770	8
9	.003282	.003952	.004717	.005584	.006559	.007647	.008854	.010185	.011643	.013231	9
10	.001018	.001265	.001557	.001899	.002296	.002753	.003276	.003870	.004541	.005292	10
11	.000287	.000368	.000467	.000587	.000730	.000901	.001102	.001337	.001610	.001925	11
12	.000074	.000098	.000128	.000166	.000213	.000270	.000340	.000423	.000523	.000642	12
13	.000018	.000024	.000033	.000043	.000057	.000075	.000097	.000124	.000157	.000197	13
14	.000004	.000006	.000008	.000011	.000014	.000019	.000026	.000034	.000044	.000056	14
15	.000001	.000001	.000002	.000002	.000003	.000005	.000006	.000009	.000011	.000015	15
16	.	.	.	.000001	.000001	.000001	.000001	.000002	.000003	.000004	16
17	.	.	.	.	.	.	.	.	.000001	.000001	17

Tabelle 5: Verteilungsfunktion der Poisson-Verteilung

$$F(k|\mathbf{P}_\mu) = \sum_{i=0}^{k} \frac{\mu^i}{i!} e^{-\mu}$$

$\mu =$

k	0.1	0.2	0.3	0.4	0.5	0.6	0.7	0.8	0.9	1.0	k
0	.904837	.818731	.740818	.670320	.606531	.548812	.496585	.449329	.406570	.367879	0
1	.995321	.982477	.963064	.938448	.909796	.878099	.844195	.808792	.772482	.735759	1
2	.999845	.998852	.996401	.992074	.985612	.976885	.965858	.952577	.937143	.919699	2
3	.999996	.999943	.999734	.999224	.998248	.996642	.994247	.990920	.986541	.981012	3
4		.999998	.999984	.999939	.999828	.999606	.999214	.998589	.997656	.996340	4
5			.999999	.999996	.999986	.999961	.999910	.999816	.999657	.999406	5
6					.999999	.999997	.999991	.999979	.999957	.999917	6
7							.999999	.999998	.999995	.999990	7
8										.999999	8

μ	1.1	1.2	1.3	1.4	1.5	1.6	1.7	1.8	1.9	2.0	μ
0	.332871	.301194	.272532	.246597	.223130	.201897	.182684	.165299	.149569	.135335	0
1	.699029	.662627	.626823	.591833	.557825	.524931	.493246	.462837	.433749	.406006	1
2	.900416	.879487	.857112	.833498	.808847	.783358	.757223	.730621	.703720	.676676	2
3	.974258	.966231	.956905	.946275	.934358	.921187	.906811	.891292	.874702	.857123	3
4	.994565	.992254	.989337	.985747	.981424	.976318	.970385	.963593	.955919	.947347	4
5	.999032	.998500	.997769	.996799	.995544	.993960	.992001	.989622	.986781	.983436	5
6	.999851	.999749	.999596	.999378	.999074	.998664	.998125	.997431	.996554	.995466	6
7	.999980	.999963	.999936	.999893	.999830	.999740	.999612	.999438	.999207	.998903	7
8	.999998	.999995	.999991	.999984	.999972	.999955	.999928	.999890	.999837	.999763	8
9		.999999	.999999	.999998	.999996	.999993	.999988	.999981	.999970	.999954	9
10					.999999	.999999	.999998	.999997	.999995	.999992	10
11									.999999	.999999	11

μ	2.1	2.2	2.3	2.4	2.5	2.6	2.7	2.8	2.9	3.0	μ
0	.122456	.110803	.100259	.090718	.082085	.074274	.067206	.060810	.055023	.049787	0
1	.379615	.354570	.330854	.308441	.287297	.267385	.248660	.231078	.214591	.199148	1
2	.649631	.622714	.596039	.569709	.543813	.518430	.493624	.469454	.445963	.423190	2
3	.838643	.819352	.799347	.778723	.757576	.736002	.714092	.691937	.669623	.647232	3
4	.937874	.927504	.916249	.904131	.891178	.877423	.862908	.847676	.831777	.815263	4
5	.979551	.975090	.970024	.964327	.957979	.950963	.943268	.934890	.925826	.916082	5
6	.994138	.992539	.990638	.988406	.985813	.982830	.979431	.975589	.971283	.966491	6
7	.998514	.998022	.997411	.996661	.995753	.994666	.993379	.991869	.990115	.988095	7
8	.999663	.999530	.999358	.999138	.998860	.998513	.998086	.997567	.996942	.996197	8
9	.999931	.999899	.999856	.999798	.999723	.999624	.999499	.999340	.999142	.998898	9
10	.999987	.999980	.999971	.999957	.999938	.999913	.999880	.999836	.999780	.999708	10
11	.999998	.999996	.999994	.999992	.999987	.999982	.999974	.999963	.999948	.999929	11
12		.999999	.999999	.999998	.999998	.999996	.999995	.999992	.999989	.999984	12
13						.999999	.999999	.999998	.999998	.999997	13
14										.999999	14

μ	3.1	3.2	3.3	3.4	3.5	3.6	3.7	3.8	3.9	4.0	μ
0	.045049	.040762	.036883	.033373	.030197	.027324	.024724	.022371	.020242	.018316	0
1	.184702	.171201	.158598	.146842	.135888	.125689	.116201	.107380	.099185	.091578	1
2	.401163	.379904	.359426	.339740	.320847	.302747	.285433	.268897	.253125	.238103	2
3	.624840	.602520	.580338	.558357	.536633	.515216	.494153	.473485	.453247	.433470	3
4	.798189	.780613	.762590	.744182	.725445	.706438	.687219	.667844	.648365	.628837	4
5	.905666	.894592	.882877	.870542	.857614	.844119	.830088	.815556	.800558	.785130	5
6	.961196	.955381	.949034	.942147	.934712	.926727	.918191	.909108	.899483	.889326	6
7	.985787	.983170	.980223	.976926	.973261	.969211	.964759	.959893	.954598	.948866	7
8	.995317	.994286	.993088	.991707	.990126	.988329	.986297	.984016	.981467	.978637	8
9	.998599	.998238	.997805	.997291	.996685	.995976	.995152	.994201	.993110	.991868	9
10	.999617	.999503	.999362	.999190	.998981	.998729	.998428	.998071	.997651	.997160	10
11	.999903	.999871	.999829	.999777	.999711	.999630	.999530	.999408	.999261	.999085	11
12	.999977	.999969	.999958	.999943	.999924	.999900	.999870	.999832	.999784	.999726	12
13	.999995	.999993	.999990	.999986	.999981	.999975	.999966	.999955	.999941	.999924	13
14	.999999	.999999	.999998	.999997	.999996	.999994	.999992	.999989	.999985	.999980	14
15				.999999	.999999	.999999	.999998	.999997	.999996	.999995	15
16								.999999	.999999	.999999	16

Tabelle 6: Verteilungsfunktion der Standard-Normalverteilung

$$\Phi(u) = \frac{1}{\sqrt{2\pi}} \int_{-\infty}^{u} e^{-x^2/2} dx; \quad \Phi(-u) = 1 - \Phi(u)$$

u	0.00	0.01	0.02	0.03	0.04	0.05	0.06	0.07	0.08	0.09	u
0.0	.500000	.503989	.507978	.511966	.515953	.519939	.523922	.527903	.531881	.535856	0.0
0.1	.539828	.543795	.547758	.551717	.555670	.559618	.563559	.567495	.571424	.575345	0.1
0.2	.579260	.583166	.587064	.590954	.594835	.598706	.602568	.606420	.610261	.614092	0.2
0.3	.617911	.621720	.625516	.629300	.633072	.636831	.640576	.644309	.648027	.651732	0.3
0.4	.655422	.659097	.662757	.666402	.670031	.673645	.677242	.680822	.684386	.687933	0.4
0.5	.691462	.694974	.698468	.701944	.705401	.708840	.712260	.715661	.719043	.722405	0.5
0.6	.725747	.729069	.732371	.735653	.738914	.742154	.745373	.748571	.751748	.754903	0.6
0.7	.758036	.761148	.764238	.767305	.770350	.773373	.776373	.779350	.782305	.785236	0.7
0.8	.788145	.791030	.793892	.796731	.799546	.802337	.805105	.807850	.810570	.813267	0.8
0.9	.815940	.818589	.821214	.823814	.826391	.828944	.831472	.833977	.836457	.838913	0.9
1.0	.841345	.843752	.846136	.848495	.850830	.853141	.855428	.857690	.859929	.862143	1.0
1.1	.864334	.866500	.868643	.870762	.872857	.874928	.876976	.879000	.881000	.882977	1.1
1.2	.884930	.886861	.888768	.890651	.892512	.894350	.896165	.897958	.899727	.901475	1.2
1.3	.903200	.904902	.906582	.908241	.909877	.911492	.913085	.914657	.916207	.917736	1.3
1.4	.919243	.920730	.922196	.923641	.925066	.926471	.927855	.929219	.930563	.931888	1.4
1.5	.933193	.934478	.935745	.936992	.938220	.939429	.940620	.941792	.942947	.944083	1.5
1.6	.945201	.946301	.947384	.948449	.949497	.950529	.951543	.952540	.953521	.954486	1.6
1.7	.955435	.956367	.957284	.958185	.959070	.959941	.960796	.961636	.962462	.963273	1.7
1.8	.964070	.964852	.965620	.966375	.967116	.967843	.968557	.969258	.969946	.970621	1.8
1.9	.971283	.971933	.972571	.973197	.973810	.974412	.975002	.975581	.976148	.976705	1.9
2.0	.977250	.977784	.978308	.978822	.979325	.979818	.980301	.980774	.981237	.981691	2.0
2.1	.982136	.982571	.982997	.983414	.983823	.984222	.984614	.984997	.985371	.985738	2.1
2.2	.986097	.986447	.986791	.987126	.987455	.987776	.988089	.988396	.988696	.988989	2.2
2.3	.989276	.989556	.989830	.990097	.990358	.990613	.990863	.991106	.991344	.991576	2.3
2.4	.991802	.992024	.992240	.992451	.992656	.992857	.993053	.993244	.993431	.993613	2.4
2.5	.993790	.993963	.994132	.994297	.994457	.994614	.994766	.994915	.995060	.995201	2.5
2.6	.995339	.995473	.995604	.995731	.995855	.995975	.996093	.996207	.996319	.996427	2.6
2.7	.996533	.996636	.996736	.996833	.996928	.997020	.997110	.997197	.997282	.997365	2.7
2.8	.997445	.997523	.997599	.997673	.997744	.997814	.997882	.997948	.998012	.998074	2.8
2.9	.998134	.998193	.998250	.998305	.998359	.998411	.998462	.998511	.998559	.998605	2.9

Tabelle 6A: Fraktile der Standardnormalverteilung

$1-\alpha$	0.8	0.9	0.95	0.975	0.98	0.99	0.995	0.9975	0.999	0.9995
$u_{1-\alpha}$	0.84162	1.28155	1.64485	1.95996	2.05375	2.32635	2.57583	2.80703	3.09023	3.29053

Tabelle 7: Fraktile der Student-Verteilung

$$t_{n;1-\alpha}$$

n	\multicolumn{7}{c}{$1-\alpha$}	n
	80 %	90 %	95 %	97,5 %	99 %	99,5 %	99,9 %	99,95 %	
1	1.37638	3.07768	6.31375	12.7062	31.8205	63.6567	318.309	636.619	1
2	1.06066	1.88562	2.91999	4.30265	6.96456	9.92484	22.3271	31.5991	2
3	0.97847	1.63774	2.35336	3.18245	4.54070	5.84091	10.2145	12.9240	3
4	0.94096	1.53321	2.13185	2.77645	3.74695	4.60409	7.17318	8.61030	4
5	0.91954	1.47588	2.01505	2.57058	3.36493	4.03214	5.89343	6.86883	5
6	0.90570	1.43976	1.94318	2.44691	3.14267	3.70743	5.20763	5.95882	6
7	0.89603	1.41492	1.89458	2.36462	2.99795	3.49948	4.78529	5.40788	7
8	0.88889	1.39682	1.85955	2.30600	2.89646	3.35539	4.50079	5.04131	8
9	0.88340	1.38303	1.83311	2.26216	2.82144	3.24984	4.29681	4.78091	9
10	0.87906	1.37218	1.81246	2.22814	2.76377	3.16927	4.14370	4.58689	10
11	0.87553	1.36343	1.79588	2.20099	2.71808	3.10581	4.02470	4.43698	11
12	0.87261	1.35622	1.78229	2.17881	2.68100	3.05454	3.92963	4.31779	12
13	0.87015	1.35017	1.77093	2.16037	2.65031	3.01228	3.85198	4.22083	13
14	0.86805	1.34503	1.76131	2.14479	2.62449	2.97684	3.78739	4.14045	14
15	0.86624	1.34061	1.75305	2.13145	2.60248	2.94671	3.73283	4.07277	15
16	0.86467	1.33676	1.74588	2.11991	2.58349	2.92078	3.68615	4.01500	16
17	0.86328	1.33338	1.73961	2.10982	2.56693	2.89823	3.64577	3.96513	17
18	0.86205	1.33039	1.73406	2.10092	2.55238	2.87844	3.61048	3.92165	18
19	0.86095	1.32773	1.72913	2.09302	2.53948	2.86093	3.57940	3.88341	19
20	0.85996	1.32534	1.72472	2.08596	2.52798	2.84534	3.55181	3.84952	20
21	0.85907	1.32319	1.72074	2.07961	2.51765	2.83136	3.52715	3.81928	21
22	0.85827	1.32124	1.71714	2.07387	2.50832	2.81876	3.50499	3.79213	22
23	0.85753	1.31946	1.71387	2.06866	2.49987	2.80734	3.48496	3.76763	23
24	0.85686	1.31784	1.71088	2.06390	2.49216	2.79694	3.46678	3.74540	24
25	0.85624	1.31635	1.70814	2.05954	2.48511	2.78744	3.45019	3.72514	25
26	0.85567	1.31497	1.70562	2.05553	2.47863	2.77871	3.43500	3.70661	26
27	0.85514	1.31370	1.70329	2.05183	2.47266	2.77068	3.42103	3.68959	27
28	0.85465	1.31253	1.70113	2.04841	2.46714	2.76326	3.40816	3.67391	28
29	0.85419	1.31143	1.69913	2.04523	2.46202	2.75639	3.39624	3.65941	29
30	0.85377	1.31042	1.69726	2.04227	2.45726	2.75000	3.38518	3.64596	30
32	0.85300	1.30857	1.69389	2.03693	2.44868	2.73848	3.36531	3.62180	32
34	0.85232	1.30695	1.69092	2.03224	2.44115	2.72839	3.34793	3.60072	34
36	0.85172	1.30551	1.68830	2.02809	2.43449	2.71948	3.33262	3.58215	36
38	0.85118	1.30423	1.68595	2.02439	2.42857	2.71156	3.31903	3.56568	38
40	0.85070	1.30308	1.68385	2.02108	2.42326	2.70446	3.30688	3.55097	40
50	0.84887	1.29871	1.67591	2.00856	2.40327	2.67779	3.26141	3.49601	50
60	0.84765	1.29582	1.67065	2.00030	2.39012	2.66028	3.23171	3.46020	60
70	0.84679	1.29376	1.66691	1.99444	2.38081	2.64790	3.21079	3.43501	70
80	0.84614	1.29222	1.66412	1.99006	2.37387	2.63869	3.19526	3.41634	80
90	0.84563	1.29103	1.66196	1.98667	2.36850	2.63157	3.18327	3.40194	90
100	0.84523	1.29007	1.66023	1.98397	2.36422	2.62589	3.17374	3.39049	100
150	0.84402	1.28722	1.65508	1.97591	2.35146	2.60900	3.14545	3.35657	150
200	0.84342	1.28580	1.65251	1.97190	2.34514	2.60063	3.13148	3.33984	200
500	0.84234	1.28325	1.64791	1.96472	2.33383	2.58570	3.10661	3.31009	500
∞	0.84162	1.28155	1.64485	1.95996	2.32635	2.57583	3.09023	3.29053	∞

Tabelle 8: Fraktile der Chi-Quadrat-Verteilung

$$\chi^2_{n;1-\alpha}$$

$1 - \alpha \cdot 100\%$

n	0,1%	0,5%	1%	2,5%	5%	10%	30%	50%	70%	90%	95%	97,5%	99%	99,5%	99,9%	n
1	.000002	.000039	.000157	.000982	.003932	.015791	.148472	.454936	1.07419	2.70554	3.84146	5.02389	6.63490	7.87944	10.8276	1
2	.002001	.010025	.020101	.050636	.102587	.210721	.713350	1.38629	2.40795	4.60517	5.99146	7.37776	9.21034	10.5966	13.8155	2
3	.024298	.071722	.114832	.215795	.351846	.584374	1.42365	2.36597	3.66487	6.25139	7.81473	9.34840	11.3449	12.8382	16.2662	3
4	.090804	.206989	.297109	.484419	.710723	1.06362	2.19470	3.35669	4.87843	7.77944	9.48773	11.1433	13.2767	14.8603	18.4668	4
5	.210213	.411742	.554298	.831206	1.14548	1.61031	2.99991	4.35146	6.06443	9.23636	11.0705	12.8325	15.0863	16.7496	20.5150	5
6	.381067	.675727	.872090	1.23734	1.63538	2.20413	3.82755	5.34812	7.23114	10.6446	12.5916	14.4494	16.8119	18.5476	22.4577	6
7	.598494	.989256	1.23904	1.68987	2.16735	2.83311	4.67133	6.34581	8.38343	12.0170	14.0671	16.0128	18.4753	20.2777	24.3219	7
8	.857105	1.34441	1.64650	2.17973	2.73264	3.48954	5.52742	7.34412	9.52446	13.3616	15.5073	17.5345	20.0902	21.9550	26.1245	8
9	1.15195	1.73493	2.08790	2.70032	3.32511	4.16816	6.39331	8.34283	10.6564	14.6837	16.9190	19.0228	21.6660	23.5894	27.8772	9
10	1.47874	2.15586	2.55821	3.24697	3.94030	4.86518	7.26722	9.34182	11.7807	15.9872	18.3070	20.4832	23.2093	25.1882	29.5883	10
11	1.83385	2.60322	3.05348	3.81575	4.57481	5.57778	8.14787	10.3410	12.8987	17.2750	19.6751	21.9200	24.7250	26.7568	31.2641	11
12	2.21421	3.07382	3.57057	4.40379	5.22603	6.30380	9.03428	11.3403	14.0111	18.5493	21.0261	23.3367	26.2170	28.2995	32.9095	12
13	2.61722	3.56503	4.10692	5.00875	5.89186	7.04150	9.92568	12.3398	15.1187	19.8119	22.3620	24.7356	27.6882	29.8195	34.5282	13
14	3.04067	4.07467	4.66043	5.62873	6.57063	7.78953	10.8215	13.3393	16.2221	21.0641	23.6848	26.1189	29.1412	31.3193	36.1233	14
15	3.48268	4.60092	5.22935	6.26214	7.26094	8.54676	11.7212	14.3389	17.3217	22.3071	24.9958	27.4884	30.5779	32.8013	37.6973	15
16	3.94163	5.14221	5.81221	6.90766	7.96165	9.31224	12.6243	15.3385	18.4179	23.5418	26.2962	28.8454	31.9999	34.2672	39.2524	16
17	4.41609	5.69722	6.40776	7.56419	8.67176	10.0852	13.5307	16.3382	19.5110	24.7690	27.5871	30.1910	33.4087	35.7185	40.7902	17
18	4.90485	6.26480	7.01491	8.23075	9.39046	10.8649	14.4399	17.3379	20.6014	25.9894	28.8693	31.5264	34.8053	37.1565	42.3124	18
19	5.40682	6.84397	7.63273	8.90652	10.1170	11.6509	15.3517	18.3377	21.6891	27.2036	30.1435	32.8523	36.1909	38.5823	43.8202	19
20	5.92104	7.43388	8.26040	9.59078	10.8508	12.4426	16.2659	19.3374	22.7745	28.4120	31.4104	34.1696	37.5662	39.9968	45.3147	20
21	6.44668	8.03365	8.89720	10.2829	11.5913	13.2396	17.1823	20.3372	23.8578	29.6151	32.6706	35.4789	38.9322	41.4011	46.7970	21
22	6.98297	8.64272	9.54249	10.9823	12.3380	14.0415	18.1007	21.3370	24.9390	30.8133	33.9244	36.7807	40.2894	42.7957	48.2679	22
23	7.52924	9.26042	10.1957	11.6886	13.0905	14.8480	19.0211	22.3369	26.0184	32.0069	35.1725	38.0756	41.6384	44.1813	49.7282	23
24	8.08488	9.88623	10.8564	12.4012	13.8484	15.6587	19.9432	23.3367	27.0960	33.1962	36.4150	39.3641	42.9798	45.5585	51.1786	24
25	8.64934	10.5197	11.5240	13.1197	14.6114	16.4734	20.8670	24.3366	28.1719	34.3816	37.6525	40.6465	44.3141	46.9279	52.6197	25
26	9.22213	11.1602	12.1981	13.8439	15.3792	17.2919	21.7924	25.3365	29.2463	35.5632	38.8851	41.9232	45.6417	48.2899	54.0520	26
27	9.80278	11.8076	12.8785	14.5734	16.1514	18.1139	22.7192	26.3363	30.3193	36.7412	40.1133	43.1945	46.9629	49.6449	55.4760	27
28	10.3909	12.4613	13.5647	15.3079	16.9279	18.9392	23.6475	27.3362	31.3909	37.9159	41.3371	44.4608	48.2782	50.9934	56.8923	28
29	10.9861	13.1211	14.2565	16.0471	17.7084	19.7677	24.5770	28.3361	32.4612	39.0875	42.5570	45.7223	49.5879	52.3356	58.3012	29
30	11.5880	13.7867	14.9535	16.7908	18.4927	20.5992	25.5078	29.3360	33.5302	40.2560	43.7730	46.9792	50.8922	53.6720	59.7031	30
40	17.9164	20.7065	22.1643	24.4330	26.5093	29.0505	34.8719	39.3353	44.1649	51.8051	55.7585	59.3417	63.6907	66.7660	73.4020	40
50	24.6739	27.9907	29.7067	32.3574	34.7643	37.6886	44.3133	49.3349	54.7228	63.1671	67.5048	71.4202	76.1539	79.4900	86.6608	50
60	31.7383	35.5346	37.4849	40.4817	43.1880	46.4589	53.8091	59.3347	65.2265	74.3970	79.0819	83.2977	88.3794	91.9517	99.6072	60
70	39.0364	43.2752	45.4417	48.7576	51.7393	55.3289	63.3460	69.3345	75.6893	85.5270	90.5312	95.0232	100.425	104.215	112.317	70
80	46.5199	51.1719	53.5401	57.1532	60.3915	64.2778	72.9153	79.3343	86.1197	96.5782	101.879	106.629	112.329	116.321	124.839	80
90	54.1552	59.1963	61.7541	65.6466	69.1260	73.2911	82.5111	89.3342	96.5238	107.565	113.145	118.136	124.116	128.299	137.208	90
100	61.9179	67.3276	70.0649	74.2219	77.9295	82.3581	92.1289	99.3341	106.906	118.498	124.342	129.561	135.807	140.169	149.449	100

Tabelle 9: Fraktile der F-Verteilung

$$F_{0,975}(n_1, n_2) = 1/F_{0,025}(n_2, n_1)$$

$n_1=$	1	2	3	4	5	6	7	8	9	10	11	12	13	14	15	15	17	18	19	20	24	30	40	50	60	80	100	200	500	∞	$=n_1$
$n_2=1$	648	800	864	900	922	937	948	957	963	969	973	977	980	983	985	987	989	990	992	993	997	1001	1006	1008	1010	1012	1013	1016	1017	1018	$n_2=1$
2	38.5	39.0	39.2	39.2	39.3	39.3	39.4	39.4	39.4	39.4	39.4	39.4	39.4	39.4	39.4	39.4	39.4	39.4	39.4	39.4	39.5	39.5	39.5	39.5	39.5	39.5	39.5	39.5	39.5	39.5	2
3	17.4	16.0	15.4	15.1	14.9	14.7	14.6	14.5	14.5	14.4	14.4	14.3	14.3	14.3	14.3	14.2	14.2	14.2	14.2	14.2	14.1	14.1	14.0	14.0	14.0	14.0	14.0	13.9	13.9	13.9	3
4	12.2	10.6	9.98	9.60	9.36	9.20	9.07	8.98	8.90	8.84	8.79	8.75	8.71	8.68	8.66	8.63	8.61	8.59	8.58	8.56	8.51	8.46	8.41	8.38	8.36	8.33	8.32	8.29	8.27	8.26	4
5	10.0	8.43	7.76	7.39	7.15	6.98	6.85	6.76	6.68	6.62	6.57	6.52	6.49	6.46	6.43	6.40	6.38	6.36	6.34	6.33	6.28	6.23	6.18	6.14	6.12	6.10	6.08	6.05	6.03	6.02	5
6	8.81	7.26	6.60	6.23	5.99	5.82	5.70	5.60	5.52	5.46	5.41	5.37	5.33	5.30	5.27	5.24	5.22	5.20	5.18	5.17	5.12	5.07	5.01	4.98	4.96	4.93	4.92	4.88	4.86	4.85	6
7	8.07	6.54	5.89	5.52	5.29	5.12	4.99	4.90	4.82	4.76	4.71	4.67	4.63	4.60	4.57	4.54	4.52	4.50	4.48	4.47	4.41	4.36	4.31	4.28	4.25	4.23	4.21	4.18	4.16	4.14	7
8	7.57	6.06	5.42	5.05	4.82	4.65	4.53	4.43	4.36	4.30	4.24	4.20	4.16	4.13	4.10	4.08	4.05	4.03	4.02	4.00	3.95	3.89	3.84	3.81	3.78	3.76	3.74	3.70	3.68	3.67	8
9	7.21	5.71	5.08	4.72	4.48	4.32	4.20	4.10	4.03	3.96	3.91	3.87	3.83	3.80	3.77	3.74	3.72	3.70	3.68	3.67	3.61	3.56	3.51	3.47	3.45	3.42	3.40	3.37	3.35	3.33	9
10	6.94	5.46	4.83	4.47	4.24	4.07	3.95	3.85	3.78	3.72	3.66	3.62	3.58	3.55	3.52	3.50	3.47	3.45	3.44	3.42	3.37	3.31	3.26	3.22	3.20	3.17	3.15	3.12	3.09	3.08	10
11	6.72	5.26	4.63	4.28	4.04	3.88	3.76	3.66	3.59	3.53	3.47	3.43	3.39	3.36	3.33	3.30	3.28	3.26	3.24	3.23	3.17	3.12	3.06	3.03	3.00	2.97	2.96	2.92	2.90	2.88	11
12	6.55	5.10	4.47	4.12	3.89	3.73	3.61	3.51	3.44	3.37	3.32	3.28	3.24	3.21	3.18	3.15	3.13	3.11	3.09	3.07	3.02	2.96	2.91	2.87	2.85	2.82	2.80	2.76	2.74	2.72	12
13	6.41	4.97	4.35	4.00	3.77	3.60	3.48	3.39	3.31	3.25	3.20	3.15	3.12	3.08	3.05	3.03	3.00	2.98	2.96	2.95	2.89	2.84	2.78	2.74	2.72	2.69	2.67	2.63	2.61	2.60	13
14	6.30	4.86	4.24	3.89	3.66	3.50	3.38	3.29	3.21	3.15	3.09	3.05	3.01	2.98	2.95	2.92	2.90	2.88	2.86	2.84	2.79	2.73	2.67	2.64	2.61	2.58	2.56	2.53	2.50	2.49	14
15	6.20	4.77	4.15	3.80	3.58	3.41	3.29	3.20	3.12	3.06	3.01	2.96	2.92	2.89	2.86	2.84	2.81	2.79	2.77	2.76	2.70	2.64	2.59	2.55	2.52	2.49	2.47	2.44	2.41	2.40	15
16	6.12	4.69	4.08	3.73	3.50	3.34	3.22	3.12	3.05	2.99	2.93	2.89	2.85	2.82	2.79	2.76	2.74	2.72	2.70	2.68	2.63	2.57	2.51	2.47	2.45	2.42	2.40	2.36	2.33	2.32	16
17	6.04	4.62	4.01	3.66	3.44	3.28	3.16	3.06	2.98	2.92	2.87	2.82	2.79	2.75	2.72	2.70	2.67	2.65	2.63	2.62	2.56	2.50	2.44	2.41	2.38	2.35	2.33	2.29	2.26	2.25	17
18	5.98	4.56	3.95	3.61	3.38	3.22	3.10	3.01	2.93	2.87	2.81	2.77	2.73	2.70	2.67	2.64	2.62	2.60	2.58	2.56	2.50	2.44	2.38	2.35	2.32	2.29	2.27	2.23	2.20	2.19	18
19	5.92	4.51	3.90	3.56	3.33	3.17	3.05	2.96	2.88	2.82	2.76	2.72	2.68	2.65	2.62	2.59	2.57	2.55	2.53	2.51	2.45	2.39	2.33	2.30	2.27	2.24	2.22	2.18	2.15	2.13	19
20	5.87	4.46	3.86	3.51	3.29	3.13	3.01	2.91	2.84	2.77	2.72	2.68	2.64	2.60	2.57	2.55	2.52	2.50	2.48	2.46	2.41	2.35	2.29	2.25	2.22	2.19	2.17	2.13	2.10	2.09	20
21	5.83	4.42	3.82	3.48	3.25	3.09	2.97	2.87	2.80	2.73	2.68	2.64	2.60	2.56	2.53	2.51	2.48	2.46	2.44	2.42	2.37	2.31	2.25	2.21	2.18	2.15	2.13	2.09	2.06	2.04	21
22	5.79	4.38	3.78	3.44	3.22	3.05	2.93	2.84	2.76	2.70	2.65	2.60	2.56	2.53	2.50	2.47	2.45	2.43	2.41	2.39	2.33	2.27	2.21	2.17	2.14	2.11	2.09	2.05	2.02	2.00	22
23	5.75	4.35	3.75	3.41	3.18	3.02	2.90	2.81	2.73	2.67	2.62	2.57	2.53	2.50	2.47	2.44	2.42	2.39	2.37	2.36	2.30	2.24	2.18	2.14	2.11	2.08	2.06	2.01	1.99	1.97	23
24	5.72	4.32	3.72	3.38	3.15	2.99	2.87	2.78	2.70	2.64	2.59	2.54	2.50	2.47	2.44	2.41	2.39	2.36	2.35	2.33	2.27	2.21	2.15	2.11	2.08	2.05	2.02	1.98	1.95	1.94	24
25	5.69	4.29	3.69	3.35	3.13	2.97	2.85	2.75	2.68	2.61	2.56	2.51	2.48	2.44	2.41	2.39	2.36	2.34	2.32	2.30	2.24	2.18	2.12	2.08	2.05	2.02	2.00	1.95	1.92	1.91	25
26	5.66	4.27	3.67	3.33	3.10	2.94	2.82	2.73	2.65	2.59	2.54	2.49	2.45	2.42	2.39	2.36	2.34	2.31	2.29	2.28	2.22	2.16	2.09	2.05	2.03	1.99	1.97	1.92	1.90	1.88	26
27	5.63	4.24	3.65	3.31	3.08	2.92	2.80	2.71	2.63	2.57	2.51	2.47	2.43	2.39	2.36	2.34	2.31	2.29	2.27	2.25	2.19	2.13	2.07	2.03	2.00	1.97	1.94	1.90	1.87	1.85	27
28	5.61	4.22	3.63	3.29	3.06	2.90	2.78	2.69	2.61	2.55	2.49	2.45	2.41	2.37	2.34	2.32	2.29	2.27	2.25	2.23	2.17	2.11	2.05	2.01	1.98	1.94	1.92	1.88	1.85	1.83	28
29	5.59	4.20	3.61	3.27	3.04	2.88	2.76	2.67	2.59	2.53	2.48	2.43	2.39	2.36	2.32	2.30	2.27	2.25	2.23	2.21	2.15	2.09	2.03	1.99	1.96	1.92	1.90	1.86	1.83	1.81	29
30	5.57	4.18	3.59	3.25	3.03	2.87	2.75	2.65	2.57	2.51	2.46	2.41	2.37	2.34	2.31	2.28	2.26	2.23	2.21	2.20	2.14	2.07	2.01	1.97	1.94	1.90	1.88	1.84	1.81	1.79	30
32	5.53	4.15	3.56	3.22	3.00	2.84	2.71	2.62	2.54	2.48	2.43	2.38	2.34	2.31	2.28	2.25	2.22	2.20	2.18	2.16	2.10	2.04	1.98	1.93	1.91	1.87	1.85	1.80	1.77	1.75	32
34	5.50	4.12	3.53	3.19	2.97	2.81	2.69	2.59	2.52	2.45	2.40	2.35	2.31	2.28	2.25	2.22	2.20	2.17	2.15	2.13	2.07	2.01	1.95	1.90	1.88	1.84	1.82	1.77	1.74	1.72	34
36	5.47	4.09	3.50	3.17	2.94	2.78	2.66	2.57	2.49	2.43	2.37	2.33	2.29	2.25	2.22	2.20	2.17	2.15	2.13	2.11	2.05	1.99	1.92	1.88	1.85	1.81	1.79	1.74	1.71	1.69	36
38	5.45	4.07	3.48	3.15	2.92	2.76	2.64	2.55	2.47	2.41	2.35	2.31	2.27	2.23	2.20	2.17	2.15	2.13	2.11	2.09	2.03	1.96	1.90	1.85	1.82	1.79	1.76	1.71	1.68	1.66	38
40	5.42	4.05	3.46	3.13	2.90	2.74	2.62	2.53	2.45	2.39	2.33	2.29	2.25	2.21	2.18	2.15	2.13	2.11	2.09	2.07	2.01	1.94	1.88	1.83	1.80	1.76	1.74	1.69	1.66	1.64	40
50	5.34	3.97	3.39	3.05	2.83	2.67	2.55	2.46	2.38	2.32	2.26	2.22	2.18	2.14	2.11	2.08	2.06	2.03	2.01	1.99	1.93	1.87	1.80	1.75	1.72	1.68	1.66	1.60	1.57	1.55	50
60	5.29	3.93	3.34	3.01	2.79	2.63	2.51	2.41	2.33	2.27	2.22	2.17	2.13	2.09	2.06	2.03	2.01	1.98	1.96	1.94	1.88	1.82	1.74	1.70	1.67	1.63	1.60	1.54	1.51	1.48	60
70	5.25	3.89	3.31	2.97	2.75	2.59	2.47	2.35	2.30	2.24	2.18	2.14	2.10	2.06	2.03	2.00	1.97	1.95	1.93	1.91	1.85	1.78	1.71	1.66	1.63	1.59	1.56	1.50	1.46	1.44	70
80	5.22	3.86	3.28	2.95	2.73	2.57	2.45	2.35	2.28	2.21	2.16	2.11	2.07	2.03	2.00	1.97	1.94	1.92	1.90	1.88	1.82	1.75	1.68	1.63	1.60	1.55	1.53	1.47	1.43	1.40	80
100	5.18	3.83	3.25	2.92	2.70	2.54	2.42	2.32	2.24	2.18	2.12	2.08	2.04	2.00	1.97	1.94	1.91	1.89	1.87	1.85	1.78	1.71	1.64	1.59	1.56	1.51	1.48	1.42	1.38	1.35	100
200	5.10	3.76	3.18	2.85	2.63	2.47	2.35	2.26	2.18	2.11	2.06	2.01	1.97	1.93	1.90	1.87	1.84	1.82	1.80	1.78	1.71	1.64	1.56	1.51	1.47	1.42	1.39	1.32	1.27	1.23	200
300	5.07	3.73	3.16	2.83	2.61	2.45	2.33	2.23	2.16	2.09	2.04	1.99	1.95	1.91	1.88	1.85	1.82	1.80	1.77	1.75	1.69	1.62	1.54	1.48	1.45	1.39	1.36	1.29	1.23	1.18	300
500	5.05	3.72	3.14	2.81	2.59	2.43	2.31	2.22	2.14	2.07	2.02	1.97	1.93	1.89	1.86	1.83	1.80	1.78	1.76	1.74	1.67	1.60	1.52	1.46	1.42	1.37	1.34	1.25	1.19	1.14	500
1000	5.04	3.70	3.13	2.80	2.58	2.42	2.30	2.20	2.13	2.06	2.01	1.96	1.92	1.88	1.85	1.82	1.79	1.77	1.74	1.72	1.65	1.58	1.50	1.45	1.41	1.35	1.32	1.23	1.16	1.09	1000
∞	5.02	3.69	3.12	2.79	2.57	2.41	2.29	2.19	2.11	2.05	1.99	1.94	1.90	1.87	1.83	1.80	1.78	1.75	1.73	1.71	1.64	1.57	1.48	1.43	1.39	1.33	1.30	1.21	1.13	1.00	∞

Nomogramm zur Bestimmung von Vertrauensschranken für den Anteil p in der Grundgesamtheit

Sicherheit für zweiseitige Vertrauensschranken: $S = 1 - 2\alpha = 0{,}95$

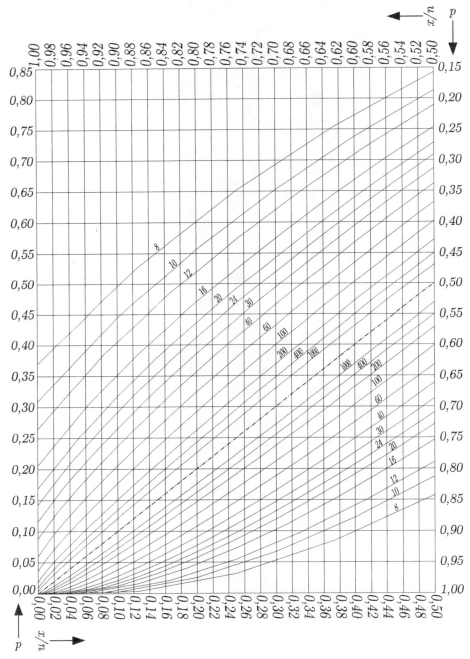

Literatur

BOSCH, K.: Elementare Einführung in die angewandte Statistik, 4. Aufl. Vieweg, Wiesbaden (1987).

BOSCH, K.: Elementare Einführung in die Wahrscheinlichkeitsrechnung, 5. Aufl. Vieweg, Wiesbaden (1986).

BÜNING, H., G. TRENKLER: Nichtparametrische statistische Methoden. De Gruyter, Berlin–New York (1978).

DRAPER, N. R., H. SMITH: Applied regression analysis, 2. Aufl. J. Wiley, New York–Sydney–London (1981).

DUNN, O. J., V. A. CLARK: Applied statistics: analysis of variance and regression, 2. Aufl. J. Wiley, New York–London–Sydney–Toronto (1987).

FISZ, M.: Wahrscheinlichkeitsrechnung und mathematische Statistik, 11. Aufl. VEB Deutscher Verlag der Wissenschaften, Berlin (1988).

HAFNER, R.: Wahrscheinlichkeitsrechnung und Statistik. Springer, Wien–New York (1989).

PFANZAGL, J.: Allgemeine Methodenlehre der Statistik, Teil 1, 6. Aufl., und Teil 2, 5. Aufl. De Gruyter, Berlin–New York (1983) bzw. (1978).

SACHS, L.: Angewandte Statistik, 6. Aufl. Springer, Berlin–Heidelberg–New York–Tokio (1984).

Tabellen- und Nachschlagewerke

BLEYMÜLLER, J., G. GEHLERT: Statistische Formeln und Tabellen, 4. Aufl. Vahlen, München (1988).

FISHER, R. A., F. YATES: Statistical tables for biological, agricultural and medical research. Oliver and Boyd, London (1963).

GRAF, U., H. HENNING, K. STANGE, P. WILRICH: Formeln und Tabellen der mathematischen Statistik. Springer, Berlin–Heidelberg–New York–Tokio (1987).

LINDLEY, D. V., W. F. SCOTT: New Cambridge elementary statistical tables. Cambridge University Press (1984).

PEARSON, E. S., H. O. HARTLEY: Biometrika tables for statisticians, vol. I–II. Cambridge University Press (1976, 1972).

Sachverzeichnis

abhängige Merkmale 49
absolute Häufigkeit 9
—, Additivität der 69
Abzählregel 74
Additionssatz für Wahrscheinlichkeiten 73
Additivität der absoluten Häufigkeiten 69
— der relativen Häufigkeiten 70
Alternativverteilung 83
amtliche Statistik 4
Anpassungstest, Chi-Quadrat- 164ff
Approximationsregeln 95, 107
Assoziationsmaß 44
Ausprägung eines Merkmals 5
Ausreißer 29
Axiomensystem von Kolmogorov 71

bedingte Verteilung 19
— Häufigkeiten 19
Bereichschätzung 128ff
— der Regressionskonstanten 176
— relativer Häufigkeiten 128ff
— von Fraktilen 159
— von μ der Normalverteilung 143
— von $\mu_y - \mu_x$ zweier Normalverteilungen 152ff
— von σ^2 der Normalverteilung 148
— von σ_y^2/σ_x^2 zweier Normalverteilungen 156
Bernoulli, J. 60
Bestimmtheitsmaß, multiples 180
Binomial-Verteilung 89ff
—, Mittel der 116
—, Normalapproximation der 107
—, Varianz der 118

Chi-Quadrat-Anpassungstest 164ff

Chi-Quadrat-Homogenitätstest 168ff
— — -Test 164
— — -Verteilung 108ff
— — —, Normalapproximation der 109

Datengewinnung 5
Datenquellen 4
Dichte einer diskreten Verteilung 76ff
— — stetigen Verteilung 98ff
diskretes Merkmal 7
diskrete Verteilung 76ff
— —, Dichte einer 76ff
— —, Simulation einer 78
— —, Verteilungsfunktion einer 81ff
Diskretisierung eines stetigen Merkmals 7

eindimensionale Häufigkeitsverteilung 9
— Merkmale 8
Einshypothese 136
Einskonzentration 55
Elementarereignis 67
Entweder-oder-Ereignis 67
Ereignis 65ff, 67
—, elementares 67
—, Entweder-oder- 68
—, Intervall- 82
—, komplementäres 67
—, sicheres 67
—, unmögliches 67
—, zusammengesetztes 67
Ereignisse, disjunkte 67
—, elementfremde 67
Erhebungseinheit 5
Erwartung 114ff, 115
Erwartungswert 114ff, 115
—, Rechnen mit dem Erwartungswert 117
Eulersche Zahl 93

Fehler 1. Art 136
— 2. Art 136
Fehlerniveau 136
Fermat, P. de 60
Fraktil-Distanz 30
Fraktile 16, 119 ff
—, Bereichschätzung 159
—, Testen von Hypothesen über 162
—, Vertrauensschranken für 159
Fraktil-Mittel 27
F-Verteilung 112 ff

Gauß, C. F. 103
Gauß'sche Normalgleichungen 173
Gleichverteilung, diskrete 85 ff
—, stetige 100 ff
Gosset, W. S. 110
Grundgesamtheit 5
—, Umfang einer 5

Häufigkeit, absolute 9
—, bedingte 19
—, relative 9, 127
Häufigkeitspolygon 15
Häufigkeitsverteilung, eindimensionale 9
—, zweidimensionale 17
Hauptnormalverteilung 105
Histogramm 14
Homogenitätstest, Chi-Quadrat- 168 ff
hypergeometrische Verteilung 86 ff, 88
Hypothesen 136

Intervallereignisse 82

Kendall, M. G. 46
—, Korrelationskoeffizient von 47 ff
Klassenzahl 13
klassische Wahrscheinlichkeitsdefinition 75
Kleinst-Quadrat-Schätzer 173
Kolmogorov, A. N. 71
—, Axiomensystem von 71
komplementäres Ereignis 67
Komplementsatz für Wahrscheinlichkeiten 72

Konfidenzintervall 130
Kongruenzgenerator 80
Kontaminationsrate 29
Kontingenzmaß 50
konvex 52
Konzentrationsmaß von Lorenz-Münzner 55
Korrelationskoeffizient 43, 44
—, Produktmoment- 46
— von Kendall 47 ff
— von Spearman 46 ff
Korrelationsmatrix 46
korreliert 44
Koordinaten eines Merkmals 8
Kovarianz 44
—-Matrix 45
Kreisdiagramm 10

Lageparameter, Maßeinheiten 27
— von Häufigkeitsverteilungen 26 ff
— von Wahrscheinlichkeitsverteilungen 121 ff
Laplace, P. S. 60
Lorenzkurve 51 ff
Lorenz-Münzner, Konzentrationsmaß von 55

Maßeinheiten von Lageparametern 27
— — Streuungsparametern 31
Median 16, 27, 120
—, Minimaleigenschaft des 30
mehrdimensionales Merkmal 8
Merkmal 5
—, diskretes 7
—, eindimensionales 8
—, mehrdimensionales 8
—, metrisches 6
—, nominales 6
—, ordinales 6
—, quantitatives 6
—, stetiges 7
—, zufälliges 64
Methode der kleinsten Quadrate 172
metrisches Merkmal 6

Sachverzeichnis

Minimaleigenschaft des Medians 30
— — Mittels 28
Mises, R. v. 72
Mittel 27, 115
— der Binomial-Verteilung 116
— der Gleichverteilung 116
— der Normalverteilung 117
— der Poisson-Verteilung 116
— Minimaleigenschaft des 28
Momente 34, 115
multiples Bestimmtheitsmaß 180

Niveau eines Tests 136
nominales Merkmal 6
Normalapproximation der
   Binomial-Verteilung 107
— — Chi-Quadrat-Verteilung 109
— — Poisson-Verteilung 107
Normalgleichungen, Gauß'sche 173
Normalverteilung $N(\mu, \sigma^2)$ 103
—, Bereichschätzer für μ 143
—, — — $\mu_y - \mu_x$ zweier 152
—, — — σ^2 148
—, — — σ_y^2/σ_x^2 zweier 156
—, Punktschätzer für μ 143
—, — — $\mu_y - \mu_x$ zweier 152
—, — — σ^2 148
—, — — σ_y^2/σ_x^2 zweier 156
—, Testen von Hypothesen über μ 145ff
—, — — — — $\mu_y - \mu_x$ zweier 154ff
—, — — — — σ^2 151
—, — — — — σ_y^2/σ_x^2 zweier 157ff
Nullhypothese 136
Nullkonzentration 55

ordinales Merkmal 6
Ordnungsreihe 26

Pascal, B. 60
Perzentil 16, 120
Poisson-Verteilung 92ff, 94
—, Mittel der 116
—, Normalapproximation der 107

—, Varianz der 119
primärstatistisch 5
Produktmoment-Korrelationskoeffizient 46
Pseudozufallszahlen 80
—-Generator 80
Punktschätzung von
   μ der Normalverteilung 143
— — $\mu_y - \mu_x$ zweier Normalverteilungen 152
— — relativen Häufigkeiten 128
— — Regressionskonstanten 173, 177
— — σ^2 der Normalverteilung 148
— — σ_y^2/σ_x^2 zweier Normalverteilungen 156

quantitatives Merkmal 6
Quartil 16, 120
—abstand 16

Randhäufigkeiten 18
Rang 46
Rangkorrelationskoeffizient von
   Spearman 46ff
Regressionsfunktion 177
Regressionskonstanten 171
—, Bereichschätzung der 176
—, Punktschätzung der 173, 177
Regressionsrechnung 171ff
Regressor-Variable 171
relative Häufigkeiten 9
—, Additivität der 70
—, Bereichschätzung von 128ff
—, Punktschätzung von 128
—, Testen von Hypothesen über 136ff
—, Vergleich zweier 140ff
Residualanalyse 181
Residuen 175
robust 29

Schätzintervall 130
Schiefe einer Verteilung 35
Schiefemaß 35
sekundärstatistisch 5

sicheres Ereignis 67
Signifikanzniveau 136
Simulation auf dem Computer 79
— einer diskreten Wahrscheinlichkeitsverteilung 78
Sowohl-als-auch-Ereignis 68
Spannweite 30
Spearman, Rangkorrelationskoeffizient von 46ff
Stabdiagramm 10
Standardabweichung 30
Standardisierung 32, 105
Standard-Normalverteilung 105
Statistik 3, 114
—, amtliche 4
—, beschreibende 3
—, deskriptive 3
—, mathematische 3
—, nichtamtliche 4
—, schließende 3
statistisch abhängig 49
— unabhängig 49
stetige Gleichverteilung 100ff
— Verteilung 97ff
— —, Dichte einer 98ff
— —, Verteilungsfunktion einer 97ff
stetiges Merkmal 7
Streudiagramm 22
Streuungsparameter, Maßeinheit der 31
— von Häufigkeitsverteilungen 30ff
— von Wahrscheinlichkeitsverteilungen 122ff
Strichliste 9
Student-Verteilung 110ff
Subadditivität der Wahrscheinlichkeit 73
Summenhäufigkeitsfunktion 11
Summenhäufigkeitskurve 15

Testen von Hypothesen über
— — — — Fraktile 162
— — — — μ der Normalverteilung 145ff

— — — — $\mu_y - \mu_x$ zweier Normalverteilungen 154ff
— — — — relative Häufigkeiten 136ff
— — — — Regressionskonstanten 179
— — — — σ^2 der Normalverteilung 151
— — — — σ_y^2/σ_x^2 zweier Normalverteilungen 157ff
Teststrategie 136
Toleranzintervall 37
—, statistisches 163

Umfang einer Grundgesamtheit 5
unabhängige Merkmale 49
unkorrelierte Merkmale 44
unmögliches Ereignis 67
Urliste 9
Urmaterial 5

Variable 5
Variationsbreite 13
Variationsintervall 13
Variationskoeffizient 33
Varianz 30, 115
— der Binomial-Verteilung 118
— der Gleichverteilung 118
— der Normalverteilung 119
— der Poisson-Verteilung 119
Varianzhomogenität 152, 177
Varianz-Kovarianzmatrix 45
Vergleich zweier relativer Häufigkeiten 140ff
— — Normalverteilungen 152ff
Verteilung, bedingte 19
—, Häufigkeits- 9, 17
—, Wahrscheinlichkeits- 72
Verteilungsfunktion einer diskreten Verteilung 81ff
— — stetigen Verteilung 97ff
verteilungsunabhängige Verfahren 159ff
Vertrauensintervall 130
Vertrauensschranken 135
—, für Fraktile 159
Volladditivität der Wahrscheinlichkeit 72

Sachverzeichnis

Wahrscheinlichkeitsdefinition,
    klassische 75
Wahrscheinlichkeitsverteilung 72
Wertebereich eines Merkmals 5, 65
Wölbung einer Verteilung 35
Wölbungskoeffizient 36

zufälliges Merkmal 64
Zufallsexperiment 60
Zufallsstichprobe 87
Zufallsvariable 64
zusammengesetztes Ereignis 67
zweidimensionale Häufigkeits-
    verteilung 17

SpringerWirtschaft

Robert Hafner, Helmut Waldl

Statistik für Sozial- und Wirtschaftswissenschaftler Band 2

Arbeitsbuch mit SPSS und Microsoft Excel

2000. Etwa 250 Seiten.
Broschiert DM 49,–, öS 345,–
ISBN 3-211-83511-3
Springers Kurzlehrbücher der Wirtschaftswissenschaften
Erscheint voraussichtlich Oktober 2000

Diese Einführung in die Anwendung der Statistik-Programmsysteme SPSS und Excel ist der Begleitband zu „Statistik für Sozial- und Wirtschaftswissenschaftler, Band 1".
Die klare und knappe Darstellung eignet sich ideal zum Selbststudium. Beide Bücher ergänzen einander und decken sowohl den theoretischen als auch den praktischen Aspekt der Statistik ab.

Inhalt
Statistik mit Microsoft Excel bzw. SPSS
Starten, Datenquellen • Eindimensionale Häufigkeitsverteilungen • Zweidimensionale Häufigkeitsverteilungen • Maßzahlen für eindimensionale Verteilungen • Maßzahlen für mehrdimensionale Verteilungen • Die Lorenzkurve • Grundbegriffe der Wahrscheinlichkeitsrechnung • Diskrete Wahrscheinlichkeitsverteilungen • Stetige Wahrscheinlichkeitsverteilungen • Parameter von Wahrscheinlichkeitsverteilungen • Relative Häufigkeiten • Die Parameter der Normalverteilung • Verteilungsunabhängige Verfahren • Der Chi-Quadrat-Test • Regressionsrechnung • Tabellen • Literatur

 SpringerWienNewYork

A-1201 Wien, Sachsenplatz 4-6, P.O.Box 89, Fax +43.1.330 24 26, e-mail: books@springer.at, Internet: **www.springer.at**
D-69126 Heidelberg, Haberstraße 7, Fax +49.6221.345-229, e-mail: orders@springer.de
USA, Secaucus, NJ 07096-2485, P.O. Box 2485, Fax +1.201.348-4505, e-mail: orders@springer-ny.com
Eastern Book Service, Japan, Tokyo 113, 3-13, Hongo 3-chome, Bunkyo-ku, Fax +81.3.38 18 08 64, e-mail: orders@svt-ebs.co.jp

SpringerWirtschaft

Robert Hafner

Wahrscheinlichkeitsrechnung und Statistik

1989. XIV, 512 Seiten. 165 Abbildungen.
Gebunden öS 770,–, DM 110,–
ISBN 3-211-82162-7

Das Buch ist eine Einführung in die Wahrscheinlichkeitsrechnung und mathematische Statistik auf mittlerem mathematischen Niveau. Die Pädagogik der Darstellung unterscheidet sich in wesentlichen Teilen – Einführung der Modelle für unabhängige und abhängige Experimente, Darstellung des Suffizienzbegriffes, Ausführung des Zusammenhanges zwischen Testtheorie und Theorie der Bereichschätzung, allgemeine Diskussion der Modellentwicklung – erheblich von der anderer vergleichbarer Lehrbücher.

Die Darstellung ist, soweit auf diesem Niveau möglich, mathematisch exakt, verzichtet aber bewußt und ebenfalls im Gegensatz zu vergleichbaren Texten auf die Erörterung von Meßbarkeitsfragen. Der Leser wird dadurch erheblich entlastet, ohne daß wesentliche Substanz verlorengeht.

Das Buch will allen, die an der Anwendung der Statistik auf solider Grundlage interessiert sind, eine Einführung bieten, und richtet sich an Studierende und Dozenten aller Studienrichtungen, für die mathematische Statistik ein Werkzeug ist.

SpringerWienNewYork

A-1201 Wien, Sachsenplatz 4–6, P.O.Box 89, Fax +43.1.330 24 26, e-mail: books@springer.at, Internet: **www.springer.at**
D-69126 Heidelberg, Haberstraße 7, Fax +49.6221.345-229, e-mail: orders@springer.de
USA, Secaucus, NJ 07096-2485, P.O. Box 2485, Fax +1.201.348-4505, e-mail: orders@springer-ny.com
Eastern Book Service, Japan, Tokyo 113, 3–13, Hongo 3-chome, Bunkyo-ku, Fax +81.3.38 18 08 64, e-mail: orders@svt-ebs.co.jp

SpringerInformatik

Christoph Überhuber, Stefan Katzenbeisser

MATLAB 6

Eine Einführung

2000. Etwa 190 Seiten.
Zahlreiche Tabellen und Diagramme
Broschiert DM 53,–, öS 370,–
ISBN 3-211-83487-7

Simulation ist neben Theorie und Experiment die dritte Säule wissenschaftlicher Forschung und technischer Entwicklung. Computer-Berechnungen sind zu einer wesentlichen Antriebskraft im Bereich der Technik und der Naturwissenschaften geworden. Speziell für diese Anwendungsbereiche wurde MATLAB entwickelt. MATLAB ist ein auf mathematisch/numerischen Methoden beruhendes Problemlösungswerkzeug, das sowohl bequeme Benutzeroberflächen bietet, als auch die individuelle Programmierung gestattet. MATLAB hat sich durch seine Erweiterungsmöglichkeit in Form von „Toolboxen" zu einem universell einsetzbaren Werkzeug auf den verschiedensten Gebieten (Simulation, Signalverarbeitung, Regelungstechnik, Fuzzy Logic, etc.) entwickelt.

Inhalt
MATLAB • MATLAB als interaktives System • Numerische Daten und Operationen • Datentypen • Vereinbarung und Belegung von Datenobjekten • Steuerkonstrukte • Programmeinheiten und Unterprogramme • Selbstdefinierte Datentypen • Ein- und Ausgabe • Vordefinierte Variable und Unterprogramme • Literatur • Index der MATLAB-Befehle • Index

 SpringerWienNewYork

A-1201 Wien, Sachsenplatz 4–6, P.O.Box 89, Fax +43.1.330 24 26, e-mail: books@springer.at, Internet: **www.springer.at**
D-69126 Heidelberg, Haberstraße 7, Fax +49.6221.345-229, e-mail: orders@springer.de
USA, Secaucus, NJ 07096-2485, P.O. Box 2485, Fax +1.201.348-4505, e-mail: orders@springer-ny.com
Eastern Book Service, Japan, Tokyo 113, 3–13, Hongo 3-chome, Bunkyo-ku, Fax +81.3.38 18 08 64, e-mail: orders@svt-ebs.co.jp

Springer-Verlag und Umwelt

ALS INTERNATIONALER WISSENSCHAFTLICHER VERLAG sind wir uns unserer besonderen Verpflichtung der Umwelt gegenüber bewußt und beziehen umweltorientierte Grundsätze in Unternehmensentscheidungen mit ein.

VON UNSEREN GESCHÄFTSPARTNERN (DRUCKEREIEN, Papierfabriken, Verpackungsherstellern usw.) verlangen wir, daß sie sowohl beim Herstellungsprozeß selbst als auch beim Einsatz der zur Verwendung kommenden Materialien ökologische Gesichtspunkte berücksichtigen.

DAS FÜR DIESES BUCH VERWENDETE PAPIER IST AUS chlorfrei hergestelltem Zellstoff gefertigt und im pH-Wert neutral.